Francis Schaeffer escribió sobre cosmovisiones; los especialistas en desarrollo escriben sobre la lucha contra el hambre, y con frecuencia, los extremos no se tocan. El discipulado de las naciones es, en mi opinión, el mejor libro que combina el análisis de una cosmovisión con una perspectiva solvente de desarrollo.

Marvin Olasky
Editor de la revista World

Por haberme incorporado a Fundación contra el Hambre por el mismo tiempo, hace unos 32 años, aprecio y admiro el detenido estudio del autor en torno a las tesis de Weber: «que las ideas acarrean consecuencias» en todas sus ramificaciones. Este libro es resultado de dicho estudio: proporcionará a los promotores de desarrollo la oportunidad de reflexionar en sus experiencias, lo cual redundará en gran beneficio

Ted Yamamori, Presidente
Fundación contra el Hambre Internacional

I0881059

La realidad de lo que ha acontecido en la vida de Darrow en L'Abri, hace ya años, se ha repetido en la vida de una gran variedad de hombres y mujeres de muchos países, con distintos trasfondos, que oscilan entre el ateísmo, el judaísmo liberal, el islamismo y el cristianismo liberal. Un denominador común fue la búsqueda de respuestas. Este libro le permitirá descorrer la cortina en la ventana de la búsqueda de un hombre para descubrir respuestas adecuadas.

Edith Schaeffer
Comunidad L'Abri

La Editorial JUCUM forma parte de Juventud con una Misión, una organización de carácter internacional.

Si desea obtener un catálogo gratuito de nuestros libros y otros productos, solicítelo por escrito o por teléfono a:

Editorial JUCUM
P.O. Box 1138, Tyler, TX 75710-1138 EE.UU.
E-mail: info@editorialjucum.com
Teléfono: (903) 882-4725
www.editorialjucum.com

Visítenos online en www.editorialjucum.com.

*Discipulando Naciones: El poder de la verdad para transformar culturas (*Tercera edición)
Copyright ©2018 por Editorial JUCUM
Versión castellana: Antonio Pérez
Publicado por Editorial JUCUM
P.O. Box 1138, Tyler, TX 75710-1138 EE.UU.

Título original: *Discipling Nations The Power of Truth to Transform Cultures*
Copyright © 1998, 2001, 2018 por Darrow L. Miller
Publicado originalmente por YWAM Publishing
P.O. Box 55787, Seattle, WA 98155-0787

Todos los derechos reservados. Ninguna parte de este libro puede ser reproducida por ningún medio sin el permiso por escrito del editor y del autor.

A menos que se especifique, los textos bíblicos que aparecen en este libro han sido tomados de la Santa Biblia Reina Valera 1960, con permiso de las Sociedades Biblícas Unidas © 1960.

Los versículos marcados con LBLA pertenecen a la Biblia de las Américas.

ISBN 978-1-57658-861-1

Primera edición

Impreso en los Estados Unidos de América

DISCIPULANDO NACIONES

El poder de la verdad para transformar culturas

DARROW L. MILLER

con Stan Guthrie

Tercera edición

LIBROS POR DARROW L. MILLER

Opresión de la mujer, pobreza y desarrollo
Vindicación de la dignidad de la mujer para construir naciones sanas

Vida trabajo y vocación
Una teología bíblica del quehacer cotidiano

Reformulación de la justicia social
Redención de la compasión bíblica

La liberación del mundo
Una respuesta cristiana al islamismo radical y el fundamentalismo ateo

El servicio
Llamado de todo cristiano

DISCIPULANDO NACIONES

El poder de la verdad para transformar culturas

DARROW L. MILLER

con Stan Guthrie

Tercera edición

EDITORIAL JUCUM

P.O. B0X 1138 TYLER, TX 75710-1138

Este libro está dedicado a nuestros amigos y colegas en cualquier parte del mundo que han abrazado, enseñado y modelado las ideas en él contenidas. Que Dios siga usando sus vidas para dar ánimo y esperanza a las gentes que se esfuerzan por ser libres y por desarrollar el potencial que Dios les ha concedido.

ÍNDICE

PRÓLOGO POR GEORGE GRANT

¿Cuál es el elemento más importante de todo proyecto eficaz de ayuda al desarrollo en los pueblos necesitados del mundo? ¿Cuál es el principal recurso que se puede incorporar a toda iniciativa para dar de comer al hambriento, vestir al desnudo, y socorrer al que sufre? ¿Cómo movilizaremos nuestra riqueza para suplir su carencia? ¿Cómo aseguraremos la justicia? Si la discreción constituye la mejor parte del valor, ¿cuál será la mejor parte de la compasión?

Las respuestas a estas preguntas se centran invariablemente en cuestiones mecánicas o estructurales. Tendemos a creer que atender al pobre es cuestión de logística. Nos inclinamos a creer que si organizamos proyectos adecuados, con buenos sistemas de apoyo, suficientes recursos y gestión administrativa eficiente, podremos casi resolver cualquier problema. Si pudiéramos sensibilizar, agudizar conciencias y obtener aprobaciones gubernamentales, seríamos capaces de poner fin a la plaga de la escasez en el mundo.

En este libro notable, Darrow Miller propone algo radicalmente distinto. Él argumenta que la herramienta más eficaz que podemos empuñar en el empeño de favorecer al necesitado es una cosmovisión bíblica. No más dinero, más mano de obra, o mejores listas de correos. No mejores programas, mayor eficiencia, o mejores sistemas. No mayor implicación gubernamental, mayor participación de base, o mejor difusión pública. No más unidad de denominaciones, mayor cooperación internacional, o mejores canales de distribución.

Al contrario —argumenta—, son las ideas las que acarrean consecuencias más profundas. Si nuestros actos son promovidos por ideas correctas, todo lo demás llegará a su debido tiempo. Pero si estamos atestados de ideas malas, los planes mejor concebidos inevitablemente se quedarán en nada.

Considere el resultado perjudicial de muchos esfuerzos bienintencionados para ayudar a los pobres en el siglo XX. Recursos inmensos, estrategias excelentes y programas bien definidos fueron frustrados a cada paso debido a filosofías inadecuadas, incoherentes o injustas. Lo mejor que podemos ofrecer no es suficiente si es menoscabado por malas ideas. Las ideas acarrean verdaderamente consecuencias.

En 1917, cuando las tropas estadounidenses se estaban preparando para cruzar el océano y ocupar los campos de batalla de Francia y Bélgica, en la Primera Guerra Mundial, la Sociedad Bíblica de Nueva York pidió al presidente Theodore Roosevelt que imprimiera un mensaje en el Nuevo Testamento de bolsillo que se iba a entregar a cada soldado. El gran político accedió gustosamente. Comenzó citando un pasaje bíblico idóneo para llevar una vida equilibrada. Lo llamó mandato de Miqueas: «¡Ya se te ha declarado lo que es bueno! Ya se te ha dicho lo que de ti espera el Señor: Practicar la justicia, amar la misericordia, y humillarte ante tu Dios» (Miqueas 6:8). Declarando que «toda la enseñanza del Nuevo Testamento» es «anticipada en el versículo de Miqueas», Roosevelt exhortó a sus tropas que dieran ejemplo al mundo en «palabra y obra» con una rectitud moral irreprochable.

En su breve mensaje a los soldados les instó a: «Hagan justicia; y, por tanto, luchen valerosamente contra los que se habían decantado por el reino de Moloc y Belcebú en la tierra. Amen la misericordia; traten bien a sus enemigos; socorran a los afligidos; traten a las mujeres como si fueran sus hermanas; cuiden de los niños pequeños; sean amables con los ancianos y los desamparados. Caminen humildemente; lo harán si estudian la vida y enseñanzas del Salvador y siguen sus pisadas».

Y concluyó diciendo: «Recuerden: La máquina de gobierno más perfecta no evitará la destrucción de nuestra nación si no hay en nosotros un alma. La abundancia de prosperidad material no nos servirá de nada si nuestro sentido espiritual se atrofia. Los enemigos de nuestra propia casa ciertamente prevalecerán contra nosotros a menos que haya en nuestro pueblo una vida interior que halle su expresión exterior en una moralidad como la que predicaron los profetas y visionarios de Dios cuando la grandeza que fue Grecia y la gloria que fue Roma aún estaban por llegar».

Roosevelt creía que la máxima seguridad de hombres y naciones depende de una fiel adhesión a la triple demostración moral y equilibrio práctico de los venerables profetas del Antiguo Testamento: un compromiso enérgico con la justicia, una preocupación tangible por la misericordia, y una humildad reverente delante del Todopoderoso. Estaba seguro de que aun desplegando fuerzas superiores en número y armamentos, el ejército estadounidense sería al final derrotado si se presentaba en el campo de batalla desprovisto de esta clase de visión cabal del mundo.

El toque de clarín de este libro es igualmente nítido. Debemos oírlo con atención para llevar efectivamente a cabo el mandato de practicar compasión genuina en este mundo caído. En la lucha contra la pobreza y la depravación tenemos que ceñirnos de interés por la justicia, la compasión y la humildad, delante de Dios Todopoderoso, con una cosmovisión bíblica congruente. Después de todo, a pesar del despliegue de fuerzas superiores en número y armamentos, nuestras fuerzas de ayuda al desarrollo serán, al final, derrotadas si nos adentramos en el campo de batalla sin una cosmovisión íntegra.

Este es un libro vital. Lo es precisamente porque las ideas acarrean consecuencias. Mi oración es que estas ideas tengan consecuencias extraordinarias por todo el mundo; que *Discipulando naciones* transforme la historia de la ayuda al desarrollo en nuestro tiempo.

George Grant
King's Meadow Study Center
Franklin, Tennessee

PRÓLOGO POR VISHAL MANGALWADI

Dios quiso que el hombre viviese en un jardín, pero el pecado le envió a los suburbios. El evangelio es poder de Dios para salvación del pecado y de sus consecuencias.

Gautama Buddha, pionero de la Ilustración oriental, en el siglo IV, consideró el sufrimiento humano como una realidad universal terrible. Resumió su filosofía en las famosas Cuatro Verdades Nobles. La primera fue «la vida es sufrimiento». Implicaba que la vida sin sufrimiento no era posible, y por tanto, la única manera de escapar al sufrimiento era escapar de la vida. Una consecuencia sombría de tal «ilustración» fue que buena parte de la energía de mi cultura se invirtiera en técnicas religiosas (p. ej., la meditación y el ascetismo) para ir en busca del Nirvana, o escape de la vida, no escape del pecado y lucha contra el sufrimiento.

La primera verdad noble de un agente de desarrollo es que la vida no tiene por qué ser sufrimiento. Gran cantidad de sufrimiento es evitable si sabemos qué es la vida y cómo se debe vivir. Conocer el relato verdadero, como asegura Darrow Miller, es de una importancia primordial.

No hace mucho conocí a una joven que asistió a una Universidad estadounidense para estudiar servicio social. Ella quería que su vida marcara una diferencia en el mundo. En sus cuatro años de estudio descubrió que ninguno de sus profesores creía que una persona como ella podía marcar una diferencia en el mundo. Por supuesto, la mentalidad secular occidental carece de la integridad de Buda para exaltar el pesimismo como principio filosófico fundacional. Pero tampoco podía proporcionar a la mujer una base intelectual fehaciente para afirmar la esperanza. En cambio, la enseñanza de Darrow Miller le ofreció un optimismo radical que le inspiró a ir a un país africano desgarrado por la guerra, a arriesgarse ante el peligro, para servir a los refugiados y enseñar a las tribus enfrentadas el camino de la vida. Hay miles de jóvenes que sirven hoy en todas las partes del mundo, afiliados a grupos como Fundación contra el Hambre y Juventud con una Misión, que también pueden dar testimonio de la influencia de la enseñanza de Darrow Miller en sus vidas.

El actual estado de ánimo sombrío de la intelectualidad secular proviene del colapso de la Ilustración occidental. La lógica de la Ilustración afirmó que, como no había Dios, el hombre tenía que ser su propio mesías. Asumió que el hombre no era más que una parte de la naturaleza física y, por tanto, era posible descubrir las leyes que regulan la conducta humana. Esas leyes «científicas» podrían luego ser válidas para construir la utopía. Este relato cuasi-científico, metafísico, dio a luz la idea decimonónica de la ingeniería social. Se imaginó que lo mismo que los ingenieros químicos o eléctricos recurren a las leyes de la física para producir bienes y aparatos fantásticos, los ingenieros sociales serían capaces de construir sociedades perfectas. El fascismo (incluido el nazismo) y el comunismo (incluidas algunas versiones del socialismo) fueron dos de los proyectos más ambiciosos para construir una utopía científica. Los horrores que engendraron en el siglo XX destruyeron el optimismo de la Ilustración secular. Ahora sabemos que ni somos lo suficientemente capaces ni lo suficientemente buenos como para ser nuestros propios salvadores.

La Ilustración europea no originó el tradicional optimismo occidental. Únicamente secularizó la esperanza que la cosmovisión bíblica había aportado a la cultura occidental. Una fuente esencial de este optimismo fue la concepción singular del significado del hombre que se desarrolló durante el Renacimiento. Los teólogos del siglo XIV habían discutido el asunto: ¿Quién es mayor, el hombre o los ángeles? El debate quedó zanjado en favor del hombre: Dios había venido como hombre en Jesús el Mesías para salvarlo —hombre y mujer—. Dios pudo hacerse hombre, razonaron los teólogos, porque el hombre fue creado a su imagen.

La idea de que el hombre era mayor que los ángeles pareció, a primera vista, ridícula. Todavía hoy, una sociedad, una casta, tribu, o familia repudia a uno de sus miembros para que yazga en las calles de Calcuta, obligado a mendigar y ser comido por los parásitos, gusanos, o aves rapaces, precisamente porque perciben que él o ella es una carga inútil. ¿Cómo puede un ser humano tan inútil e impotente ser mayor que los ángeles?

Los teólogos argumentaron que él (y ella) es mayor porque su valor (el de ambos) equivale a la sangre del Hijo de Dios. Si ese ser humano «inútil» es lo suficientemente importante para que Dios dejara su trono en el cielo y viniera a la tierra a morir por él, entonces, también es lo suficientemente valioso como para que la madre Teresa sacrifique su vida por él. Los teólogos del Renacimiento concluyeron asimismo que si el hombre ha sido creado a imagen de Dios, es razonable asumir que puede ejercer control sobre las fuerzas de la naturaleza, aprovechar su energía para común beneficio, y (sometido a Dios), servirse de ella para conformar su destino.

Los musulmanes, comprensiblemente, descartan el relato del Dios que se hizo hombre en Jesucristo como mito blasfemo —como una falsedad histórica—. Lo que no parecen entender es que al adoptar esa postura, socavan el principio de humanización más firme de la historia. El islam afirma que el hombre tiene la suficiente importancia como para que Dios envíe profetas para decirle qué ha de hacer y de qué debe abstenerse. Pero según el islam, cuando un hombre hace lo malo y perece, Dios no le considera lo suficientemente valioso como para venir Él mismo a la tierra a salvarle. Esto implica que el hombre puede recibir la ley de Dios pero no su amor abnegado.

Suponga que una hija mía se extravía y queda atrapada en un buen lío, en una vorágine de su propia invención, y se está lastimando. ¿Le enviaría solamente instrucciones, o iría yo personalmente a sufrir con ella haciendo todo lo posible por ayudarla a restablecer su vida? Si creo en el evangelio y procuro ser piadoso —y asemejarme a Dios—, entonces tengo que ser tan amoroso con mis hijos como Dios lo ha sido conmigo. Después de demostrar que mis hijos son para mí lo bastante valiosos como para sufrir con ellos y por ellos, me gano el derecho de esperar y pedir que ellos se vean unos a otros lo bastante preciosos como para ser servidos a costa de un precio personal. Jesús nos mandó amar a nuestro prójimo como a nosotros mismos porque al morir por nosotros nos demostró que nos ama tanto como a su propia vida.

Darrow Miller es un maestro y autor popular, muy solicitado en todos los continentes. Todos los que nos hemos sentado a sus pies estamos agradecidos de que su enseñanza esté ahora a disposición de una audiencia más amplia. No me cabe duda que inspirará y equipará a muchos para practicar la piedad bíblica.

Espero que el más áspero criticismo de las enseñanzas de Darrow provenga de alguno de nuestros colegas en la «industria del desarrollo».

Algunos serán críticos porque han sido engañados por el posmodernismo, seducidos a creer que la tolerancia significa mostrar el mismo respeto a todas las ideas morales y metafísicas. Piensan que ser tolerante con las personas que discrepan con nosotros es una virtud. No obstante, el tolerar ideas falsas y malas costumbres sociales puede ser perverso y cruel.

Sin duda, los profesores y autores que propagaron el nazismo, el comunismo y el socialismo merecían ser criticados y refutados, lo mismo que actualmente en la India condenamos a los líderes que nos oprimieron con su socialismo. Estudios realizados por foros como el Banco Mundial han reconocido que no todas las ideas y costumbres morales tienen las mismas consecuencias. Las naciones pobres suelen ser las naciones «corruptas». No muchas personas esperan que el Banco Mundial tenga el coraje de investigar públicamente la cuestión de si las creencias religioso-culturales son o no causa importante de la corrupción moral de algunas culturas. Sin embargo, este es un hecho que Platón percibió hace muchos siglos. En La república, su obra clásica, Platón advirtió a sus conciudadanos griegos que ni siquiera podían comenzar a construir una sociedad justa sin acabar con las historias viciadas de sus dioses y diosas. Un pueblo no puede ser mejor que sus dioses. Darrow Miller proclama hoy un anuncio similar.

Desgraciadamente, otros colegas criticarán a Miller porque, para muchos de nosotros, el servicio comunitario se ha convertido en un comercio lucrativo a expensas de fondos públicos. Interpretan la pobreza fundamentalmente en términos económicos. Esto les da derecho a reclamar dinero público para «luchar» contra ella. La idea de que combatir la pobreza puede significar tener que combatir las ideas que causan la misma les resulta inconveniente. Sus programas cuasi «contra la pobreza» además de dinero les proporcionan honor. Desafiar creencias culturales predilectas que causan sufrimiento suele acarrear rechazo y crucifixión. Este es un precio que no muchos están dispuestos a pagar. Se conforman con ser «servidores públicos» en tanto en cuanto ello no suponga persecución. *Discipulando naciones* demuestra que Darrow Miller tiene suficiente compasión por los pobres como para sacrificar las vacas sagradas (creencias sagradas) que causan buena parte de la pobreza en el mundo. Él verdaderamente sigue a un Salvador que estuvo dispuesto a ser crucificado por las mismas personas que vino a salvar.

Vishal Mangalwadi
Ivy Cottage
Landour, Mussoorie (U.P.), India

PREFACIO A LA TERCERA EDICIÓN

Discipulando naciones fue escrito hace veinte años. Ha sido todo un gozo ver cómo Dios ha bendecido este libro. Ha dado la vuelta al mundo y hoy está disponible en catorce idiomas, gracias a la visión de los que lo leyeron y lo solicitaron en su lengua materna.

Cuando fue publicado *Discipulando naciones*, dos organizaciones de desarrollo formaron una alianza que finalmente dio lugar al organismo/organización conocida como Alianza para el Discipulado de las Naciones (ADN). El Señor ha usado ADN en maneras que sobrepasan a nuestra imaginación. Ha influido en miles de personas de más de sesenta países. (Para más información sobre ADN, consúltese la página 297.)

El manuscrito original fue redactado para agentes humanitarios y de desarrollo, misioneros, médicos o profesionales sanitarios que deseaban ayudar a los pobres, y necesitaban entender el papel fundamental que desempeña la cosmovisión para atender al problema de la pobreza. Pero el libro tocó la fibra de un público más amplio. Fue bien recibido por laicos, pastores, profesores de institutos bíblicos y seminarios, líderes del mundo en desarrollo, estudiantes, alumnos de escuela-hogar, y profesionales que procuran instaurar el Reino de Dios en sus círculos. Me alegra mucho que no pocas de estas personas hayan exclamado a lo largo de estos años: «Este libro ha cambiado mi vida y mi ministerio».

Es de gran bendición ver que *Discipulando naciones* ha sido traducido a catorce idiomas, como el español, ruso, vietnamita o mongol. Este trabajo fue impulsado por el Espíritu de Dios y por el don de amor de las personas influidas por su mensaje.

Muchos me han preguntado que cuándo se actualizaría el libro. Pues aquí está, para todos los que lo han esperado. Esta tercera edición va dedicada a todos los que procuran que los pobres salgan de la pobreza, los individuos y las comunidades prosperen, las naciones se desarrollen y formen parte de la iglesia que influye en la sociedad y en el mundo, es decir, desean que el reino de Dios avance. Todos nosotros necesitamos entender las implicaciones prácticas de la cosmovisión en estos procesos.

Confío en que los que fueron influidos por el mensaje de la primera edición del libro se animen con esta tercera. Y mi plegaria es que este libro altere la dirección vital de una nueva generación de lectores. Mis colegas y yo hemos actualizado datos, añadido nuevas historias, e incorporado material procedente del desarrollo continuo de mi enseñanza y de las aportaciones y comentarios de muchos amigos en los últimos 20 años.

Hace poco, un joven pastor colombiano me confesó que este libro le había revelado un «universo alternativo» que nunca pensó que existiese, pero que deseaba. Ha sido difícil hacer un seguimiento de los muchos pastores, misioneros, agentes de desarrollo, líderes de iglesia y cristianos laicos que manifestaron el deseo de haberlo leído cuanto tenían veinte años. Habría cambiado sus vidas, negocios, ministerios e iglesias.

Que el Señor le bendiga por procurar ministrar su compasión a los pobres y necesitados, para redimir la cultura, a fin de que Cristo sea glorificado y sea revelada la gloria de las naciones.

Bienvenido a un universo alternativo. Participe en el avance del reino de Dios.

Darrow L. Miller
Happy Jack, Arizona,
Enero 2018

Nota de la Editorial: se recomienda leer el glosario antes de leer el libro para una mejor comprensión.

AGRADECIMIENTOS

Gracias al Dr. Ted Yamamori, presidente emérito de Fundación contra el Hambre, por decirme que había que escribir un libro y animarme cada vez que me veía.

A Stan Guthrie, quien tomó textos y abundantes notas de mis disertaciones en los Talleres de Ética para el desarrollo y los transformó en los capítulos de calidad que conforman este libro.

A Chris Colby, de Naves de Esperanza, y David Boyd, de la Universidad de las Naciones, por creer en este proyecto e identificarse con él.

A Scott Allen y Steve Corbett, por los largos coloquios que ayudaron a definir el contenido del libro.

A Tom Steffen, artista gráfico de talento, por detenerse a pensar conmigo y dar con el gráfico conceptual que contribuyó a que el primer libro resultara bastante accesible.

A Gary Brumbelow, mi buen amigo, escritor, editor de talento y gestor del blog Darrow Miller y Amigos. Gary ha colaborado conmigo para preparar la publicación de esta tercera edición.

Al equipo de YWAM Publishing: Ryan Davis, nuestro excelente editor, junto con Tom Bragg y Warren Walsh. Gracias por creer en los mensajes de la Alianza para el Discipulado de las Naciones y por colaborar en su publicación y distribución.

Y por último, muy especialmente, gracias a mi esposa Marilyn y mis cuatro hijos, Nathan, David, Jonathan, y Maryrose, quienes por una década vieron a su padre arrojar borradores desechados a la papelera —«el libro de la papelera»— y contribuyeron con su paciencia y su estímulo.

INTRODUCCIÓN

Empezaba a hacer frío en Gisenyi, y el pequeño Ntaganira, de dos años, esperaba descalzo y tiritando a la intemperie. La familia de Ntaganira había huido del genocidio perpetrado en su tierra natal de Ruanda para refugiarse en un país fronterizo y añadirse a más de un millón de refugiados esparcidos por un vasto campamento. Pero unos hombres armados separaron a Ntaganira y su hermanito Niyo, de cuatro años, de sus padres. Asustados, hambrientos y confusos, formaban parte de docenas de «niños no acompañados» que también habían sido forzados a cruzar la frontera de su país de origen. Sus padres temían ser asesinados si regresaban a recoger a sus hijos.

En mi labor con una organización cristiana no lucrativa de ayuda al desarrollo*, había pasado el día en Gisenyicon haciendo preguntas de «carácter general» con compañeros y personal de otras organizaciones privadas de voluntariado. Bajo la supervisión del Alto Comisionado de las Naciones Unidas para los Refugiados, conversamos acerca del flujo de personas, suministro de alimentos, agua y mantas; y de otros mil detalles para «procesar la ayuda» a un gran número de personas.

Entonces cometí el error de fijarme en Ntaganira. Varias cuestiones inquietantes me invadieron mientras el frescor nocturno me bañaba el rostro. ¿Le atenderá «el sistema»?¿Cuidará alguien de él o caerá en el olvido? De repente, la perspectiva general se trocó en una cuestión personal. Con un nudo en el estómago, me di media vuelta.

Ahí, anhelando el refugio de los brazos de su madre, hay un niño hambriento de dos años —no un número más—.¿Quién va a cuidar de él? No. Esa no es la pregunta. ¿Lo cuidaré yo? ¿Le recogeré, le envolveré con mi chaqueta, le defenderé ante las autoridades militares, le proporcionaré agua, alimento y techo?

Este libro va destinado a los cristianos que se preocupan de la pobreza global en todas sus formas: física, social, espiritual, así como de la escasez de sabiduría*. Es para los que no se conforman con hablar meramente del problema sino que prefieren actuar. Es para los que desean discipular a las naciones,* crear culturas* que reflejan el reino de Dios, y se esfuerzan por construir comunidades justas, libres, compasivas, y prósperas.*

La pregunta

Jesús dijo: «Porque siempre tendréis pobres con vosotros». (Mat. 26:11). Un vistazo al mundo actual basta para comprobar que tenía razón, aunque hayan transcurrido dos mil años. Por ejemplo, 815 millones de personas en el mundo no disponen de suficiente comida para desarrollar una vida activa sana.[1] Unos nueve millones de personasmueren cada año de hambruna o por causas relacionadas con el hambre.[2] Estas cifras son inferiores a las de hace 40 años; y eso es bueno. Pero este nivel de sufrimiento humano es inimaginable, y, ciertamente, no da pie para cantar victoria.

Incluso en Occidente, donde la prosperidad es casi la norma, la pobreza persiste, en términos relativos[3]. A pesar de los millones de dólares dedicados a planes de bienestar en la guerra contra la pobreza del último medio siglo, la tasa de pobreza en los Estados Unidos, la nación más rica en la historia del mundo, ha permanecido alarmantemente elevada, según criterios del gobierno estadounidense. Uno de cada cuatro niños estadounidenses vive sumido en la pobreza. Aunque vivimos en un periodo sin precedentes por lo que se refiere a números de cristianos e iglesias, nuestro impacto en el reino es inquietantemente bajo. Nuestro mundo sigue tremendamente fracturado. Cabe preguntarse por qué.

He aquí una cuestión relacionada y fundamental: ¿Cuál es la causa de la pobreza en todas sus formas? ¿Es la gente pobre mayormente por cuestiones debidas a sus circunstancias físicas, o por razones de otra índole?

La mayoría de las personas nunca se plantean estas preguntas. En cuanto a las que lo hacen, muchas tienden a abordarlas desde una óptica social, económica o política. Pero la evidencia revela claramente que la pobreza y el fracaso de un país o comunidad en desarrollar su pleno potencial son causados tanto por condicionantes externos como por factores internos. Los condicionantes externos escapan al control del individuo o

* Las palabras que figuran en el glosario están marcadas en el texto con un asterisco en su primera aparición.

la comunidad. Existen dos importantes condicionantes externos —el mal estructural[4] y el mal natural*.

Los profetas bíblicos eran bien conscientes del mal estructural. Condenaban repetidamente la injusticia social, que es una de las causas principales de toda suerte de pobreza y de quebranto humano. Del mismo modo, el mal natural —terremotos, sequías, inundaciones, enfermedades— causan hambre y pobreza a gran escala.

La buena nueva de Cristo debe responder a ambas clases de mal, porque Cristo vino precisamente para«destruir las obras del diablo» (1 Juan 3:8). La cruz de Cristo no sólo hace referencia a la salvación del individuo. Como prueba de la justicia y la misericordia divinas, la cruz también critica radicalmente las instituciones sociales, políticas y económicas injustas. Como ha dicho el gran misionero y crítico social Leslie Newbigin: «Una predicación del evangelio que llama a hombres y mujeres a aceptar a Jesús como Salvador, pero no aclara que el discipulado significa compromiso con una visión de sociedad radicalmente distinta a la que controla nuestra vida pública actual debe ser condenada como falsa».[5]

A diferencia del enfoque bíblico sobre los males que impiden el desarrollo humano, muchos que escriben acerca de este tema se centran en causas materiales —sociales, económicas y políticas— externas. Aunque tal análisis es bueno y necesario, este libro examinará los factores internos que arrastran a la pobreza y a la asfixia de las comunidades humanas. Es necesario ahondar en las raíces metafísicas del problema. Esto se puede conseguir examinando los relatos que la gente cuenta de sí misma, los relatos que moldean y dan forma a comunidades y culturas. Por tanto, además de los valores culturales y las creencias religiosas que conforman la mentalidad de gentes, comunidades y naciones, exploraré su forma de vida.

El relato*

El mundo está lleno de relatos. ¿Hay alguno en particular que estimule el desarrollo humano? Sí, un «relato antiguo» impele exactamente a eso. Es un relato completamente verídico, la narrativa que concuerda con la realidad. Pero es menester contar este antiguo relato de manera innovadora y novedosa. Esto se puede hacer enfatizando elementos del relato que, trágicamente, muchos cristianos han pasado por alto. ¿Cuáles son esos elementos básicos? Entre otros, un Rey, su reino, sus mayordomos y la tarea que nos ha encomendado.

El Rey es el Dios personal, racional y moral del universo. El reino es toda la creación, tanto física como espiritual. Este reino, con puertas abiertas al Rey y a sus súbditos, tiene leyes que gobiernan a los administradores, que son los miembros de la raza humana, creados a su imagen. De estos administradores, o siervos, se espera que glorifiquen al Rey y le sirvan en su reino. Pero ellos se han rebelado, se han lanzado a la decadencia, la destrucción y la muerte. Ahora bien, el relato no termina ahí, porque los súbditos del Rey son singulares e importantes, incluso en este mundo caído. Los administradores que llegan a conocer a este Rey por medio del sacrificio de su Hijo son llamados a gestionar su reino, preservar y hacer producir los recursos* latentes en sus dominios.* Es una responsabilidad enorme, laboriosa. El teólogo James K.A. Smith lo expresa del siguiente modo: «Cuando Dios llama la creación a la existencia, Él exclama que es muy buena, pero no que esté acabada. La creación no viene a la existencia preparada con escuelas, granjas y museos de arte; todos ellos reclaman ser desembalados... Las riquezas y el potencial de la buena creación de Dios han sido confiados a los portadores de su imagen. Tal es nuestro llamado y nuestra comisión».[6]

Además, los siervos deben de propagar el conocimiento del Rey, desarrollar así el mundo y extender su reino. Como dice Bernard T. Adeney: «La revelación de Dios en la historia es un relato con el que fusionamos el nuestro. Al hacerlo aprendemos a dar sentido a nuestra vida como narrativa coherente».[7]

En su notable libro, *Verdad total,* Nancy Pearcey hace la siguiente observación acerca del vínculo entre la naturaleza humana y la cosmovisión bíblica.*

Afirmar que el cristianismo es la verdad respecto a toda la realidad significa que es una cosmovisión íntegra y completa. El término significa literalmente una visión del mundo, una perspectiva de la realidad bíblicamente fundamentada. Una cosmovisión es como un mapa mental que nos indica cómo navegar por el mundo eficazmente. Es la impronta de la verdad objetiva de Dios en nuestra vida interior...

> La idea de que necesitamos tal «mapa» surge de la concepción bíblica de la naturaleza humana. El marxista puede alegar que la conducta humana es moldeada, fundamentalmente, por las condiciones económicas; los freudianos lo atribuyen todo a los instintos sexuales reprimidos; y el

> psicólogo conductista considera que el ser humano es un mecanismo estímulo-respuesta. Pero la Biblia enseña que el factor predominante en las decisiones que tomamos es nuestra creencia fundamental o compromiso religioso.[8]
>
> La historia bíblica comenzó en un jardín (Génesis 1-2) y concluirá en una ciudad-jardín (Apocalipsis 21-22). Es una historia de gloria, corrupción, restauración, creatividad y desarrollo. Esta historia nos ofrece escenas de sudor y frustración, y a la vez, de progreso.* Pero, ¿cómo se alcanza el progreso en la historia? El desarrollo humano abarca más que el mero trabajo, más incluso que el trabajo esforzado. Millones de personas trabajan esforzadamente sin reconocer siquiera la verdadera naturaleza del trabajo humano, el vínculo entre el trabajo humano y el mandato* creacional de Génesis 1:28-30. Mi amigo, Christian Overman afirma que nuestra labor es cuestión de gobernanza. «El trabajo es, en el fondo, cuestión de gobernanza. Gobernanza sobre la madera, el metal, las vacas, el algodón y las zanahorias. Gobernanza de las ondas sonoras, corrientes eléctricas y el viento. Gobernanza sobre teclados de computadoras, fibras ópticas e imágenes digitales. Gobernanza de las personas. Gobernanza de las cosas. Gobernanza de las ideas».[9]

La dirección de la humanidad —hacia la prosperidad o hacia la decadencia— se basa en el pensamiento. Como acertadamente afirma la antigua sentencia hebrea: «Porque cual es su pensamiento en su corazón, tal es él» (Proverbios 23:7, RV1960). Lo que pensamos en el corazón se manifiesta inevitablemente en la conducta, el habla, la escritura, y las obras. Las instituciones sociales y políticas reflejan la huella inconfundible de nuestros pensamientos. Los pensamientos incluyen los supuestos en torno a cómo funciona el mundo y lo que importa en la vida. Estos supuestos, en su conjunto, constituyen nuestra cosmovisión.

Según el filósofo cristiano Dallas Willard:

> Dicho llanamente, la cosmovisión consiste en los supuestos más básicos y generales sobre lo que es bueno y real, incluidos los supuestos sobre lo que somos y lo que debemos hacer... No hay nada más práctico que nuestra cosmovisión, ya que determina la orientación de todo lo que pensamos y hacemos.
>
> Además, las cosmovisiones son inevitables. Todo el mundo la tiene... Es una necesidad biológica para los seres humanos, porque actuamos, conscientemente o no, con referencia a un todo (un «mundo»). Nuestra «visión» de la totalidad determina lo que vamos a emprender u omitir en

> nuestros actos cotidianos, día tras día, hora tras hora. Dicta lo que vamos a considerar como recursos y reconocer como peligros. Determina nuestras metas y posibilidades, y eventualmente, la calidad de nuestra vida y la clase de persona que vamos a ser. Una cosmovisión es simplemente una orientación general en la vida. No se puede «prescindir» de tener que optar por una cosmovisión. Lo único que se puede hacer es asumir una que se conforme lo mejor posible con la realidad… Lo que es pertinente a este respecto para los individuos es válido también para los grupos sociales e incluso para sociedades y naciones enteras… Lo que asumimos como real y valioso gobernará nuestros actos y actitudes.[10]

Para el cristiano, el reconocer la propia cosmovisión es sólo el comienzo. Debemos actuar apoyados en una cosmovisión para poder propagar la verdad*, la belleza y la bondad de la cultura del reino en la tierra.

¿Qué tiene que ver nuestra cosmovisión o relato con el desarrollo humano? Muchísimo. Lo mismo que el terreno en que un árbol está plantado juega un papel decisivo en su crecimiento, del mismo modo los valores, las actitudes, la cultura y el ethos* de un pueblo determinan el desarrollo sano, restringido, o inexistente de dicho pueblo. El objetivo de este libro es compartir el relato que puede transformar la pobreza en abundancia para poder compartirla con otros. Me propongo desembalar una serie de principios, una ética* de desarrollo que cree un terreno fértil para éste.

La guerra

El relato que he descrito nos advierte que se está librando una guerra entre la vida y la muerte, el bien y el mal, Dios y Satanás. Pero este conflicto espiritual no se reduce a la Biblia. Se inmiscuye en el mundo cotidiano de ideas e ideales, moldea la historia, determina nuestro futuro y controla en gran medida la manera en que vivimos. Aunque a veces una persona declare su neutralidad por lo que respecta a un conflicto militar, nadie puede declararse neutral en la guerra espiritual generalizada que envuelve a este planeta. No hay espacio neutro. Ora se pisa terreno del reino, ora territorio ocupado por el enemigo.

A la hora de luchar contra la pobreza en todas sus formas y de trabajar por el desarrollo de nuestras comunidades, tenemos que entender y aplicar el relato adecuado. Las buenas intenciones por sí solas no bastan para librar a la gente de la pobreza. El economista Walter Williams invita a hacer un análisis imparcial: «Tenemos que pensar más con el cerebro que con el corazón para abordar el problema de la pobreza».[11] Desgraciadamente, muchos cristianos comprometidos con la justicia y el bien común se han limitado a seguir las últimas tendencias de la industria de la pobreza. El enfoque antropocéntrico y etno-céntrico no resolverá el problema ni nos mostrará el camino. Dios debe ser el origen, el medio y el propósito de todo nuestro esforzado que hacer para forjar comunidades y naciones justas y florecientes.

Por supuesto, las religiones teocéntricas —el cristianismo, el judaísmo y el islam*—reconocen que Dios es, que existe una realidad que trasciende a los cinco sentidos, y que hay absolutos (tanto morales como metafísicos) por los cuales deben ser juzgadas todas las culturas, occidentales y no occidentales, modernas y antiguas. Cuando se descubre este orden objetivo y se vive dentro de su contexto, brota naturalmente el desarrollo humano. No obstante, negarse o rebelarse contra este orden invita a la destrucción y la desesperanza. Como declaró E. Stanley Jones, gran misionero y teólogo metodista del siglo pasado: «Las leyes morales están profundamente engranadas en la constitución de las cosas: no las quebrantamos; nos quebrantamos sobre ellas».[12]

Es necesario, pero no suficiente, contar el relato verdadero. Hemos de tener también un corazón recto. No sólo el contenido apropiado, sino también el método correcto. No sólo la sustancia adecuada, sino también el estilo correcto. Hemos de considerar el relato de *otras* personas. Tenemos que examinar sus actitudes y valores para articular mejor los principios universales que proveen suelo fértil para el florecimiento humano. En todo ello, precisaremos humildad y gentileza. Como dijo una vez H. Jackson Brown Jr.: «Toda persona que le presenten sabe algo que usted no sabe; aprenda de ella».[13]

Mi predisposición

Antes de entrar de lleno en materia, quisiera decirle algo de mí mismo. Mis amigos me llaman «transformador apasionado de paradigmas». Soy un activista social que se ha dado cuenta de la importancia de las ideas.

El desarrollo no es un valor neutro, y yo no soy relativista. Los lectores que lo sean se llevarán un chasco con este libro. Pero la verdad es que Dios importa, no sólo en el más allá, sino aquí y ahora. Soy un teísta en general, un monoteísta judeocristiano en particular y un seguidor de Jesucristo. De estos supuestos, fluyen ciertas conclusiones que creo ampliamente defendibles.

Mi deseo es ir en pos del «punto de integración radical», para evitar los extremos de la izquierda o la derecha, liberal o conservadora. Presiento que los liberales comprometidos me hallarán demasiado conservador, mientras que los conservadores me hallarán demasiado liberal. Mi doctrina ortodoxa evangélica crea un marco para abordar la vida desde una perspectiva progresiva-conservadora.

Espero ser liberal (del latín liber, libre) en el sentido de ser de pensamiento avanzado, abierto a nuevas ideas; generoso y liberal de espíritu, con mentalidad magnánima; capaz de respetar y evaluar críticamente opiniones ajenas. No quiero decir «liberal» en el sentido de libertino, sin restricciones morales. Tampoco soy secularista, como muchos que se inclinan a la izquierda política.

También espero ser conservador,(del latín cum, «con» y servare, «vigilar» o «custodiar»), en el sentido de conservar principios fundamentales, celebrar el pleno consejo de Dios y preservar las verdades fundamentales de la fe* (incluida la que asegura que la vida sólo se halla en Cristo). Todo esto fluye del profundo sentido de gratitud hacia mis antepasados, quienes me transmitieron estas verdades, así como del deseo de transmitir estos mismos principios a las generaciones futuras. El mensaje de este libro es, por supuesto, un trabajo progresivo. Ha crecido y madurado durante casi cuatro décadas, con la colaboración de muchos amigos informados, demasiado numerosos como para ser reconocidos individualmente, que han criticado su contenido y estimulado su progreso. Ellos saben quiénes son. Gracias.

Una nota para el lector: Al final de cada capítulo, encontrará preguntas para el estudio que le ayudarán a aclarar su propio pensamiento. Sus respuestas le ayudarán a transformar su cosmovisión para reflejar más estrictamente el relato bíblico.

Preguntas para el estudio

1. Defina los siguientes términos en sus propias palabras: desarrollo humano, cosmovisión, pobreza, leyes morales.

2. ¿Cuál es la tesis básica de este libro?
3. Al reflexionar en los comentarios que hace Dallas Willard sobre la cosmovisión, ¿por qué es tan importante la cosmovisión para su vida?
4. ¿Cómo reformularía usted los comentarios de Stanley Jones sobre la ley moral?
5. ¿Qué preguntas, tiene usted en relación con las ideas presentadas en esta introducción?

PARTE 1

EL RELATO

Si vosotros permaneciereis en mi palabra, seréis verdaderamente mis discípulos; y conoceréis la verdad, y la verdad os hará libres.
.Juan 8:31- 32

Estas dos visiones del mundo [el teísmo judeocristiano* y el humanismo secular] se manifiestan, en su conjunto, completamente antitéticas en contenido y también en consecuencias naturales — incluidos sus efectos sociológicos y gubernamentales y,concretamente, la ley.
No es que estas dos cosmovisiones difieran únicamente por lo que toca a su concepción de la realidad y la existencia. También producen inevitablemente resultados completamente distintos. La palabra clave es inevitablemente. Y no sólo producen resultados diferentes, sino que es absolutamente inevitable que los produzcan.
Francis Schaeffer, Un manifiesto cristiano

1

TODOS TIENEN UN RELATO

Cosmovisión y desarrollo

Josie Kornegay, enfermera de los Cuerpos de Paz en el hospital de la misión de Serabu, distrito Bo de Sierra Leona, África Occidental, acababa de impartir un curso de microbiología para diez alumnas nativos. Todas se habían esforzado, asimilado la información y demostrado conocimiento de los virus, bacterias y otros organismos microscópicos que causan enfermedades. Pero después del examen final, una estudiante levantó la mano.

—Señorita —dijo—, sé lo que nos ha enseñado acerca de la polio, pero ¿quiere saber cómo la gente realmente la contrae?

Con gran desazón Josie preguntó cómo.

—¡Son las brujas! —respondió la alumna—. Son invisibles. Vuelan y merodean de noche y muerden a la gente por la espalda.

DespuésJ Josie me contó que aquel incidente le abrió los ojos: «En ese momento me di cuenta que, por lo que concierne a los estudiantes de Sierra Leona, yo no sabía de qué estaba hablando. Sus abuelas les habían enseñado que las brujas eran reales y que los micro organismos era lo que los blancos creían al respecto».[1]

Josie descubrió, en carne propia, que la cosmovisión determina la mentalidad que se tiene acerca de la salud. Los miembros de culturas animistas consideran que el destino o los espíritus (a menudo demoníacos) son todopoderosos. En la cultura islámica, la exclamación insh'alá («está escrito») origina un marco aplastante para el fatalismo. En Tailandia se designa a los campesinos jaak-con («destinados a la pobreza»). Por su parte el hinduismo* considera la perfección como un estado de resignación. Es mejor apartarse del mundo que atacar sus males. Más cercano a la mentalidad occidental, el secularismo* considera que el hombre es poco más que una máquina compleja, un componente más del universo físico. Esta mentalidad determinista genera escasa motivación para defender la justicia, dar de comer al hambriento, vestir al desnudo, o proteger al no nacido, al discapacitado o al anciano. La célebre frase de William Provine, destacado biólogo evolucionista y profesor de la Universidad de Cornell, sentencia: «Si el darwinismo fuera verdadero, entonces, de él se derivarían cinco conclusiones ineludibles: No hay evidencia de Dios, no hay vida después de la muerte, no hay base para el bien ni el mal, la vida no tiene sentido y las personas no están dotadas de libre albedrío».[2]

Predominio de creencias

Toda cultura abarca muchas creencias. Pero cada una de ellas encierra una cosmovisión dominante que influye en dichas creencias y las conforma, como también en las instituciones y las costumbres de la cultura. Esta cosmovisión se puede descubrir observando a los que ostentan prominencia cultural —las élites del mundo académico, las artes y otras esferas—. Todos estos grupos ejercen gran influencia en la cultura. Su influencia genera lo que los sociólogos denominan un «predominio de creencias», —una masa crítica de ciertos supuestos y valores que explican lo que acontece en esa cultura.

Para entender sus repercusiones, observemos de qué manera tres culturas distintas conciben la relación de las personas con la naturaleza: los Estados Unidos, con su clásica perspectiva occidental; Japón, que reflejaría la perspectiva asiática; y la perspectiva animista de los indios y mestizos de Colombia (véase la fig. 1.1).

Si bien toda cultura proporciona una ventana a través de la cual sus miembros vislumbran la realidad, cada una de ellas cuenta también con una serie de anteojeras que impiden que sus miembros vean su totalidad. Las estudiantes de enfermería de Sierra Leona, miembros de una cultura animista, eran ciegas a la explicación científica de la enfermedad. Por otra parte, Josie, educada según la perspectiva materialista occidental, era ciega a la naturaleza personal del mal y a la influencia demoníaca sobre la salud.

Predominio de creencias

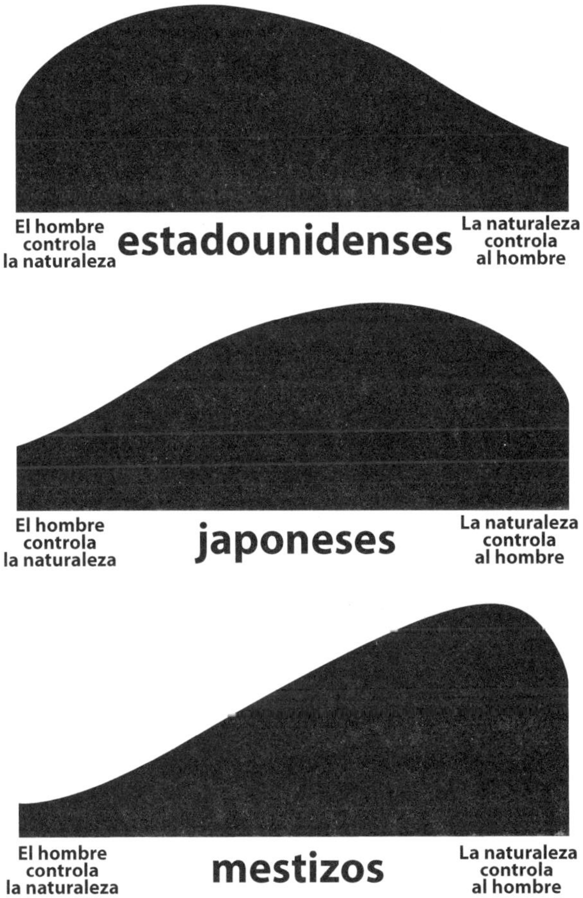

Las ideas acarrean consecuencias

Una cosmovisión influye más en el florecimiento de un pueblo —en su prosperidad o su pobreza— que el ambiente físico u otras circunstancias. Nos ocuparemos de tres arquetipos: el teísmo bíblico*, el secularismo y el animismo*. Cada uno de ellos crea distinto relato cultural y produce valores distintos. Estos valores, cualesquiera que sean, conducen a conductas y estilos de vida que acarrean consecuencias en la vida de la gente, las culturas, las naciones y la historia.

El teísmo bíblico,[3] conocido también como teísmo judeocristiano, sostiene que Dios existe, y, por tanto, existe la realidad objetiva, porque es cognoscible y ha sido establecida por Dios. La realidad, asevera esta cosmovisión, es, en última instancia, personal, porque ha sido establecida por la Persona suprema.

Por el contrario, el secularismo considera que la realidad es esencialmente física. Este modelo niega, por definición, la existencia de una realidad espiritual o trascendente.

El animismo[4] afirma que el mundo físico está «animado» por espíritus poderosos que son los que controlan el destino de los pueblos y de las naciones. Concibe la realidad como esencialmente espiritual. Según este esquema, el mundo físico es maya o ilusión.

Si el animismo y el secularismo fueran absolutamente coherentes, no tendrían nada en común ni ningún punto de contacto con el teísmo. Sin embargo, ni las personas ni las culturas pueden vivir consecuentemente con ninguna de estas dos cosmovisiones o sus derivadas. Todas las personas viven en la realidad que Dios ha creado. Cuanto más estrictamente nos conformemos con la realidad tal como es, no como nos la imaginamos, más nos acercaremos a la vida sana y próspera que Dios desea que vivamos. Cuanto más estrechamente nos ciñamos a las cosmovisiones no bíblicas, más nos alejaremos de la realidad objetiva, y más nos acercaremos a la muerte y la destrucción. En el libro de Proverbios, la verdad personificada afirma: «En verdad, quien me encuentra halla la vida y recibe el favor del Señor. Quien me rechaza se perjudica a sí mismo; quien me aborrece, ama la muerte» (Pro. 8:35-36).

Los que procuran ejercer una influencia positiva en su propia cultura, o en otras, deben examinar tres esferas muy importantes de su cosmovisión. En primer lugar, deben conocer su cosmovisión personal, que normalmente deriva de la cultura dominante en su país, o en su propia subcultura. En segundo lugar, deben estudiar la cosmovisión de la gente con la que conviven. En tercer lugar, en cuanto a los cristianos, deben ser cristianos conscientes, arrepentirse[5] de sus concepciones falsas de la realidad y abrazar la realidad que Dios ha creado.

Raíces históricas

El filósofo alemán Emmanuel Kant* acuñó el término *Weltanschauung* (Welt, en alemán, significa mundo, y Anschauung, visión).[6] A mediados del siglo XIX, el término pasó a formar parte del vocabulario alemán. Max Weber* lo usó para analizar la relación entre el sistema de creencias de un pueblo y su pobreza o prosperidad económica.[7] Aunque Weber se formó en un ambiente protestante (luterano) y escribió conscientemente partiendo de ese acervo, no creía en Jesucristo. Weber se plantó en el umbral de un nuevo mundo, con un pie en la Reforma y otro en la ciencia secular.* (Comentaremos la influencia de Weber en el capítulo 8).

Weber compartió su herencia alemana, y su pasión por la filosofía económica y social, con su contemporáneo Karl Marx.* Pero no se asemejaron en mucho. Marx fue un auténtico materialista secular. Él creía que lo único que importa es la materia. Por el contrario, la tesis principal de Weber —que las ideas acarrean consecuencias— atribuyó la creación de riqueza al ámbito metafísico. Weber creía que la mente* rige sobre la materia, no a la inversa. La religión conforma el carácter y la conducta diaria. Establece las estructuras sociales, económicas y políticas que proporcionan el marco en que se desenvuelve la vida.

Weber es probablemente más conocido por su expresión «la ética de trabajo protestante».* Esta frase define el ethos —o carácter básico— que propulsó a la Europa del norte a sacudirse de la pobreza material. Weber creía que la *Weltanschauung* del protestantismo —en contraste con las cosmovisiones orientales y el secularismo que había de venir— estableció una serie de valores que transformaron materialmente naciones enteras.

A diferencia de Weber, Abraham Kuyper,* primer ministro holandés, teólogo y fundador de la Universidad Libre, definió la cosmovisión de la tradición cristiana. Kuyper, creyente devoto de Cristo, entendió que culturas enteras fueron transformadas durante la Reforma a medida que la gente tenía acceso a la Palabra de Dios y adoptaba la cosmovisión cristiana. Este marco judeocristiano se corresponde con la realidad, la torna útil a un nivel pragmático. Pablo advirtió a los creyentes en (2 Cor. 10:5) «llevando cautivo todo pensamiento a la obediencia a Cristo». El Cristo resucitado dijo a sus discípulos: «Toda potestad me es dada en el cielo y en la tierra». (Mat. 28:18). Estos versículos —en realidad toda la Escritura— indican que todas las áreas de la vida humana han de estar bajo el señorío de Cristo. Lo cual no sólo incluye cuestiones de moralidad y obediencia personal.* Todo aspecto de la cultura ha de ser redimido para la gloria de Dios, el avance de su reino y el florecimiento de las naciones.

Muchos autores más cercanos a nuestros días han lidiado también con el concepto de cosmovisión.[8] He aquí mi propia definición: Una cosmovisión es un conjunto de supuestos sostenidos consciente o inconscientemente por fe acerca de la composición del mundo y su funcionamiento.[9] Desmenucemos esta definición:

- un conjunto de supuestos: Presuposiciones o axiomas que uno considera verdaderos
- sostenidos consciente o inconscientemente: Las cosmovisiones están profundamente arraigadas en las cavidades más recónditas de la mente. Cada persona y cultura tiene una. Si se ha recibido por inculturación o socialización se sostiene inconscientemente. Cuando se adopta tras un razonamiento meticuloso se sostiene conscientemente. Idealmente, todas las personas deberían ser «críticos conscientes» de sus sistemas de creencias
- por fe: Puesto que todo el mundo cree algo, todo el mundo es religioso. Dado que todo sistema de creencias establece asunciones acerca de la realidad última, no hay terreno neutro. Incluso la ciencia establece asunciones metafísicas que no se pueden comprobar empíricamente. Piense, por ejemplo, en la afirmación inverificable del finado divulgador de la ciencia Carl Sagan: «El cosmos es lo único que hay y que habrá». El secularismo, pese a pretender lo contrario, es la filosofía religiosa predominante en Occidente[10]
- acerca de la composición del mundo y su funcionamiento: Una cosmovisión se ocupa de todos los aspectos de la realidad —el epistemológico (cómo se adquiere el conocimiento), el metafísico (relativo a cosas que no se pueden ver), y el moral (lo que está bien y lo que está mal). Interpreta, explica y define el mundo. No sólo establece una visión de lo que es, sino que nos dice cómo debería de ser. Por tanto, dado que todo el mundo tiene una cosmovisión, todo el mundo es filósofo

Cuestiones básicas que nos planteamos

Las cuestiones epistemológicas se ocupan de la naturaleza, límites y validez del conocimiento. «¿Existe la verdad?», «¿qué se puede conocer?», y

«¿cómo se puede conocer?», son algunas de las cuestiones básicas de las que surgen todas las demás.

Las cuestiones metafísicas abordan la naturaleza fundamental de la realidad y del ser. Incluyen «¿qué es la realidad última?», «¿existe Dios?», y «¿cuál es la esencia de la naturaleza y el tiempo?» La metafísica* abarca las disciplinas de la ontología* (el estudio del ser), la cosmología (el estudio de la naturaleza del universo), y la teleología* (el estudio del sentido o propósito).

Las cuestiones morales cubren la naturaleza de la virtud y el vicio, la ética y el problema del mal. «¿Existen el bien y el mal?», «¿qué es el bien?», «¿qué es la belleza?» y «¿de dónde procede el mal?», son algunos ejemplos.

Pero no basta con plantearse las preguntas adecuadas. Todos nosotros, independientemente de nuestra cosmovisión, nos hacemos básicamente las mismas preguntas. Pero las respuestas que ofrecemos son radicalmente distintas, en función de cómo vemos la realidad. Las respuestas que damos determinan las clases de culturas y sociedades que edificamos y habitamos. Algunas respuestas conducen a la destrucción, la esclavitud, la barbarie y toda suerte de pobreza humana; otras, a la prosperidad, la libertad y el desarrollo.

Cómo funciona una cosmovisión

Una cosmovisión influye lo que vemos, no a lo que hay que ver. Cambiando la metáfora, influye en lo que oímos, no a lo que hay que oír. Como dijo Jesús: «El que tenga oídos, que oiga». Una cosmovisión es cuestión de percepción. Observe este popular dibujo en la figura 1.2[11]. ¿Qué ve?

Algunas personas ven el rostro de una anciana. Otras, el de una joven. Sus anteojos mentales le predisponen a ver la una o la otra. Veamos otro ejemplo.

¿Qué ve?

¿Cómo categoriza usted los objetos que aparecen en la figura 1.3?

¿Qué ve?

Un occidental típico, inclinado al estudio analítico, matemático, categorizará los objetos como herramientas y comida. Pero aquellos cuya mente es narrativa*, relacionan lo que ven con el comer, es decir el martillo parte la cáscara de los frutos secos y el cuchillo pela la naranja y la manzana. Dos puntos de vista conducen a dos interpretaciones de los mismos datos.

Una cosmovisión, como un mapa de carreteras, nos indica la dirección y nos guía por la vida. Como el viento que sopla en los árboles, aviva y anima nuestras comunidades. Afirma: «Esto es quienes somos».

Tres cosmovisiones principales

Cientos de religiones y miles de filosofías existen en el mundo. Un ser humano no puede estudiarlas todas detalladamente. Pero si se destila su esencia, todas encajan en una de tres categorías: animismo (en última instancia, todo es espiritual), secularismo (en el fondo, todo es físico), y teísmo bíblico. (El monoteísmo* del islam, que surgió siglos después que se completara el canon cristiano, es un sistema derivado, presenta importantes similitudes y diferencias con el teísmo bíblico). Esta tercera cosmovisión sostiene que el universo físico ha sido creado y es mantenido por Dios, que es espíritu (Juan 4:24). Según esta cosmovisión, el espíritu precede a la materia, pero ambos son importantes y están íntimamente ligados. Todas las religiones y filosofías se pueden encuadrar a lo largo de un continuum, en el que el secularismo y el animismo se situarían en los extremos y el teísmo en el «centro» (véase la fig. 1.4).

Las raíces del secularismo moderno se remontan a la Europa de los siglos XIX y XX. El secularismo considera que la realidad es solamente física y se centra en la unidad de la naturaleza. El darwinismo, sistema de creencias fundado por Charles Darwin,* uno de los grandes sumos sacerdotes del secularismo, creía que la vida no es más que el resultado de la interacción entre la materia y la energía, el tiempo y el azar. Según este sistema, la materia es la única realidad fundamental. Todos los seres, procesos y fenómenos no son más que manifestaciones de la materia.

El continuum de la cosmovisión

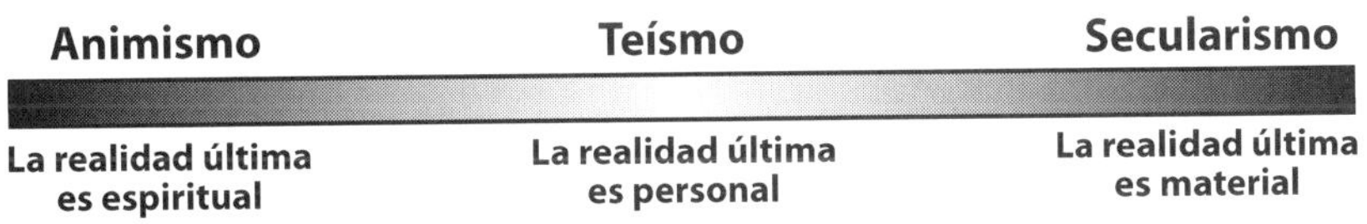

Concepción secularista

El teísmo, procedente de la revelación judeocristiana, tiene su raíz en el Oriente Medio. Considera la realidad última como personal y relacional. Dios existe. Él creó un universo de dimensiones físicas, espiritual, visible e invisible. La verdad, revelada por Dios, es objetiva y puede ser conocida en parte por los seres humanos. El carácter de Dios establece absolutos

REALIDAD

Concepción teísta

morales. El teísmo judeocristiano cree en un Dios personal e infinito, el gran «Yo Soy» de la Escritura (véase Exo.3:14 y Juan 8:58). Cree que el Dios único creó el mundo y todo lo que contiene, así como los seres humanos. El Dios infinito existe separado del mundo, aunque íntimamente involucrado en él.

El animismo, arraigado en los antiguos sistemas de creencias de los pueblos indígenas del mundo, sigue jugando un importante papel en la configuración de culturas. Según este punto de vista, los espíritus lo animan todo y todo avanza hacia la unidad del espíritu. El mundo real es invisible, la verdad está oculta, no es racional y todo es misterioso. Aunque

REALIDAD

Concepción animista

lleno de mal desde una perspectiva humana, el universo es básicamente amoral. El animismo afirma la existencia de una única clase de sustancia fundamental: el espíritu.

Cómo se propagan las cosmovisiones

Las cosmovisiones se difunden a través de los mares, las sociedades y los siglos, y conforman a las personas, las culturas, las naciones y la historia.

Las cosmovisiones se propagan horizontalmente. Comienzan con un individuo y sus discípulos, quienes transmiten su mensaje a la comunidad, la nación, y, por último, al mundo. Por ejemplo, después de su resurrección, Cristo dijo a sus discípulos: «y me seréis testigos en Jerusalén, en toda Judea, en Samaria, y hasta lo último de la tierra». (Hechos 1:8). En el primer siglo, el evangelio se extendió desde el Mediterráneo, por el oeste, hasta la India, por el este (y posiblemente hasta el sur de China). Después de este impulso misionero inicial, los barcos llevaron el evangelio a lo largo de las costas hasta las ciudades portuarias del mundo. En la época misionera moderna, el evangelio penetró al interior desde las costas. Actualmente, en el siglo XXI, las buenas nuevas están siendo predicadas en las últimas bolsas de pueblos pertenecientes a comunidades atrasadas y empobrecidas.

Las ideas, como las cosmovisiones, normalmente se desarrollan como doctrinas religiosas, abstracciones filosóficas o teorías científicas, y luego se transmiten hacia abajo a través de la música, la literatura y las artes. (Véase la fig. 8). (Se ha llegado a decir que si se desea saber cómo los

Influencia de la cosmovisión en la cultura popular

miembros de la próxima generación van a organizar sus vidas, es preciso examinar la música o el arte contemporáneos). Este movimiento vertical de ideas penetra en todas las esferas de la vida, configura los valores, las estructuras sociales y las instituciones de una cultura. Después, las ideas se institucionalizan en las leyes y la política de una sociedad y en sus estructuras económicas y sociales. Y a través de las instituciones sociales, las ideas influyen finalmente en la mentalidad, la conducta y el estilo de vida de la gente común.

Las ideas son forjadas por los intelectuales y transmitidas a los artistas. Después pasan a las clases cultas o profesionales: profesores, abogados, pastores, periodistas, escritores, animadores y políticos. Entonces se convierten en el contexto vital para el hombre común. La historia gira en torno a los debates de los individuos.

Un ejemplo de propagación de una idea en la sociedad es la aceptación de la homosexualidad como normal en Occidente. He aquí una breve reseña de algunos de los líderes y pensadores clave y cómo han contribuido a este proceso.[12]

Charles Darwin (1809-1882) proporcionó una «explicación científica» para la generación espontánea. Uno de sus corolarios: los seres humanos no son portadores de la imagen de Dios, sino meros animales formados a través de procesos evolutivos ciegos. Todos los animales, por supuesto, se aparean y se reproducen por instinto, no por una idea falsa de moralidad.

Friedrich Nietzsche* (1844-1900) anunció la muerte de Dios y propuso que estaríamos mejor sin Él. Tenemos que superar la moral cristiana y determinar por nosotros mismos lo que está bien y lo que está mal.

Sigmund Freud (1856-1939) atribuyó la represión sexual a la moral judeocristiana. Tal represión, alegó, puede explicar casi todos los desórdenes psicológicos. La concepción judeocristiana del sexo es opresiva, se asienta en la fantasía y debe ser descartada.

Margaret Sanger* (1879-1966) hizo del sexo nuestra salvación. «Por medio del sexo, la humanidad puede lograr la gran luz espiritual que transformará el mundo, la cual iluminará la única senda al paraíso terrenal».[13] El control de la natalidad sería el medio para esta nueva salvación, que permite la libertad sexual sin preocuparse de restringir el embarazo. Una bonificación: podemos deshacernos de los que no son «aptos para vivir».[14]

He aquí la contribución de Alfred Kinsey (1894-1956): ahora que nos hemos liberado de las ideas anticuadas de la moral sexual, debemos extraer nuestras conclusiones de la conducta sexual humana. Si una persona lo hace, será normal y, por tanto, aceptable.[15]

Marshall Kirk y Hunter Marsden (1989) escribieron el influyente libro *After the Ball: How America Will Conquer Its Fear and Hatred of Gays in the '90s* Este libro proporcionó un prototipo al movimiento en pro de los derechos homosexuales y condujo a su éxito tremendo. Kirk y Marsden argumentan que tenemos que:

- Cambiar el estereotipo extravagante de adición sexual de los gais presentándoles como estadounidenses normales que componen una minoría significativa en todas las comunidades.
- Hacer de la homosexualidad una cuestión de determinismo biológico, no de opción moral.
- Retratar a los adversarios de la conducta homosexual como fanáticos aborrecibles. No se ha de debatir con ellos, sino estigmatizarlos, silenciarlos, relacionarlos con los grandes villanos de la historia.
- Presentar los derechos «gais» como nuevos derechos civiles, siendo los gais víctimas dignas de consideración.

Desde los intelectuales prominentes, las ideas se abren paso a la sociedad en general a través del arte. La pornografía actual online es legado de Hugh Heffner (1926-) quien se jactó de que la revista «Playboy liberara a toda una generación de la culpabilidad del sexo».[16] El internet ha llevado la industria que Playboy lanzó a niveles inimaginables: el 35% de las búsquedas por internet son de pornografía.

En una escena de 2003, que se hizo famosa, Madonna y Britney Spears sobrepasaron los límites (ya amplios) de la sensibilidad de los telespectadores de la MTV besándose apasionadamente.

La película «En terreno vedado», estrenada en 2005, ganó varios Óscar por enseñar «audazmente» que trivialidades como el matrimonio, la necesidad de procrear hijos, o el compromiso conyugal no deben obstaculizar la pasión homosexual. Un año después se estrenó «Voluntad y gracia», un show televisivo sobre la vida homosexual en Nueva York. La serie, emitida a lo largo de 2008 y reaparecida en 2017, refleja que la vida homosexual, además de divertida, es también normal. Producciones televisivas más recientes, como «Glee» (2012-2015), es otro show muy popular que normalizó el estilo de vida homosexual, y «Familia moderna» (2013-2015), comedia que retrata a una pareja homosexual que cría hijos. (A estas alturas de la vida cultural, los autores no tuvieron necesidad de predicar, por lo que la línea narrativa no parece tan provocativa. La paternidad homosexual no es más que otro escenario normal).

Esta trayectoria de los medios sirve para ilustrar el efecto de lo que Andrée Seu Peterson llama «exposición repetida». Ella rastrea el efecto gradual que genera la exposición mediática repetida de una idea considerada desde hace mucho inaceptable.

...Si uno postula por subvertir tabúes culturales, lo único que necesita para empezar es insensibilizar mediante posiciones repetidas.

La anciana vecina que empieza a «cambiar de opinión» y aceptar a los homosexuales como gente normal y decente no se deshizo de su aversión juvenil a la sodomía por medio de introspección socrática. Se acostumbró a la idea a través de un bombardeo por televisión, radio, revistas, carteles publicitarios y obras de teatro...

> Aunque la pedofilia es (por ahora) atípica en la metamorfosis de costumbres estadounidenses, la homosexualidad se ha colado de forma segura por el marco de la Ventana Overton (teoría política que explica cómo se reduce el rango de ideas que el público considera aceptable) y ha alcanzado gran velocidad al pasar por las fases «radical», «aceptable», «sensible», «popular» y «política».[17]

Desde estos promotores primarios y secundarios —es decir, intelectuales y artistas— los efectos más amplios se constataron en varios ejes sociales clave. En 1960, la FDA (Administración de Fármacos y Alimentos) aprobó la píldora de control de natalidad para uso anticonceptivo. Siete años después, los «niños de las flores» estadounidenses celebraron el «Verano de amor» de Haight-Ashbury. Los disturbios de Stonewall, de 1969, son recordados como un momento definitorio del movimiento homosexual, muy parecido a lo que supuso la Marcha Selma para el movimiento de los derechos civiles. La policía asaltó el pub de Stonewall Inn, bar de homosexuales en Greenwich Village, Nueva York, y los homosexuales contra atacaron. El mismo año, California, fue el primer estado en aprobar el «divorcio sin culpa». A partir de entonces, las parejas se podían divorciar por «diferencias irreconciliables».Ya no era necesario apelar al adulterio, la crueldad extrema o la deserción como justificación para poner fin al matrimonio.

Eventualmente, estas nuevas normas y costumbres fueron institucionalizadas en la sociedad estadounidense. Y esto se constata en la medicina, el derecho, el gobierno, la educación, la religión y los asuntos exteriores, lo cual ha percutido de algún modo en otros países.

En 1933, la Asociación de Psicología Estadounidense retiró la homosexualidad de su catálogo de trastornos mentales. Diez años después, en el caso de Lawrence v. Texas, el Tribunal Supremo decretó que los estados no podían legislar contra la conducta íntima de mutuo consentimiento entre adultos.

El Tribunal Supremo de los EE.UU. desautorizó la Ley de Defensa del Matrimonio del Congreso (DOMA) en 1993. Massachusetts pasó a ser el primer estado que legalizó el matrimonio del mismo sexo en 2004. Eventualmente, otros treinta y seis estados seguirían ese camino. En su memorable resolución, Obergfell v. Hodges, el Tribunal Supremo legalizó el matrimonio entre parejas del mismo sexo en el país. La legalización del matrimonio homosexual ya es un hecho en algunos países Iberoamericanos: España, Argentina, Brasil, Uruguay, Colombia y algunos estados de México.

Considere la trágica historia de la radical infiltración homosexual en el sistema público escolar de los EE.UU. En 1964, Mary Calderone, ejecutiva de Planned Parenthood, co-fundó el Consejo para la Información y Educación de la Sexualidad (SIECUS, por sus siglas en inglés), con ayuda de Hefner/Playboy. SIECUS se convertiría en el recurso más influyente para la educación sexual en las escuelas públicas estadounidenses. Calderone teorizó que «una nueva etapa evolutiva asomaba por el horizonte y que la tarea de los educadores era preparar a los niños para adentrarse en ese futuro»[18].

El mundo religioso estadounidense siguió el mismo camino en 2012, cuando la Iglesia Episcopal de EE.UU. aprobó una resolución que concedía una liturgia oficial para bendecir uniones del mismo sexo. Varias denominaciones tradicionales siguieron sus pasos, inclusive en otros países.

Finalmente, la normalización de la homosexualidad pasó a ser una cuestión de política exterior en EE.UU. Bajo la administración Obama, la promoción de los derechos homosexuales devino prioritaria para el

Departamento de Estado. Se amenazó con cortar la ayuda exterior a naciones que se estimaban hostiles a la homosexualidad. Los líderes africanos denunciaron esta actitud, que calificaron de «colonialismo sexual».

Este proceso de varias décadas de liderazgo intelectual, abandono mediático de las costumbres sexuales y normalización de la homosexualidad, seguido de la aceptación institucional del matrimonio entre personas del mismo sexo, ha acarreado un efecto predecible en los ciudadanos comunes. En 1996, sólo el 27 por ciento de la población estadounidense estaba a favor de las uniones homosexuales. En 2013, ese apoyo alcanzó el 53%. Actualmente, es aún más alto, y alcanza el 73% en la generación del milenio.

El movimiento vertical de ideas a través de la sociedad —de los intelectuales a los artistas, luego a los profesionales y finalmente a la gente común— tiene lugar en todo momento. Lo que comienza como una proposición arcaica en una torre de marfil se manifiesta finalmente en la vida cotidiana de la arena pública.

Las ideas también se difunden con el tiempo. Aunque siempre tardaron las ideas en extenderse por el mundo y en penetrar culturas, actualmente, con el advenimiento de las modernas tecnologías de la información, las ideas requieren cada vez menos tiempo para extenderse —para bien y para mal.

El economista de desarrollo E.F. Schumacher afirmó en su escrito clásico Lo pequeño es hermoso:

Los que crean nuevas ideas pocas veces son dominados por ellas. Pero sus ideas adquieren poder sobre las vidas de los hombres en la tercera y cuarta generación, cuando han pasado a formar parte del gran caudal de ideas, incluida la lengua, que se infiltra en el pensamiento de la persona en su «Edad Oscura».[19]

En 1883, en su breve ensayo «El loco», incluido en La gaya ciencia, el filósofo alemán Friedrich Nietzsche pronunció la muerte de Dios. Para Nietzsche, negar a Dios no consistía meramente en dejar de ser religioso, sino en abandonar todo lo que se basaba en su existencia. Si Dios está muerto, el hombre está muerto. La verdad y la moral, la comunión y la comunidad también lo están, y la vida es absurda.

Pero Nietzsche sabía que llevaría tiempo hasta que el hombre común sintiera y experimentara la muerte de Dios. El filósofo escribió:

> [El loco]... echó al suelo su linterna, y ésta se rompió en pedazos y se apagó. «He venido demasiado pronto», se dijo, «aún no es el tiempo». Este hecho prodigioso aún se encuentra de camino —todavía no ha alcanzado el oído de los hombres—. El rayo y el trueno requieren de un tiempo, la luz de las estrellas y los actos heroicos de los hombres también lo requieren, aunque ya se hayan producido, para ser vistos y oídos. Y este último acto se encuentra más lejos de ellos que la estrella más lejana—y son ellos los que lo han cometido».[20]

El cambio de una cosmovisión: Un ejemplo

Antes de la Ilustración europea,* en los siglos XVII y XVIII, la cosmovisión predominante en Occidente, el relato primordial, asumía un Dios trascendente, infinito y personal que existía antes que nada. Dios creó el universo animado e inanimado, espiritual y físico, separado de sí mismo, pero no independiente de Él. Dios es trascendente (está fuera de su creación) y también inmanente (presente en ella). Está presente en todo lugar y se implica en la historia. El universo no es un sistema cerrado; está abierto al propósito y la intervención de Dios.

Esta cosmovisión, el teísmo bíblico, permite la comunicación y la interacción entre los ámbitos físico y espiritual. Dios se ha revelado a través de una revelación especial*, por la palabra escrita, la Biblia, y por la Palabra viva, Jesucristo—. Al mismo tiempo, la humanidad puede recurrir a la razón que Dios nos ha concedido* para descubrir la verdad acerca de Dios y del universo. A través de la revelación general,* que incluye la naturaleza del entendimiento humano y el designio de la creación, todas las personas pueden conocer ciertas verdades acerca de Dios y del universo.

El consenso de esta cosmovisión comenzó a hundirse en Europa e Inglaterra durante el periodo de la Ilustración. Los intelectuales trataron de liberar al hombre de la autoridad de Dios y de los dogmas establecidos. Aunque la ciencia moderna había surgido de la cosmovisión bíblica, se convirtió en causa del orgullo humano ilimitado. Según mi colega Scott Allen, «un encantamiento con el éxito de la ciencia condujo a la creencia de que por medio de la razón humana autónoma el hombre podía entender cómo operaba el universo físico en su totalidad. Como el primer pecado de Adán y Eva en el jardín del Edén, brotó una confianza humana orgullosa. El hombre, apoyado exclusivamente en la ciencia y la razón, podía ser como Dios y entender la realidad».[21]

Cada vez más gente resolvió que Dios ya no era necesario para entender el funcionamiento del universo. Muchos adoptaron la teoría evolucionista de Darwin y abrazaron la idea de que la vida se había desarrollado sin intervención divina. Así emergió una nueva cosmovisión. El secularismo empezó a barrer el mundo académico y los seminarios tuvieron que hacer frente a la penetración del liberalismo teológico. Desgraciadamente, muchos líderes fundamentalistas y evangélicos renunciaron al debate. En efecto, abandonaron la razón e invitaron a la iglesia a «limitarse a creer». La fe se apartó de la vida pública y se privatizó. En vez de defender la sumamente defendible cosmovisión judeocristiana, la iglesia se desconectó de todo lo que se consideraba «secular» y se retiró a un terreno restringido considerado «sagrado».

Involuntariamente, los cristianos cayeron en la antigua dicotomía griega, que dividía el universo en esfera espiritual, tenida por sagrada, y esfera física, estimada profana. La fe, la teología,* la ética, las misiones, la vida devocional y la evangelización se colocaron en la esfera espiritual, considerada de máxima importancia. La razón, la ciencia, la empresa, la política, el arte, la música y las necesidades físicas de las personas pasaron a ocupar la esfera física inferior. Al expresar su deseo de servir en las misiones o ejercer una función pastoral, los cristianos suelen traslucir hoy su pensamiento dividido. Declaran su deseo de dedicarse al «servicio cristiano completo», como si los cristianos que trabajan en empresas «seculares» no estuvieran prestando servicio cristiano. Millones de creyentes actúan desde esta cosmovisión falsa, que yo denomino gnosticismo evangélico* (véase la fig. 1:9). No habiendo oído nunca el reto de ser cristianos conscientes en su vida cotidiana, se conforman al modelo de este mundo y adoptan una mentalidad secular.

No obstante, el secularismo y el liberalismo teológico no tienen la última palabra. El «fin de la historia», como dice Francis Fukuyama, aún no ha llegado[22]. Las cosmovisiones siguen desarrollándose porque el secularismo no ha satisfecho las necesidades más profundas del hombre. Al rebelarse contra la languidez y la decadencia del secularismo, mucha gente en Occidente está volviendo a recuperar formas espirituales antiguas de paganismo. Estamos asistiendo a un avivamiento de la religión animista oriental, que enseña a la gente a escapar del mundo físico y concentrarse en la meta definitiva: la iluminación espiritual. La batalla entre la moribunda cosmovisión secular y el renacimiento del neo-paganismo se popularizó con la película *Avatar*, estrenada en 2009.

Por su propia naturaleza, la cosmovisión precede a la cultura. George Grant, educador, pastor, y activista social estadounidense declara:

La cultura no es más que una cosmovisión puesta de manifiesto; creencias básicas transformadas en hábitos de vida; teología traducida a la sociología. La cultura es una expresión muy práctica de la fe común de una comunidad, o pueblo o nación. La cultura, según la célebre expresión de Henry Van Til, es «religión externalizada».

> Lo que una persona piensa, lo que cree, lo que conforma su preocupación más íntima y lo que sostiene como verdadero en su corazón —en suma, su fe o falta de ella— provoca un efecto directo sobre su bienestar material, su conducta y su perspectiva; sobre su percepción de lo que es bueno, bello y verdadero; sobre sus prioridades, valores y principios. Al fin y al cabo, «tal como piensa el hombre en su corazón, tal es él».[23]

Como cristianos no debemos adaptarnos a la cultura que nos rodea ni usar solamente la cosmovisión como instrumento para criticar la cultura. Debemos abrazar, encarnar y extender la cultura del reino. Jesús enseñó a sus discípulos a orar: «Venga tu reino, hágase tu voluntad en la tierra como en el cielo». El reino de Dios se cumple perfectamente en el cielo, por supuesto. El Cristo resucitado llama ahora a sus discípulos, su iglesia, a la «Gran Comisión» de propagar su reino en la tierra (véase Mat. 28:19-20).

Los cristianos han de usar su cosmovisión judeocristiana como base para crear una cultura que por su propia naturaleza es reflejo del reino de Dios.

El impacto de la cosmovisión en el desarrollo humano

La cosmovisión determina si una comunidad o nación va a florecer o perecer. Los principios fundamentales de una cultura, el relato que ella cree, los sueños, ideales y visión de su pueblo, proporcionan la base para la historia de su desarrollo o de su ruina.

Los que trabajan por el desarrollo de sus comunidades y culturas también tienen que examinar sus propias cosmovisiones. Mucha gente se centra en programas de ayuda y en cumplir metas físicas. Desean conocer detalles como a quiénes, dónde, cuándo y cómo servir. Se interesan por estrategias, métodos, personal, recursos, currículos e instituciones. Pero suelen olvidar que sus actividades brotan de políticas que derivan de una visión particular del desarrollo humano —se basan en una cosmovisión (véase la fig. 1:10).

¿Cuáles son las causas del florecimiento de una comunidad? ¿En qué consiste el carácter *cristiano* de un ministerio? La cosmovisión que se abraza determina las actitudes que se manifiestan y los actos que se llevan a cabo. Las ideas, especialmente las que forman una cosmovisión, tienen consecuencias.

Preguntas para el estudio

1. Según el profesor Provine, ¿cuáles son las consecuencias ineludibles de los supuestos darwinistas?
2. Cuanto más se entrega una persona o una cultura a una cosmovisión no bíblica, tanto más se aleja de la realidad objetiva. ¿Por qué es esto así?
3. Defina en sus propias palabras qué es una *cosmovisión.*
4. Mencione y explique las tres categorías principales que responden a las cuestiones básicas del hombre.
5. ¿Cuáles son las fases de la Ventana Overton? ¿Puede usted identificar un asunto que haya pasado de ser idea radical a política gubernamental?
6. Explique tres maneras por las que se puede propagar una cosmovisión.
7. ¿Cómo respondió la iglesia occidental al cambio de cosmovisión dominante en los tiempos de Darwin?
8. ¿Cómo cree usted que afecta el gnosticismo evangélico a su congregación?
9. ¿Qué efectos cree usted que provoca el gnosticismo evangélico en las misiones modernas?
10. ¿Qué cuestiones o desafíos ofrece usted para responder a las ideas presentadas en este capítulo?

2

HISTORIAS SOBRE LA POBREZA

Cosmovisión y pobreza

Toda filosofía o religión debe dar respuesta a unas pocas preguntas básicas:

- ¿De dónde venimos? ¿Cómo llegamos aquí?
- ¿Qué fue lo que se torció? ¿Cómo se estropearon tanto las cosas?
- ¿Qué solución hay al problema? ¿Cómo arreglaremos lo que está arruinado?
- ¿Hacia dónde vamos? ¿Cómo acabarán las cosas?

Problemas como el hambre, la pobreza humana en todas sus formas, la injusticia y la degradación medioambiental nos obligan a preguntarnos ¿qué fue lo que se torció y cómo lo arreglaremos? Tales realidades suscitan una cuestión más profunda: Dado que hay más cristianos vivos que en cualquier otro momento de la historia, y más iglesias (y más grandes), ¿por qué las naciones siguen estando tan fracturadas?

Éstas pueden parecer preguntas sencillas, pero la propia cosmovisión determina las respuestas. Éstas, a su vez, conducen a proponer soluciones distintas. En este capítulo examinaremos cómo los secularistas y los animistas responden tales cuestiones y hacia dónde llevan sus respuestas. Por el contrario, el Capítulo 3, examinará las respuestas y los resultados que ofrece el teísmo bíblico.

La explicación secularista

El secularismo asegura que la raíz de los problemas humanos en sus muchas manifestaciones (hambre, pobreza, injusticia, degradación medioambiental, sufrimiento mental y emocional, explotación y otros) tiene su origen en el mundo físico. Los secularistas escogen entre dos narrativas que han adquirido enorme importancia en el mundo secular dominante. Una es evolucionista, la otra revolucionaria.

La narrativa evolucionista

La perspectiva del *secularismo evolucionista* afirma que el mundo está superpoblado, la producción de alimentos es insuficiente y los recursos naturales o las infraestructuras son insuficientes para una adecuada producción de alimentos. Por «evolucionista», quiero decir que (conforme a esta narrativa) los seres humanos sólo son animales y la realidad sólo es material.

Hace más de 200 años, Thomas Malthus,* ministro inglés, escribió su Ensayo sobre el principio de la población1que sigue siendo la Carta Magna de los abogados del control poblacional que temen una superpoblación mundial.* Malthus afirmó que la población, cuando se descontrola, aumenta en proporción geométrica, mientras que la provisión de alimentos aumenta sólo en proporción aritmética (véase la fig. 2.1). Es decir, los recursos crecen por adición, en tanto que la población crece por multiplicación. Malthus temía que el aumento de población excediera al suministro de alimentos, lo que conduciría al hambre generalizada.[2]

El problema demográfico de Malthus

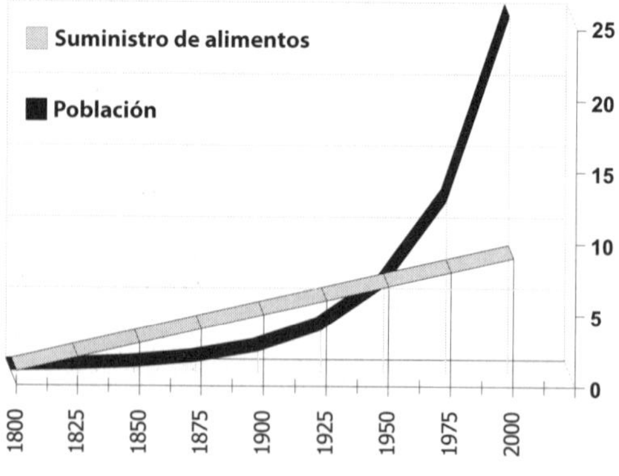

Esta forma de pensar también se manifiesta en debates sobre la supuesta escasez de recursos naturales. Cuando estuve en Somalia durante una de sus hambrunas recurrentes, oí a algunos trabajadores humanitarios hablar despectivamente del país, una de las cinco o seis naciones más pobres del mundo. Reflejando su mentalidad secular, esos trabajadores decían que Somalia nunca se desarrollaría porque carecía de recursos naturales. (Su principal exportación son los camellos). «¿Qué mercado hay para los camellos en Japón, Estados Unidos o Corea?», se preguntaban desdeñosamente. Según su mentalidad, Somalia no tenía remedio. Al creer que los recursos naturales (materiales) son la clave para prosperar, aquellas personas bienintencionadas relegaban toda una nación a la pobreza perpetua, y ésta no solamente material.

Otras veces, los secularistas evolucionistas afirman que el problema no es la falta de recursos, sino de infraestructuras. Un ejemplo claro para ellos es la India, país que por muchos años ha sido exportador neto de alimentos. La India, dicen ellos, produce más que suficiente para alimentar a sus habitantes, sin embargo, muchos indios padecen hambre. Los secularistas explican esta paradoja alegando que no hay suficientes carreteras, puentes e instalaciones de almacenamiento para transferir alimentos a los que los necesitan.

Otro ejemplo podría ser África, continente habitado por mil grupos lingüísticos. Solo en Etiopía, se habla un centenar de lenguas, aunque solo el 30 por ciento de la población habla el amhárico, idioma nacional. Esta multiplicidad de lenguas entorpece el desarrollo del comercio, la educación y la comunicación. De ahí que, según esta teoría, la gente pase hambre.

Respuesta del secularismo evolucionista
«Deshacerse de la gente»

Si se asume que el problema consiste en una «población excesiva», la solución es tan obvia como funesta: «Deshacerse de gente» (véase la fig. 2.2). En este sentido, a Garret Hardin, profesor de biología de la Universidad de California en Santa Bárbara, se le ocurrió la idea de la «ética del bote salvavidas». Dice así: Un gran transatlántico, que simboliza el mundo, se está hundiendo. Hay un bote salvavidas en el que no caben todos los pasajeros. (Quién debe quedarse en el buque da pie a un debate interesante.) La idea es «dejar que la naturaleza siga su curso». Hardin llegó a decir que cuando una hambruna mata a una población, ello supone una tragedia para los que la padecen, pero es una buena cosa para su nación y para el mundo. Según esta concepción, la naturaleza se está ocupando de resolver el problema de la superpoblación.[3]

Por supuesto, algunos evolucionistas rechazan esta fría crueldad. Aseguran que se puede combatir la pobreza por medio de la ciencia y la tecnología.* Esto suele traducirse en control de la población. A veces las declaraciones de estos partidarios suelen ser bastante reveladoras. El enfoque principal de la muy criticada Conferencia de las Naciones Unidas sobre Población y Desarrollo, celebrada en El Cairo, giró en torno a esta cuestión: «¿Cómo conseguir que la gente de color y la población del tercer mundo deje de tener hijos?». Este enfoque, también llamado eugenesia, trata de controlar la reproducción humana, a veces extirpando a los débiles[4]. Margaret Sanger, una de las primeras defensoras y fundadora de Planned Parenthood, dijo en cierta ocasión: «Muchos de los que integran este grupo padecen enfermedades, son débiles, y forman parte del paupérrimo segmento que depende de los miembros aptos y normales de la sociedad para su sustento. No hay duda, en la mente de la gente pensante, que debería detenerse la procreación de este grupo».[5]

La narrativa revolucionaria

El primer enfoque, la cosmovisión secular, es pues, evolucionista. El segundo, es revolucionario. Esta perspectiva enfatiza que las personas experimentan quebranto por causa de la explotación del colonialismo o el consumismo occidental.

Según esta concepción, el problema no proviene de un país o región. No radica en la sobrepoblación ni en la escasez de recursos. El problema es exterior, deriva del imperialismo u otras formas de explotación. La desolación y el hambre, asegura el enfoque revolucionario, son consecuencia directa de la opresión a través de estructuras económicas y sociales complejas e injustas. La gente carece de recursos y de comida debido a factores que escapan a su control. Los que defienden esta perspectiva afirman que allá donde llegó el colonialismo, los recursos fueron expoliados, transportados en trenes y camiones hasta los puertos, y embarcados rumbo a Europa para ser consumidos.[6]

Por supuesto, después de la Segunda Guerra Mundial el colonialismo se ha ido extinguiendo en el mundo, de manera que sus detractores han tenido que buscar nuevos villanos. La reversión de Hong Kong a China es sólo un ejemplo del fin de una era. De modo que, si bien invocar el colonialismo *político* significa anacronismo, se suele decir que el colonialismo *económico* está vivo y coleando. En este escenario, ellos aseveran que la gente no es controlada por los gobiernos, sino por corporaciones multinacionales como Coca-Cola y Toyota. (Cabe destacar que el poder económico de algunas compañías eclipsa de hecho el de algunas naciones).

Otra forma de colonialismo proviene de organizaciones casi-gubernamentales como las Naciones Unidas. Estas burocracias toman decisiones que afectan profundamente a regiones enteras. Por ejemplo, el Banco Mundial ha tratado de estimular el desarrollo de la cuenca del Amazonas, inyectando incontables millones de dólares en este ecosistema. Desgraciadamente, la intervención del banco ha acelerado la destrucción de la selva tropical.

Culpabilizar a las agencias multinacionales no identifica realmente la raíz del problema, aseguran los revolucionarios; la causa real de la pobreza material es el estilo de vida consumista de Occidente. Se ha dicho que los Estados Unidos, país que representa menos del cinco por ciento de la población mundial, consume aproximadamente una cuarta parte de recursos basados en combustibles fósiles —queman casi el 25 por ciento del carbón, el 26 por ciento del petróleo y el 17 por ciento del gas natural—.[7] Hacen falta más de 7 kilos de grano para producir una libra de carne comestible. De manera que cada vez que uno se come un Big Mac, ellos echan en cara, está consumiendo cuatro libras de grano.[8] En buena parte de Asia, África y Latinoamérica, argumentan, los granjeros pobres que cultivan verduras para sus familias se ven tentados a cultivar cereales —cultivos rentables—. Estos granjeros cultivan cereales que son enviados a granjas de engorde para alimentar vacas cuya carne es picada para producir hamburguesas Bic Mac. Los defensores de esta opción ven una correlación directa entre el estilo de vida occidental y la pobreza material en todo el mundo. Según ellos, el problema se origina fuera de las regiones afligidas.

Redistribución de recursos

«Redistribuir recursos»

Así pues, ¿cómo se resuelve la pobreza, según los revolucionarios? Redistribuyendo los recursos escasos (véase la fig. 2.3) Si el 17 por ciento de la población mundial consume el 80 por ciento de los recursos del planeta,[9] la riqueza de los países ricos debe ser confiscada mediante actuaciones impositivas. Ese dinero debe ser devuelto a los pobres para que todos tengan equidad. A diferencia de los secularistas evolucionistas, los que sostienen puntos de vista revolucionarios no pretenden deshacerse de la gente: quieren ser «justos», lo que significa que hay que recortar más y más los trozos del pastel y crear sistemas locales y globales para redistribuir recursos a los pobres. En definitiva, si no se pueden crear estructuras de manera pacífica, entonces se monta una revolución.

Respuesta a las historias evolucionista y revolucionaria del secularista

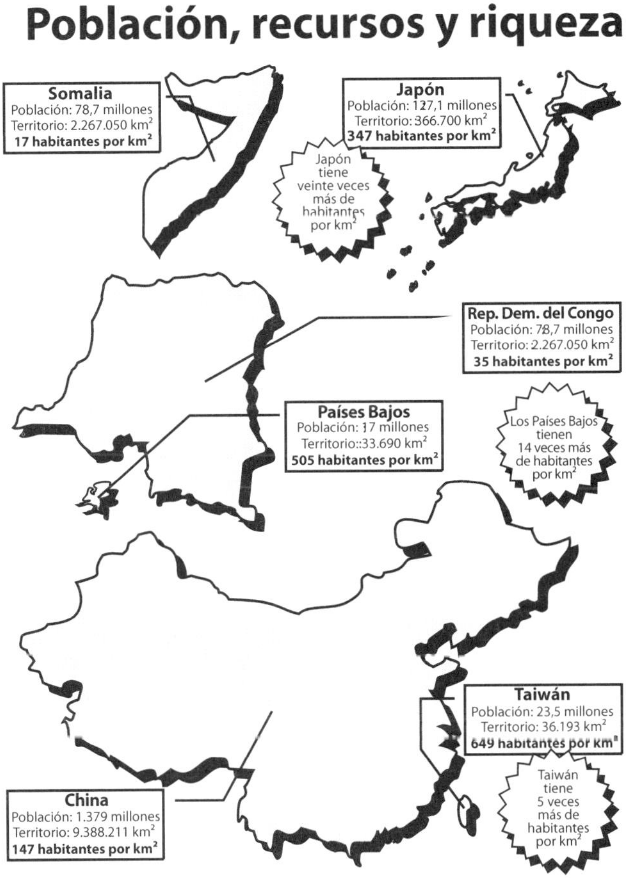

Para el secularismo evolucionista, Somalia es un ejemplo clásico de demasiados habitantes y recursos escasos (véase la fig. 2.4). Somalia carece de recursos importantes. Según el Banco Mundial, en el año 2013, 10,5 millones, es decir, diecisiete habitantes por kilómetro cuadrado, viven en este país indigente ubicado en el cuerno de África. Sin embargo, Japón, que alberga 127,1 millones de personas en una zona de similar tamaño y carece de recursos, es un país rico. Sorprendentemente, en la nación isleña viven 347 habitantes por kilómetro cuadrado. O compárese el antiguo Zaire con los Países Bajos, ambos con abundantes recursos naturales. El Congo, con treinta y cinco habitantes por kilómetro cuadrado, siempre está al borde del caos. Por el contrario, los Países Bajos, con 504 habitantes por kilómetro cuadrado, es un país próspero y estable. O consideremos China, donde habita casi un quinto de la población mundial. China sufre supuestamente un problema de superpoblación, lo que dio pie al gobierno a aplicar la política del hijo único (adoptada entre 1978 y 1980, y revisada en 2015 para permitir dos hijos). Con todo, China sólo tiene 145 habitantes por kilómetro cuadrado, mientras que Taiwán, «la otra China», tiene 649 habitantes por kilómetro cuadrado. Más dignos de mención son aún Hong Kong y Singapur, con 6.583 y 7.898 habitantes por kilómetro cuadrado respectivamente.[10]

¿Dónde preferiría vivir usted teniendo en cuenta la calidad de vida, los servicios sanitarios, educación y libertad?

Examinemos ahora el relato revolucionario. ¿Son el colonialismo y el neocolonialismo factores que determinan realmente la riqueza o la pobreza material? Consideremos los datos. Algunos países ricos, como Suiza y Suecia, no formaron parte del sistema colonial, mientras que muchas antiguas colonias —como Australia, Hong Kong y Estados Unidos— son ricas. También, algunos países muy pobres —Nepal y Afganistán entre ellos— nunca fueron colonias. Por supuesto, el colonialismo ha perjudicado a algunos países, pero no hay una relación determinista entre pobreza material y colonialismo.

Afirmar, como hacen algunos revolucionarios, que la causa de la pobreza de un país es otro sistema o país ayuda a que la gente que vive en ese país parezca (o se considere a sí misma) inútil e impotente. Este relato implica que ellos no son responsables de su pobreza. Por lo tanto, cambiar la situación desde dentro, sin una revolución, es imposible. ¿Cabe extrañarse de que la gente que se siente víctima llegue a depender de otros?

Tanto la postura evolucionista como la revolucionaria derivan de un punto de vista materialista. El hambre y la pobreza se perciben principalmente en términos físicos: en la naturaleza, el medio ambiente, las circunstancias. Ambas conciben la naturaleza como un sistema cerrado. Como si estuviese encerrada en una caja de titanio. Por definición, lo único que importa es la materia. Los recursos son limitados. Así pues, según este esquema el hombre es poco más que un consumidor de recursos escasos, un animal con boca* y estómago. Si el problema se define en términos materiales, la solución vendrá encuadrada en los mismos términos.

Malcolm Muggeridge fue uno de los más destacados periodistas de televisión de su tiempo. Fue también un marxista de tercera generación. Un día, en Calcuta, mientras grababa un documental sobre la madre Teresa para la BBC, Muggeridge le preguntó: «¿Por qué habiendo tantos niños en el mundo, intenta mantener a estos con vida?». Ella respondió con una mirada de asombro. Creyendo que ésta era una cuestión muy importante, él volvió a intentarlo, pero no obtuvo respuesta. De modo que siguió con su entrevista. Aquella noche, en la habitación de su hotel, cayó en la cuenta (más adelante confesó que ése fue su punto de inflexión espiritual) que la madre Teresa veía a aquellos niños de manera distinta. Él los veía como meros consumidores; ella, como portadores de la imagen de Dios. Preguntar a la madre Teresa si no había demasiados niños en el mundo era como preguntar si no había demasiadas estrellas en el cielo o demasiadas flores en el campo. La pregunta era absurda.

La respuesta animista

El secularismo es un relato no bíblico acerca de la pobreza y el hambre que sufre la gente. Otro es el animismo —sistema religioso amorfo que sostienen millones de personas religiosas, budistas, hinduistas, así como musulmanes y cristianos sincretistas—. A diferencia del secularista, el animista percibe que la necesidad humana es externa al mundo físico. Los animistas suelen creer en millones de dioses caprichosos e imprevisibles. Las inundaciones, los terremotos, las sequías y las enfermedades son manifestaciones físicas de fuerzas esencialmente irracionales. Suceden cosas malas cuando los dioses se enfadan o descuidan las necesidades de la gente. ¿Solución? Aplacamiento constante.

Según esta cosmovisión, los seres humanos deben vivir en armonía con los dioses. En última instancia, el mundo que vemos es ilusorio y hemos escapar de él. Puesto que sólo lo espiritual es real, el mundo espiritual consume el mundo físico temporal. Pese a que las apariencias indiquen lo contrario, las personas son esencialmente espíritus y pertenecen al mundo espiritual.

El animismo afirma que todo lo que sucede se origina exclusivamente en el ámbito espiritual invisible. Para resolver cualquier problema, es preciso aplacar a los espíritus. No hay otra solución. Por tanto, las personas están atrapadas. Lo único que pueden hacer es esperar una vida futura para escapar a su miserable suerte en ésta o esperar una edad dorada prometida.

Por muy distintos que parezcan los puntos de vista animista y secularistas, comparten terreno común. Las tres concepciones insisten en que las causas del hambre y la pobreza material son externas a los seres humanos. Tanto el secularismo revolucionario como el evolucionista identifican el problema en el medio físico. El animismo lo localiza fuera, en el ámbito espiritual.

Una salvedad

Por supuesto, cada uno de estos tres sistemas tiene un elemento de verdad. Los factores externos influyen en el desarrollo humano —o en su decadencia—. Con ánimo de lucro y en aras de la «tolerancia», las corporaciones multinacionales a veces hacen la vista gorda a crímenes terribles contra la humanidad. Hay regímenes brutales y tiránicos. Algunos terratenientes impiden que sus arrendatarios agrícolas cosechen lo que necesitan para sostener a sus familias.

La corrupción y la codicia están siempre presentes. ¡Cómo no iban a estarlo, dada la inclinación pecaminosa de la humanidad! G.K. Chesterton dijo que el pecado original es la única doctrina empírica verificable de la religión cristiana, y este horrible contagio normalmente se incrusta en estructuras sociales y patrones de pensamiento. El colonialismo y el neocolonialismo también han influido. Por otra parte, como cristianos, debemos reconocer que hay realmente espíritus que pueden influir en nuestra vida.

Aunque estos hechos son evidentes, deberíamos recordar que estos tres puntos de vista son fundamentalmente erróneos por no acertar a analizar en profundidad la condición humana y el mundo tal cual es. Por tanto, debemos examinar los problemas y las oportunidades de la existencia humana a través de los anteojos de la única explicación que concuerda con la realidad. Esta explicación, contenida en la Biblia, nos proporcionará un análisis mucho más amplio y más profundo. Y, en consecuencia, nos guiará a soluciones radicalmente distintas.

Preguntas para el estudio

1. ¿Por qué debemos examinar distintas respuestas a la pregunta: «¿Por qué la gente experimenta desolación?».
2. Describa cómo definen las siguientes perspectivas el problema y la solución al hambre y la pobreza material: secularismo evolucionista, secularismo revolucionario, animismo

3. ¿Cuáles son los puntos fuertes y débiles de cada concepción?
4. ¿Mencione algunos supuestos comunes entre las perspectivas, aparentemente distintas, evolucionista y revolucionaria?
5. Ponga un ejemplo de un caso, aceptado por la comunidad donde usted vive o ministra, que contribuya a la pobreza.
6. ¿Qué preguntas o desafíos le han surgido en respuesta a las ideas presentadas en este capítulo?

3

LA HISTORIA TRANSFORMADORA

La historia que acarrea desarrollo

A pesar del increíble progreso realizado para dar las Buenas Nuevas a los pueblos no evangelizados,[1] enormes bolsas o partes del planeta permanecen en buena medida intactas a la influencia del evangelio. Aunque el esfuerzo misionero de la iglesia ha hecho mucho por contar a hombres y mujeres la esperanza espiritual que hay en Cristo, apenas han rascado la superficie del aspecto que ofrece esta esperanza en la tierra.

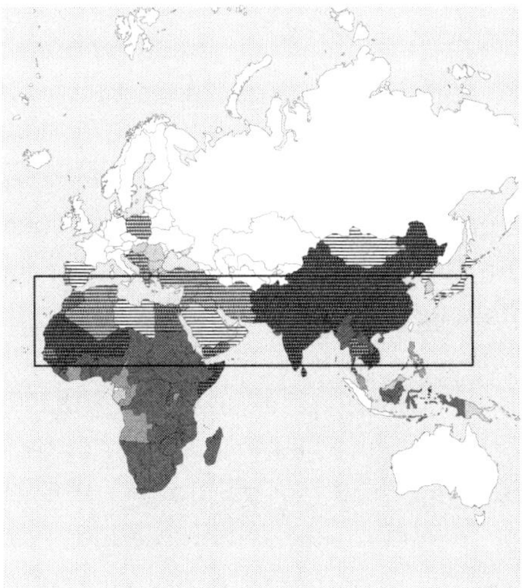

Hace veinte años, la principal cuestión que se planteaba la misión evangélica era «¿qué necesitamos para completar la Gran Comisión?». Los investigadores misioneros desarrollaron el concepto de la Ventana 10/40 para centrar su atención en la región del mundo que encierra el mayor número de «pueblos no evangelizados». Se lanzaron movimientos con la esperanza de completar la Gran Comisión antes del cambio de milenio. Aunque se ha avanzado mucho en llevar las Buenas Nuevas a los no evangelizados, los países incluidos en la Ventana siguen figurando entre los más pobres de la tierra. Los países con menos acceso al evangelio suelen estar entre los más necesitados. En general, cualquier estrategia que se emprenda para dar a conocer el evangelio a los países no evangelizados debe también tener en cuenta la evangelización de los pobres.[2]

> La Ventana 10/40 es hogar de la mayoría de los pobres de la tierra. De entre los más pobres, más de ocho de cada diez viven en la Ventana 10/40. Como promedio, sobreviven con pocos cientos de dólares por persona y año. Se ha llegado a decir que «los pobres están perdidos, y que los perdidos son los pobres», ya que la mayoría de los no evangelizados viven en los países más pobres del mundo. Hay un solapamiento notable entre los países más pobres del mundo y los menos evangelizados.[3]

La raíz de la pobreza

Así pues, ¿por qué hay tanta gente pobre y hambrienta? Exceptuando los acontecimientos catastróficos (guerras, sequías, inundaciones), la pobreza física no se produce porque sí. Es consecuencia lógica de cómo se ven las personas a sí mismas y de cómo ven ellas el mundo, en los relatos que cuentan y en la cosmovisión que sostienen. Aunque muchas personas entienden que la pobreza puede ser efecto de la injusticia social, pocos captan la relación que hay entre la pobreza (en sus diversas formas) y la mentalidad de la gente. Normalmente se deshecha esta relación «echando la culpa a los pobres por su pobreza», pero ¿no exige la compasión por los pobres que al menos la tengamos en cuenta? Al fin y al cabo, si hay una posibilidad de que las cosmovisiones acentúen, aunque sea un poco, la pobreza y otras formas de desolación, ¿no estaremos obligados a afrontarlas?

El hecho es que, distintas asociaciones de ideas producen conductas distintas, a nivel individual y corporativo. Estos comportamientos luego se institucionalizan y conforman leyes y estructuras sociales que conducen a la pobreza y otras formas de desolación. Desde que el presidente Lyndon Baines Johnson declarara la «guerra a la pobreza» hace más de 50 años, el estado ha gastado más de 22 billones de dólares en combatir la pobreza con todo tipo de planes de redistribución. Y sin embargo, la pobreza material (y otros tipos de pobreza) se sigue dando en las mismas comunidades en que debía haber desaparecido. ¿Por qué? Porque no se hizo nada por transformar la cosmovisión de los receptores. Cuando se da dinero y no se hace nada por cambiar la cosmovisión de la comunidad receptora, ésta seguirá siendo pobre.

El anticuado término de *pauperismo** sirve para entender la cosmovisión de muchas gentes que viven en la pobreza. Los que padecen este azote experimentan cierta pobreza mental. Ven el mundo a través de lentes de pobreza. Afirman, o sus actos así lo declaran: «Soy pobre. Siempre seré pobre, y no hay nada que pueda hacer al respecto» (fatalismo). O, como muchos aseguran hoy: «Soy pobre porque otros me hicieron así. Soy una víctima de la injusticia. Necesito que el estado intervenga y redistribuya la riqueza».

Como sucede con las falsas cosmovisiones, esta forma de pensar está arraigada en nuestro pecado y rebelión contra el Creador, quien hizo un mundo de abundancia y bendición. La alienación del hombre de Dios (y el menosprecio de los principios divinos) produce una mentalidad de pobreza que envenena aún más la mente, el espíritu y el corazón. Esta mentalidad de pobreza tiene consecuencias en el mundo físico, depaupera a las personas y las hace incapaces de imaginar siquiera una forma de escape.

La Biblia deja claro que ser pobre no es pecado, que Dios se preocupa de los pobres, y que ser rico no es siempre signo del favor especial de Dios. Jesús advirtió repetidamente acerca del peligro espiritual de la riqueza. Pero Dios no creo la pobreza; nosotros la engendramos. La intención de Dios en la creación fue que los seres humanos y las sociedades que ellos crearan florecieran. El problema suele radicar en las mentalidades que retrasan y resisten el desarrollo, y atrapan a las personas en la indigencia.

El papel de Satanás

El pauperismo y el fatalismo no son sólo errores humanos. Están enraizados en las mentiras y distorsiones perpetradas por Satanás. Jesús advirtió: «Desde el principio éste ha sido un asesino, y no se mantiene en la verdad, porque no hay verdad en él. Cuando miente, expresa su propia naturaleza, porque es un mentiroso. ¡Es el padre de la mentira!» (Juan 8:44). Hay otros seres espirituales cómplices, malévolos, que ayudan a Satanás a perpetrar sus engaños. Pablo amonesta a la iglesia gálata descarriada del primer siglo: «Pero en aquel tiempo, cuando no conocíais a Dios, erais siervos de aquellos que por naturaleza no son dioses.[9] Pero ahora que conocéis[a] a Dios, o más bien, que sois[b] conocidos por Dios, ¿cómo es que os volvéis otra vez a las cosas débiles, inútiles[c] y elementales[d], a las cuales deseáis volver a estar esclavizados de nuevo?» (Gál. 4:8-9). (LBLA)

Los principados y las potestades espirituales recurren a estos «principios ineficaces y sin valor» (en griego *stoicheion*[4]) para esclavizar a las personas que atienden a principios mundanos que conducen a la muerte. Pablo declara en otros pasajes: «Cuídense de que nadie los cautive con la vana y engañosa filosofía que sigue tradiciones humanas, la que va de acuerdo con los principios de este mundo y no conforme a Cristo» (Col. 2:8). Satanás usa falsos *stoicheion* para enmarañar o confundir culturas enteras con redes de mentiras. Estos engaños alcanzan a las gentes no sólo en el ámbito moral y espiritual, sino también en el plano social, económico y político.[5]

Redes de mentiras

Una mentira afirma que lo único que importa es el *presente*. Se cree que Henry Ford dijo una vez que «la historia es una tontería». En cuanto al futuro, ¿por qué he de preocuparme de lo que suceda después de la muerte? Si no hay futuro, el hedonismo del mundo antiguo y el consumismo rampante del mundo moderno son completamente lógicos. Si no hay futuro, «comamos, bebamos y alegrémonos, porque mañana moriremos». La diversión se convierte en una búsqueda prioritaria, lo que explica al menos en parte la gran fascinación consumista occidental por los deportes, el recreo y el ocio.

Otra mentira es que «la Verdad, si es que existe, es incognoscible». El secularismo niega la existencia de la verdad absoluta, mientras que el animismo suele afirmar que la verdad es incognoscible. El principio hinduista de *aviya* significa «adorar a los dioses en ignorancia». De hecho, la sociedad hinduista *valora* la ignorancia. Imagínese que trabaja en favor de los pobres, que enseña a la gente a leer y escribir y que el mayor obstáculo que encuentra es la mentalidad profundamente arraigada del *aviya*. Según el sistema hinduista, animar a las gentes a aprender es pedirles que pequen.

Otra mentira que prevalece, tanto en el secularismo como en el hinduismo, es que la vida humana no tiene valor intrínseco. (Por eso el aborto ha llegado a ser tan deseable en Occidente. Demasiados pocos en nuestra cultura cada vez más secular defienden a los millones de niños no nacidos sacrificados en el altar de la «elección»). Por su parte, el hinduismo, asevera que la gente es pobre debido a lo que hicieron en vidas anteriores, y que la manera más rápida de escapar a la pobreza en la vida venidera es sufrir en ésta. A diferencia del cristianismo, el hinduismo no contempla que las personas hayan sido creadas «admirable, maravillosamente» a imagen de Dios.

En efecto, el hinduismo asegura que las mujeres, en la vida presente, fueron en una vida previa hombres que pecaron gravemente. Para volver como varón (considerado un «estado superior») en la próxima vida, la mujer debe sufrir por sus pecados ahora. No es de extrañar que, en la India, país complejo y hermoso, de mil millones de personas, el genocidio de género —el exterminio sistemático de mujeres por el mero hecho de serlo— forme parte de la dura realidad de la vida. Un millón de mujeres son asesinadas anualmente en la India a través del feticidio y de costumbres sociales brutales, como la muerte relacionada con la dote.

Por supuesto, el secularismo y el hinduismo no son los únicos sistemas religiosos que tienen un bajo concepto de los seres humanos. Una buena amiga mía, Ana, trabajaba en un país musulmán en el norte de África. Un día se encontró una niña hambrienta y abandonada. La niña sólo tenía dos años y pesaba 6,35 kilos. Ana recogió la escuálida niña y fue en busca de su madre. Cuando la encontró, se asombró al oír su cruel veredicto: «Déjela en paz; ¡está destinada a morir!».

No obstante, Ana, gracias a su fe cristiana, sabía que la niña portaba la imagen de Dios y había nacido para vivir. De modo que la llevó a su casa y la adoptó. Actualmente, esa niña se ha convertido en una joven hermosa y dinámica. Ana y aquella madre vivían cosmovisiones diametralmente opuestas, lo que produjo efectos completamente distintos para la niña.

Como manifestó Richard Weaver en su célebre frase: «Las ideas tienen consecuencias».

Un día visité a unos amigos que trabajaban en un hermoso valle, casi alpino, de la República Dominicana. La zona está salpicada de granjas idílicas y disfruta de una temperatura magnífica. Al pasar por allí exclamé que «aquel lugar parecía el paraíso».

Pero al conocer a la gente que allí vivía, la escena cambió. Los dominicanos con los que trabajábamos, cuyas raíces en ese paraíso se remontan a varias generaciones, a duras penas se ganaban la vida. Pero en la misma zona vimos algunas mansiones hermosas en lo alto de una colina con majestuosas vistas a la campiña. «¿Quiénes son los dueños de esas casas? —pregunté a los que me acompañaban—. Me respondieron: «Ahí viven unas familias japonesas».

Esos japoneses habían llegado a la República Dominicana justo después de la Segunda Guerra Mundial, con lo puesto. Como los nativos, trabajaron como pobres granjeros. Pero después de algunas décadas, se hicieron prósperos, mientras que los dominicanos siguieron como siempre. ¿Cuál fue la diferencia? No fue sus circunstancias físicas ni el acceso a los recursos. Los dos grupos habían sido pobres. Pero uno era ahora relativamente rico, mientras que el otro seguía al borde de la pobreza. ¿Por qué?

Descubrí que los colonos japoneses observaban un principio social que llamaban *gambare*, que significa, a grandes rasgos, «vuelve a intentarlo; no te rindas; nunca tires la toalla». (A Churchill le hubiera encantado). Los granjeros nativos, sin embargo, eran fatalistas, pues creían «lo que será, será». Dos cosmovisiones condujeron a dos resultados distintos en las vidas de las personas reales. Las ideas acarrean consecuencias. Como dice la Biblia: «Porque cual es su pensamiento en su corazón, tal es él» (Pro.23:7).

Rompimiento de la red de mentiras

Las condiciones físicas y la injusticia por sí solas no bastan para explicar la pobreza humana. En última instancia, toda forma de pobreza humana deriva de una red de mentiras. Estas falsedades atan a los individuos y a las culturas. Caemos presa de dichas mentiras por causa de nuestra rebelión contra Dios, la cual comenzó cuando nuestros primeros padres creyeron la mentira de la serpiente antes que la verdad de la palabra de Dios. Desde entonces hemos creído mentiras —e incluso las hemos concebido—. Por tanto, puesto que la pobreza nace en nuestras mentes y creencias, debe ocurrir lo mismo con la solución. Podemos romper las cuerdas de la red de tres maneras: predicando el evangelio, renovando las mentes y enseñando a las naciones.

La proclamación del evangelio

La proclamación del evangelio es el primer paso, y desde luego, indispensable. Pablo declaró audazmente: «Porque no me avergüenzo del evangelio, porque es poder de Dios para salvación a todo aquel que cree; al judío primeramente, y también al griego». (Rom. 1:16).

No obstante, el evangelio no es sólo un sistema de perfeccionamiento moral. Señala a nuestra necesidad espiritual más profunda. La gente no necesita otro programa de autoayuda. No es que sea imperfecta y tenga necesidad de algún ajuste sino que está quebrantada. Es necesario resucitar porque, sin Dios, estamos muertos. El evangelio quiebra el poder del pecado y de la muerte. Como declaró Pablo:

> «Y él os dio vida a vosotros, cuando estabais muertos en vuestros delitos y pecados, en los cuales anduvisteis en otro tiempo, siguiendo la corriente de este mundo, conforme al príncipe de la potestad del aire, el espíritu que ahora opera en los hijos de desobediencia, entre los cuales también todos nosotros vivimos en otro tiempo en los deseos de nuestra carne, haciendo la voluntad de la carne y de los pensamientos, y éramos por naturaleza hijos de ira, lo mismo que los demás. Pero Dios, que es rico en misericordia, por su gran amor con que nos amó, aun estando nosotros muertos en pecados, nos dio vida juntamente con Cristo (por gracia sois salvos), y juntamente con él nos resucitó, y asimismo nos hizo sentar en los lugares celestiales con Cristo Jesús» (Efe. 2:1-6).

Joanne Shetler, misionera en el pueblo animista balangao, de Filipinas, relata cómo una amiga llamada Tekla experimentó un cambio en Cristo. «De pronto, Tekla irradiaba alegría. "Puedo hablar realmente con Dios en balangao, mi propia lengua", dijo ella. "Puedo incluso contarle mis temores. Él es mi protector; es más poderoso que los espíritus. Y no es como ellos: No miente ni necesita cerdos ni pollos como ellos. Realmente le importo"».[6]

Renovación de la mente

Pero no basta con poner nuestra confianza en Cristo Jesús, aunque este sea un primer paso imprescindible. También debemos renovar (o inspirar) la mente. Esto significa discipulado, pero no un discipulado que se limite a inculcar puntos doctrinales básicos y virtudes cristianas en el nuevo creyente (por muy buenas que sean estas cosas). Significa enseñar una nueva mentalidad, o cosmovisión, basada en la realidad del nuevo nacimiento y en la realidad del orden creado. Puesto que tanto los cristianos como los paganos hemos sido seducidos por la propaganda satánica, incluso los que seguimos a Cristo debemos aprender a pensar los pensamientos de Dios.

Vivimos tiempos anti-intelectuales dominados por el secularismo y el animismo. Las mentiras que fluyen de estas cosmovisiones falsas se cuelan incluso en la mente de los cristianos. De modo que debemos aprender a rechazar estas mentiras y abrazar la verdad en todos los ámbitos de la vida. El secularismo, por definición, niega la verdad absoluta y la realidad trascendente. Sus seguidores tienden a vivir guiados por la emoción y el materialismo filosófico. Nosotros debemos rechazar este marco. Y también debemos rechazar el enfoque animista, ya que el animismo es, por naturaleza, místico y anti-intelectual. Desgraciadamente, estas mentiras han producido demasiados evangélicos seculares y animistas que no piensan. Muchos de ellos ni siquiera se dan cuenta de que han renunciado a su primogenitura —una mente sana.

Usted podrá preguntarse: ¿Manda realmente la palabra de Dios cultivar una mentalidad o cosmovisión pujante? Compruébelo por sí mismo.

Un día, un maestro de la ley del Antiguo Testamento preguntó a Jesús cuál era el principal mandamiento. «Jesús le respondió: El primer mandamiento de todos es: Oye, Israel; el Señor nuestro Dios, el Señor uno es. Y amarás al Señor tu Dios con todo tu corazón, y con toda tu alma, y con toda tu mente y con todas tus fuerzas. Este es el principal mandamiento» (Mar. 12:29-30).

Pablo instó a los creyentes: «Y no os adaptéis a este mundo, sino transformaos mediante la renovación de vuestra mente, para que verifiquéis cuál es la voluntad de Dios: lo que es bueno, aceptable y perfecto». (Rom. 12:2). (LBLA)

Pablo nunca «rebajó» el evangelio. La Palabra de Dios encomia o elogia a los creyentes de Berea (Hech. 17:10-15) porque usaban la mente para descubrir si el evangelio era verdadero. El apóstol Pedro instó a los cristianos:

«Por tanto, ceñid vuestro entendimiento para la acción sed sobrios en espíritu, poned vuestra esperanza completamente en la gracia que se os traerá en la revelación de Jesucristo» (1 Pedro 1:13). (LBLA)

En respuesta a los insistentes mandatos de Dios en las Escrituras hebreas, los judíos abandonaron las deidades tribales y los altares familiares de sus antepasados. Se arrepintieron del enfoque animista de la vida que prevalecía en su entorno y se volvieron al Creador del universo, el Dios de todos los pueblos. Este giro o conversión revolucionó su concepción de la realidad y las palabras que usaban para describirla. Les cambió, y no sólo a ellos. Cambió el mundo para siempre. En su libro *El legado de los judíos,* Thomas Cahill observa:

> Los judíos nos legaron un vocabulario nuevo, todo un Templo del Espíritu, un paisaje interior de ideas y sentimientos antes desconocidos. Debido a su religión singular —el monoteísmo— los judíos pudieron legarnos el Gran todo, un universo unificado que tiene sentido, y que, gracias a la superioridad evidente de su cosmovisión, supera por completo los fenómenos contradictorios y beligerantes del politeísmo.* Nos proporcionaron la Conciencia de occidente...
> Los judíos nos legaron el *exterior* y el *interior* —nuestra perspectiva y nuestra vida interior—. Apenas podemos levantarnos por la mañana o cruzar la calle sin ser judíos. Soñamos sueños judíos y tenemos esperanzas judías. En efecto, muchas de nuestras mejores palabras —nuevo, aventura, sorpresa; singular, individuo, persona, vocación; tiempo, historia, futuro; libertad, progreso, espíritu; fe, esperanza, justicia— son dones judíos.[7]

Esta perspectiva es sumamente importante para el desarrollo de comunidades y naciones. Es un capital metafísico —la verdad—, una mentalidad que refleja la realidad. ¡Es verdadera! Y la verdad concede libertad a las personas y las naciones para prosperar. Es seguro afirmar que el capital metafísico es más importante para el desarrollo que el capital físico. «Y conoceréis la verdad, y la verdad os hará libres» (Juan 8:32).

Discipulando naciones

Creer el evangelio y renovar la mente son cosas necesarias, pero no suficientes. También debemos, según el mandato de Cristo, discipular a las naciones (Mat. 28:18-20). ¿Qué quiso Él decir?

La respuesta que demos revelará cuánto conocemos a nuestro Dios. Él ha venido trabajando en este proyecto desde que hizo pacto con Abraham para bendecir a través de éste a las naciones (Génesis 12:3). En Cristo hemos venido a ser descendientes de Abraham (Gál. 3:7). Nos incumbe a nosotros la responsabilidad de ser bendición. Jesús ordenó a sus seguidores que «hicieran discípulos de todas las naciones, que les bautizaran en el nombre del Padre y del Hijo y del Espíritu Santo, y les enseñaran a obedecer todo lo que Él les había mandado» (Mat. 28:19, 20).

Así pues, ¿cómo obedeceremos este mandato de discipular a las naciones? Hace mucho que los cristianos han creído que debe hacerse por medio de la actividad misionera y la obra de desarrollo. Actualmente, muchos cristianos sostienen uno de cuatro modelos mentales básicos en relación con la misión y el desarrollo. Sólo el mejor revela el corazón de Dios tal como se trasluce en la Escritura.

El primer enfoque es el secular evolucionista que vimos en el Capítulo 2. Desgraciadamente, muchas agencias cristianas de ayuda y desarrollo abrazan esta concepción. El segundo, el secular revolucionario (también visto en el capítulo anterior), depende en gran medida del análisis marxista. La tercera postura, cosmológica-animista, proviene de lo que yo denomino «postura evangélica de los últimos días». Sus partidarios aseguran que estamos viviendo los últimos días antes del retorno de Cristo. Por tanto, enfatizan la «salvación de las almas», al tiempo que suministran socorro al hambriento. No hay perspectiva a largo plazo. Después de todo, si Jesús va a regresar la semana que viene (o si el mundo va a ser pronto destruido), ¿para qué preocuparse por construir un futuro?

Esta perspectiva no satisface el mandato bíblico completo: la transformación teísta. Durante buena parte del siglo XX se ha dirimido dentro de la cristiandad una guerra intelectual entre los que dan prioridad, ora a la evangelización, ora a la acción social. Ambos bandos tienen razón, y ambos están equivocados. Dar de comer y predicar son dos aspectos vitales. Pero transformación no es otra cosa que cambio radical, en todas las esferas de la vida, como cuando una oruga se transforma en mariposa. La criatura ya no es lo que era; ha sido transformada en algo completamente distinto. La transformación teísta no entraña un mero cambio de sentimientos religiosos, sino una reorientación radical de la vida de una persona. La persona así transformada puede iniciar una transición que va de creer ingenuamente las mentiras del mundo a perseguir tenazmente la verdad de Dios. Cambia un corazón duro por un corazón afectuoso, deja la injusticia para abrazar la justicia, la muerte por la vida. Esta transformación comienza en el interior, en el plano personal de los valores y creencias, y avanza hacia afuera para abarcar la conducta y sus consecuencias. En última instancia, esta transformación personal contribuye a la transformación de la cultura y el orden social.

Esto es probablemente lo que el sociólogo Christian Smith, de la Universidad de Notre Dame, tenía en mente al pensar que la evangelización y la acción social, aunque revisten una importancia decisiva, no bastan para «intentar transformar los sistemas sociales o culturales, sino sólo para aliviar parte del daño causado por el presente sistema».[8]

El evangelio es, pues, mucho más que la evangelización. Trágicamente, muchos cristianos han aceptado una versión diluida, pietista, del mandato de Cristo de discipular a todas las naciones. Pero el evangelio es la respuesta total de Dios a la necesidad total del hombre.[9]

La Biblia declara que «rebosará la tierra con el conocimiento del Señor como rebosa el mar con las aguas» (Isa. 11:9). Esta es la voluntad de Dios, y no acaba con la evangelización. Hemos de extender la vida y la sabiduría* de Dios a la vida entera, no sólo (como insisten los naturalistas) a la esfera «religiosa» privada. Nuestra meta apunta nada menos que al discipulado de las naciones en el plano de la cultura. Como ha dicho Ken Meyers: «El discipulado no es interactuar con otra cultura para presentar un pequeño conjunto de proposiciones nuevas, sino más bien una tarea de inculturación alternativa —presentar una nueva forma de entender la vida y el mundo en que vivimos, es decir, una nueva manera de entender «lo que es real». Y esta nueva forma de entender la vida se encarna en formas culturales alternativas sostenidas por generaciones y, cuando es posible, compartidas con nuestros vecinos».[10]

Es preciso repensar el sentido del mandato de Cristo. No sólo hemos de discipular individuos creados a imagen de Dios, hemos de discipular culturas para gloria universal del Creador. Nada menos que el discipulado de las naciones en el plano de la cultura es lo que produce el desarrollo transformacional que cambia al ser humano completo —espíritu, mente y cuerpo— y conduce a la transformación social.

Ilustraré lo que esto significa. Muchos conocemos el antiguo proverbio: «Dé a un hombre un pescado y le alimentará un día. Enséñele a pescar y le alimentará toda una vida». La industria del desarrollo ha usado este proverbio para hacer una distinción muy útil entre obra de socorro y obra de desarrollo:

El socorro postula: «Dé a un hombre un pescado y le alimentará un día».

El desarrollo postula: «Enséñele a pescar y le alimentará toda una vida»

Pero incluso el punto de vista que ilustra este proverbio no llega muy lejos. La gente, o las comunidades, pueden aprender nuevas técnicas de pesca. Pero ¿qué sucede cuando se agota el lago, o una especie de pesca se extingue por causa de las sofisticadas técnicas de sobreexplotación pesquera? En este caso, no sirve de mucha ayuda poseer conocimientos de pesca. Es preciso situar la pesca en un marco general. Hemos de considerarla como parte de la mayordomía* de la creación ordenada por la Biblia. Ayudar a los pescadores a mejorar sus vidas no es sólo cuestión de enseñarles mejores técnicas y tecnologías, sino de presentarles la mejor ecología* mental de la cosmovisión judeocristiana. Con esto en mente, ampliaré el antiguo proverbio de la manera siguiente:

El socorro postula: «Dé a un hombre un pescado y le alimentará un día».

El desarrollo postula: «Enséñele a pescar y le alimentará toda una vida»

La transformación postula: «Ayude a un hombre a pensar en la pesca con una mente transformada (Rom.12:2) y su vida cambiará para siempre»

Dios desea que las culturas sean redimidas. Esto lo podemos hacer por su gracia, proporcionando los principios del reino y la cosmovisión cristiana cuando compartímos las buenas nuevas.

Todo el mundo tiene una cosmovisión

A pesar de la fascinación actual con la diversidad y el pluralismo, las principales filosofías y religiones se pueden reducir a tres cosmovisiones principales: el secularismo (todo es físico en última instancia), el animismo (en el fondo, todo es espiritual), y el teísmo (la realidad es tanto física como espiritual). Estas tres establecen un *continuum* sobre el cual se pueden situar todos los sistemas religiosos, cualesquiera que sean sus mezclas y sus variaciones concretas.

El punto en cuestión es éste: todo el mundo tiene una cosmovisión, y esa cosmovisión ejerce un efecto en el mundo real —sobre usted y sobre aquellos a quienes usted procura servir en nombre de Cristo—. Nuestros valores y conductas (y sus consecuencias) fluyen de los supuestos que adoptamos de la realidad. Los que tratan de ayudar a los pobres necesitan discernir tres cosmovisiones distintas: La suya propia, la de la cultura que intentan discipular (su cultura adoptiva), y el teísmo bíblico. Si usted no ha examinado su propia cosmovisión, probablemente estará operando desde una perspectiva sub-cristiana, porque el secularismo y el animismo son las olas culturales dominantes en nuestro tiempo. Por lo tanto, es esencial examinar su cosmovisión. Influye en todo lo que hace —incluso en cómo obedece a Cristo.

No se le exige cambiar culturas enteras instantáneamente. Las sociedades cambian a medida que cambian los individuos. El discipulado de las naciones se transmite de persona a persona. El desarrollo transformacional es un proceso dinámico (véase la fig. 3.2). Comienza con la proclamación del evangelio. Implica volverse de la mentira a la verdad (arrepentimiento) y pasar de la muerte a la vida (regeneración). Pero la salvación del alma es sólo el principio, no el fin del proceso. Cristo murió para reconciliar todas las cosas consigo mismo (Col. 1:20). Dios desea que las culturas en su totalidad sean reformadas para reflejar su bondad y su gloria. Y desea hacerlo por medio de nosotros.

Preguntas para el estudio

1. ¿Qué es la Ventana 10/40?
2. ¿Qué relación hay entre la Ventana 10/40 y el mundo de la pobreza?

3. ¿Qué implica esta relación para las misiones? ¿Y para el desarrollo?
4. ¿Cuál es la raíz de la pobreza?
5. ¿Qué se quiere dar a entender por *red de mentiras*? Ponga tres ejemplos.
6. ¿Qué se debe hacer para romper esa red de mentiras? cosmovisiones
7. Describa cada uno de los cuatro modelos mentales básicos que usan los cristianos para abordar las misiones y el desarrollo.
8. ¿Qué pasos prácticos puede usted dar para entender mejor las siguientes:

    Su propia cultura
    Su cultura adoptiva
    Usted mismo
    La Biblia

9; Resuma el significado de «desarrollo transformacional».
10. ¿Qué significa discipular en el plano de la cultura?
11. ¿Qué preguntas o desafíos propone usted para responder a las ideas presentadas en este capítulo?

PARTE 2

EL REY

Alaba, alma mía, al Señor; alabe todo mi ser su santo nombre.
El Señor ha establecido su trono en el cielo; su reinado domina sobre todos.
Alaben al Señor, ustedes sus ángeles, paladines que ejecutan su palabra y obedecen su mandato.
Alaben al Señor, todos sus ejércitos, siervos suyos que cumplen su voluntad.
Alaben al Señor, todas sus obras en todos los ámbitos de su dominio.
¡Alaba, alma mía, al Señor!

Salmos 103:1, 19-22

¡Alaba al Señor, el Todopoderoso, el Rey de la creación!
Oh, alma mía, alábale porque Él es tu salud y tu salvación:
Vengan todos los que escuchan, hermanos y hermanas, acérquense,
¡Adórenle con gozosa adoración!

¡Alaben al Señor, quien sobre todas las cosas maravillosamente reina!
Él le protege bajo sus alas, gentilmente le sostiene:
¿No se ha percatado? Todo lo necesario
Ha provisto en sus ordenanzas.

¡Alaben al Señor, quien prospera su trabajo y le defiende!
Ciertamente, su bondad y su misericordia cada día le acompañan:
Pondere de nuevo lo que puede hacer el Todopoderoso,
Él que con amor por amigo le tiene.

¡Alabe al Señor! ¡Que todo mi ser le adore!
¡Todo lo que vive y respira venga a su presencia con alabanza!
Que de nuevo resuene el amén de su pueblo:
¡Porque con alegría nosotros le adoramos!
JoachimNeander (1650–80)
Traducido por: Catherine Winkworth (1829–78) y otros

4

DIOS ES UNA PERSONA

El universo es relacional

Neil de Grasse Tyson, famoso divulgador científico y sucesor de Carl Sagan en la reanudación de la serie televisiva *Cosmos*, ha dicho: «Nuestra galaxia, la Vía Láctea, es una entre 50 o 100 mil millones de galaxias en el universo. Y a cada paso, cada ventana que nos abre la astrofísica moderna, la persona que desea sentir que ocupa el centro de todo acaba encogiéndose».[1] A pesar de que estas palabras fueron pronunciadas por un científico reconocido, esta declaración no es ciencia. Es metafísica. Sin embargo, pocas personas se atreven a desafiarla, pues encaja bien con la cosmovisión secular que tanto entusiasmo despierta en nuestra cultura. Si usted cree que «la materia es lo único que importa», entonces puede aceptar que la humanidad es una mota insignificante en el cosmos. No obstante, por muy aderezado que aparezca este materialismo en tales programas, se levanta contra la postura judeocristiana «En el principio, Dios. . .».

Ahí es donde comienza la historia —con Dios, autor principal, actor, productor y crítico—. Sólo el teísmo bíblico tiene una idea correcta de Dios como Rey del universo. Examinemos el carácter de este Rey.

Los mismos datos, distintas historias

Shakespeare dijo: «El mundo entero es un escenario». Ciertamente lo es —un escenario en el que los supuestos más profundos sobre la realidad cobran forma en la vida de la gente—. Cada cosmovisión, sea teísmo bíblico, animismo, o secularismo, ofrece un relato sobre el principio, una trama, una visión del futuro. En efecto, cada filosofía (o religión) debe responder a cuatro cuestiones básicas:

- ¿De dónde venimos? (o ¿cómo llegamos aquí?)
- ¿Qué fue lo que se torció? (o ¿cómo se «deterioraron» las cosas?)
- ¿Qué solución hay? (o ¿cómo se pueden arreglar las cosas?)
- ¿Hacia dónde vamos? (o ¿cuál es nuestro propósito?)

Desde el punto de vista de la narrativa bíblica, cuatro palabras engloban las respuestas: creación → caída → redención → consumación. Estas cuatro palabras abarcan la *amplitud* de la historia providencial. Dios se involucra providencialmente en la historia de la humanidad, en la vida de las personas y en las naciones, hacia una plenitud de propósito.

Para personas como Tyson y Sagan, la clave del pasado, presente y futuro es la evolución. El relato del secularismo comienza con «en el principio, la Naturaleza. . .». A través de la evolución, el hombre se desarrolla desde formas inferiores de vida, llega a ser consciente de sí mismo, y eventualmente escapa a la «superstición» de Dios por la ciencia, usando la tecnología para vivir más cómodamente una vida que no tiene propósito último. La evolución, al menos la especie científicamente respetable, no da cabida a Dios. Todo lo que existe procede de una mezcla impersonal de materia, energía, tiempo y azar. No hay propósito en el universo ni futuro con sentido trascendental.

El animismo, por su parte, afirma: «En el principio era el espíritu indiviso: la Unicidad». En vez de poner su fe en la evolución, el animista cree en una especie de involución, un proceso de deconstrucción (contrario a la creación) en el que infinidad de dioses, espíritus individuales, y la humanidad surgen del «uno». La vida es una serie de dificultades vencidas mediante la manipulación y el aplacamiento de los dioses, que son caprichosos e impredecibles. El objetivo del hombre es librarse de la atadura física de este mundo y volver a la unidad de espíritu.

El universo

Concepción secularista

El universo

Concepción animista

El universo

Concepción teísta

Por el contrario, el teísmo bíblico comienza con un Creador infinito y personal que ha creado la humanidad a su imagen y semejanza. Él llama al hombre, su vice-regente, a cuidar y desarrollar su creación (sí, la creación, no una naturaleza «impersonal»). Pero los seres humanos se rebelaron contra Dios y violaron sus leyes. Las personas necesitan redención, que Dios provee por gracia a través de Jesucristo. Dios se encargará de que su propósito para la humanidad y la creación —comunión íntima, paz y desarrollo universales— se cumplan.

¿Cómo distinguir mejor estas distintas maneras de ver la realidad? A ras de suelo, las cosmovisiones son personales o impersonales. Las cosmovisiones impersonales pueden presentarse bajo dos especies. El monismo oriental ve la realidad como un todo orgánico. Para el monista, «todo es uno». El hinduismo, el budismo,* y la teoría Gaya neo pagana son tres ejemplos. El éxito de taquilla de la película *Avatar*, marca una transición, en Occidente, del modernismo —adoración al hombre— a la adoración posmoderna, neo pagana, de la naturaleza.

Los que creen que la primera causa del universo es personal abrazan, ora el monoteísmo, ora el politeísmo. La mitología griega y romana, el sintoísmo, las antiguas religiones de Oriente Próximo de Baal y Quemos, y el animismo popular actual sostienen que existen muchas deidades personales (pero finitas). Aunque los monoteístas reconocen la existencia de seres espirituales inferiores, creados (como los ángeles), creen en un solo Dios infinito.

Aún hay otra división. En esencia, el islam, el judaísmo moderno y los testigos de Jehová son todas ellas religiones unitarias (Dios es un ser y una persona). El cristianismo histórico, no obstante, es trinitario (un solo Dios se ha revelado a sí mismo en tres Personas distintas).

De estos cuatro puntos iníciales —el animismo, el secularismo, el monoteísmo simple y el teísmo judeocristiano— solo uno proporciona fundamento adecuado para una vida próspera: el monoteísmo trinitario. Los otros tres producen culturas de pobreza y muerte. Desde luego, ¡las ideas acarrean consecuencias!

Distintos puntos de partida

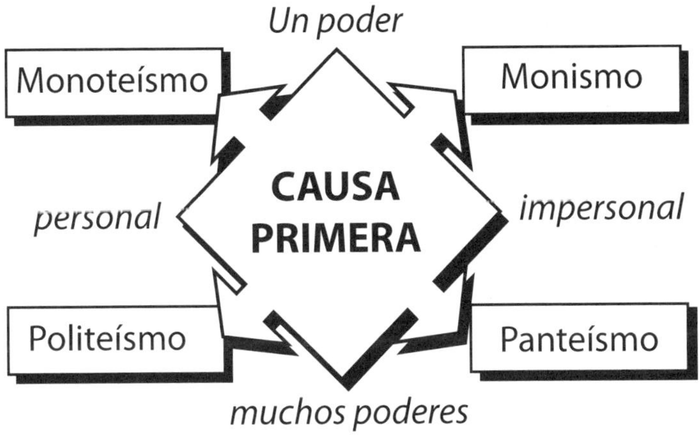

Veamos cómo funcionan estas ideas en el mundo.

Según el secularismo, el universo es, en última instancia, impersonal y mecánico —mera máquina (aunque increíblemente compleja). La humanidad es también una máquina biológica, incapaz de escapar a la caja materialista—. Nietzsche se dio cuenta de que si el infinito Dios personal del cristianismo clásico está muerto, entonces el hombre, portador de la imagen de Dios, también está muerto. No bastaba para Nietzsche dejar de dar culto a un Dios que no está ahí. Todas las cosas que emanan de la creencia en este Dios y que dan a la vida humana sentido y belleza también están muertas. Por la puerta de Nietzsche salieron todas aquellas cosas que nos hacen más humanos y hacen que la vida sea soportable: amor, compasión, santidad, justicia, verdad, razón, comunión, comunicación e impulso creativo. Todo se va a la tumba con Dios, o más bien, sin Él.

Anteriormente, adscribimos el animismo a la categoría de las deidades personales. En realidad, sería mejor decir «poli-personales», dados los muchos dioses del animismo. Además, estos dioses no son agentes morales, volitivos. En el fondo, están controlados por las fuerzas del universo. ¿Su efecto? El animismo contempla el universo como impersonal y espiritual. Si bien el animismo concede que el espíritu del hombre es importante, asigna escasa importancia a sus atributos racionales, morales, volitivos y físicos.

Dios —¡una Persona!

Para el teísmo trinitario, el universo es fundamentalmente personal, creado por la Persona suprema. Génesis 1 da testimonio de un Ser distinto que crea con el poder de su voz. Dios declara: «Hagamos al hombre a nuestra imagen, conforme a nuestra semejanza» (Gén. 1:26). Esta cita revela una enormidad acerca de la cosmovisión judeocristiana. La relación, la comunicación y la personalidad son más esenciales para el universo que la luz, el tiempo, la energía o la materia. Podemos conocer con exactitud cosas acerca de Dios, y al descubrir cosas acerca de Él podemos conocer algo de su creación. Y al examinar su creación, podemos conocer algo de su Creador, acerca de nosotros mismos, y de cómo ayudar a los pobres que viven entre nosotros.

Una característica clave de Dios es su presencia. Por una parte, Él es trascendente, habita fuera del espacio y el tiempo, es soberano sobre su creación, está separado de ella en su ser y su santidad. «Porque tú eres el Señor, el Altísimo sobre toda la tierra, muy excelso sobre todos los dioses» (Sal. 97:9) LBLA. Por otra parte, Dios está, cercano, tan a mano como un Padre amoroso. La Biblia muestra continuamente un anhelo santo de Dios por relacionarse con las personas, cuando camina en el huerto del Edén (Gén. 3:8) y vive en medio de su pueblo Israel (Éxo. 25:8-9; 29:42-46; Núm. 2:1-2; 35:34). Él es un padre para el huérfano (Sal. 68:3-6) y la fuente de nuestra vida (Hech. 17:27-28). Aunque es trascendente, es también inmanente, desea habitar «en medio del campamento» y en nuestras vidas.

Dios manifiesta su cercanía de cuatro maneras principales. En primer lugar, la vemos en su omnipresencia. Como está en todas partes, Él está aquí ahora. En segundo lugar, la vemos en su providencia. Dios controla la historia (Heb. 1:1-3). El historiador Daniel Boorstin captó la idea judía del control divino de la historia: «Se conserva la tradición de que Dios no había cesado su actividad creativa después de crear el mundo. O, como observa un comentarista moderno, Dios siguió hablando después de que su libro fuera a la imprenta. En este momento Él está creando los acontecimientos de nuestro tiempo.[2] Vemos la implicación íntima de Dios en la historia en el Antiguo Testamento. Por ejemplo, al hacer un pacto con Abraham, liberar al pueblo hebreo de Egipto, al entregar los Diez Mandamientos a Moisés y al intervenir en las vidas de los pobres y los olvidados (1 Rey. 17:9-16).

En tercer lugar, vemos la cercanía de Dios en la encarnación de Cristo, cuando Dios se hizo hombre. La encarnación prueba la cercanía de Dios y el cuidado íntimo de su creación. Como dijo Frank Houghton en su hermoso villancico:

Tú, rico sobre todo esplendor,
Por amor te hiciste pobre.
Tú, Dios sobre toda alabanza,
Por amor te hiciste Hombre.[3]

En cuarto lugar, Dios prueba su cercanía enviando al Espíritu Santo para que sea un *ayudante* interior de los discípulos de Jesús (Juan 14:26; 16:5-11). El Espíritu Santo, tercera Persona de la Trinidad, habita en los creyentes, les aconseja, les anima, ora por ellos y les enseña. Nuestro Dios es una Presencia íntima y personal. Además, Él, la Persona por antonomasia, creó a las personas a su imagen.

Por tanto, el punto de partida básico no es la materia, ni la energía, ni millones de espíritus. No, el universo fue llamado a la existencia por el Dios Trino —Padre, Hijo y Espíritu Santo—, quien nos ha permitido conocer en términos inconfundibles que Él desea gentilmente habitar entre nosotros. Sí, nuestro Dios es trascendente, existe antes y fuera de este universo. Pero también es inmanente y se inclina para que podamos tener comunión con Él.

Los atributos de Dios

Podemos dividir los atributos de Dios en dos categorías: los infinitos y los personales. Las características infinitas de Dios son suyas y sólo suyas.[4] Forman parte de su ser absoluto. Como tales, no cuentan con analogías adecuadas en el orden creado. Incluyen aspectos como su omnisciencia, su omnipresencia y su omnipotencia. En éstas, Dios permanece solo y el hombre es como el resto de la creación.

Por otra parte, Dios imparte sus características personales[5] al portador de su imagen, el hombre. En éstas, los seres humanos son como Dios y distintos del resto de la creación. Éstas incluyen: mente (el atributo de la inteligencia), corazón (el atributo de la moral), y voluntad (el atributo de la volición). Estos atributos prestan el prototipo o la norma a los seres humanos. Por ejemplo, Dios es Creador, Diseñador, Artista, Matemático, Arquitecto, Compositor, Poeta, Amante, Comunicador, Promotor, y así sucesivamente. En estos atributos personales, el hombre es como Dios.

A diferencia de muchos teólogos modernos, el apologista cristiano Francis Schaeffer entendió la diferencia entre los atributos infinitos y los atributos personales de Dios:

> Estoy separado de Dios por cuanto Él es el Creador infinito, y yo soy criatura finita, como lo está el átomo o la partícula de energía. Por este lado no estoy más cerca de Dios que la máquina.
> No obstante, por el lado de la *personalidad* divina, la ruptura se produce entre el hombre y el resto de la creación. Albert Schweitzer se identificó con el hipopótamo, ya que no entendía que la relación del hombre fuera vertical; por lo cual, se fijó en una criatura que hace muchas cosas iguales que él.[6]

No obstante, el hombre secular afirma que si uno quiere entender al hombre tiene que estudiar los «otros» animales —los simios en particular—. Dios es irrelevante para su argumento (y dice que ha sido hecho a imagen del hombre). Pero el teísmo judeocristiano afirma que si uno quiere entender al hombre, debe antes estudiar a Dios. Esto es así porque el hombre ha sido creado a imagen de Dios, y su identidad principal procede de Dios. Puesto que la humanidad del hombre, como todo lo demás, procede de Dios, se sigue que la realidad última es personal.

Los atributos infinitos de Dios reflejan el hecho de que Él es la primera causa de todo lo que existe. Nadie más posee esta impronta de deidad. Dios es infinito, no tiene límites y está fuera del espacio; es eterno, sin principio ni fin, está fuera del tiempo; es omnipresente, está plena y simultáneamente presente en todas partes; y es omnipotente; omnisciente; e inmutable.

Dios también tiene características personales. Éstas las comparte con el hombre, y son el modelo para la vida humana. Pueden ser divididas en cuatro áreas: espiritual, intelectual, moral y volitiva.

Espiritual

Los atributos espirituales de Dios remiten al hecho de que Él es espíritu, un Ser vivo. Jesús declaró solemnemente: «Dios es Espíritu; y los que le adoran, en espíritu y en verdad es necesario que adoren» (Juan 4:24). Como el Creador es espíritu, podemos deducir directamente que las realidades espirituales configuran e influyen en el ámbito físico. «El espíritu de Dios me hizo, Y el soplo del Omnipotente me dio vida» (Job 33:4).[7]

Intelectual

Los atributos intelectuales de Dios reflejan que Él tiene una mente. El imponente intelecto divino es el modelo perfecto para la limitada (y ahora caída) capacidad humana de razonamiento. Aunque la mente humana es sumamente limitada cuando se compara con la asombrosa e ilimitada fuente inagotable de su intelecto, no obstante, podemos conocer algo del mundo y de nuestro lugar en él meditando en la mente del Todopoderoso. La mente de Dios es perfecta y absoluta. Él ve las cosas no sólo como son, sino cómo deberían de ser. El conocimiento de Dios es completo, se extiende a Él, a toda su creación, y al pasado, presente y futuro del hombre. A diferencia del hombre, que sólo conoce en parte y que tiende a centrarse en lo externo, Dios lo conoce todo, incluido el corazón humano (1 Sam. 16:7).

Durante décadas, los científicos han buscado febrilmente una teoría unificada que explique los fenómenos del universo.[8] Pero Dios sabe cómo encajan todas las cosas. Lo ha sabido desde la eternidad pasada y lo sabrá también en la eternidad futura. Así pues, contamos con un fundamento seguro para una teoría unificada del conocimiento, porque la encontramos en el relato inaugural: «Dios, en el principio, creó los cielos y la tierra» (Gén. 1:1). Por supuesto, toda cultura cuenta con un relato que pretende explicar la totalidad de la vida. Pero solo el relato divino establece un fundamento para el desarrollo humano. Lo hace porque, a diferencia de los otros, concuerda perfectamente con lo que *existe*.

Entre los atributos intelectuales de Dios está su sabiduría. Si bien el conocimiento es conceptual, la sabiduría es práctica. La sabiduría divina conoce perfectamente los objetivos de Dios (telos) y asigna los medios perfectos para conseguirlos. La fuente de la sabiduría está en Dios (Prov. 1:7). El apóstol Pablo, en su carta a la iglesia de Roma, distinguió justamente la distancia infinita entre la sabiduría de Dios y la nuestra: «¡Oh profundidad de las riquezas de la sabiduría y de la ciencia de Dios! ¡Cuán insondables son sus juicios, e inescrutables sus caminos! Porque ¿quién entendió la mente del Señor? ¿O quién fue su consejero?» (Rom. 11:33-34).

El intelecto de Dios está inextricablemente ligado a su veracidad (Sal. 31:5; Juan 14:6). Dios ha establecido la base de la verdad en cuatro esferas relacionadas con el intelecto. Primero, *lógicamente*. La verdad de Dios es internamente coherente y fiel a sí misma. Es racional. Segundo, *empíricamente*. La verdad es evidente por sí misma. Se puede demostrar y concuerda con lo real. Se ajusta a la realidad. Tercero, *moralmente*. La verdad de Dios se corresponde con la «manera en que deberían ser las cosas». Cuarto, *estéticamente*. La verdad es hermosa. Los investigadores científicos y los matemáticos que buscan la verdad por décadas, testifican que cuando descubren hermosura, cuando disciernen belleza en la disposición de los datos o en la estructura de los algoritmos, saben que se acercan al fin de su periplo investigador. La hermosura anuncia la cercanía de la verdad.

En concordancia con sus atributos intelectuales, el Señor comunica su verdad de forma clara (manifiesta, demostrable, proposicional).* La verdad de Dios, aunque no siempre es lo que esperamos, no ha de mantenerse oculta, sino que ha de revelarse en el tiempo señalado. Dios apela al intelecto y a la racionalidad del hombre, ya que estos son elementos de nuestro ser, diseñados a imagen y semejanza de Dios.

Dios se revela a sí mismo de tres maneras. Los reformadores Campanella, Comenio y Alsted hicieron referencia a «los tres libros». El primero es el libro de la naturaleza, al que llamamos «revelación general», que está al alcance de todos los seres humanos. Esta revelación nos llega a través de los sentidos, fue defendida por Aristóteles, y es hoy conocida como ciencia. El segundo libro es nuestra naturaleza como *imago Dei*. Como imagen de Dios, poseemos mentes que pueden razonar. Esta clase de conocimiento, defendido por Platón, es conocido hoy como filosofía. El tercer libro, la forma de revelación suprema, es la palabra de Dios. También llamada «revelación especial», este libro aparece en dos formas. Dios se revela a sí mismo a través de Jesucristo (la Palabra viva), y a través de la Biblia (la Palabra escrita).

Johan Amos Comenius, reformador checo, teólogo y «padre de la educación moderna», describe esta revelación tripartita en la búsqueda de la verdad: «La única vía clara, verdadera y genuina de la filosofía es el acceder a todas las cosas por los sentidos, la razón y la Escritura.[9] El escudo original de la Universidad de Harvard (véase la fig. 4:5), fundada para capacitar ministros cristianos, reconoce esta idea de la verdad. La palabra veritas («verdad» en latín) se extiende por los tres libros, pues el lema original de la institución era «Verdad para Cristo y la Iglesia». Los dos libros superiores del escudo aparecen boca arriba mientras que el libro inferior aparece boca abajo. Esto simboliza los límites de la revelación general, las obras de Dios exploradas por la razón (la filosofía) y los sentidos (la ciencia), y la necesidad de la revelación especial de Dios, la Palabra de Dios.[10]

En definitiva, los tres libros concuerdan entre sí, porque toda verdad es de Dios. No obstante, en cualquier conflicto aparente, la palabra de Dios es el árbitro decisivo. En este mundo, las tensiones entre los libros son inevitables. Aunque la verdad revelada de Dios es objetiva y absoluta (no subjetiva y relativa), no es exhaustiva. Dios no nos ha mostrado todo lo que se puede saber de Él. En primer lugar, porque somos criaturas finitas y no podríamos asimilarlo. Sin embargo, los datos que Dios nos ha suministrado constituyen, como dijo Francis Schaeffer, «la verdad». Estos datos proporcionan un campo de conocimiento unificado acerca de lo que existe: Dios (lo trascendente), el espacio (el cosmos), el tiempo (la historia), y los seres humanos (creados a imagen de Dios).

Moral

Las Escrituras dan testimonio de la bondad de Dios de muchas maneras. Dios es, en sí mismo, perfección absoluta, y su naturaleza moral es la definición misma de la bondad. Pero no es una bondad impersonal, teórica. Dios es amor (1 Juan 4:8). Él trata generosa y amablemente con su creación, sobreabundando en amor y misericordia. Estos rasgos son tan esenciales para la naturaleza de Dios que Él los incluye cuando revela su nombre.[11] Hemos oído tantas veces las palabras de Juan 3:16 que a menudo pasamos por alto su fuerza sobrecogedora: «Porque de tal manera amó Dios al mundo, que ha dado a su Hijo unigénito, para que todo aquel que en él cree, no se pierda, mas tenga vida eterna».

Ambos testamentos resaltan la misericordia y la compasión de Dios. En el Antiguo Testamento aparece la palabra *chesed*; en el Nuevo, *eleos*.[12]

Ambas señalan a un Dios que, asombrosamente, se acerca a las personas en necesidad.

Sin embargo, a veces es difícil encontrar la bondad de Dios en este mundo. En medio de la devastación y el sufrimiento de una crisis de refugiados en Sudán, Bruce Lawson se sintió abrumado. La gente era brutalmente asesinada. Gran cantidad de personas padecían hambruna a causa de la actuación del gobierno musulmán. Lawson, cooperante humanitario, sufrió una crisis de fe. Mes tras mes le obsesionaba una pregunta acusatoria: «¿Cómo puede Dios permitir esto?». Entonces un día recordó a Cristo en la cruz, padeciendo un tremendo sufrimiento por nosotros. De repente, Lawson comprendió: Dios estaba allí también, en medio de aquel sufrimiento.[13]

El amor no es un mero concepto abstracto de Dios. El amor le costó algo —su Hijo unigénito—. ¿Tenemos los seguidores de Dios el mismo compromiso con un amor sacrificial? En el siglo cuarto, el emperador Juliano se vio obligado a admitir que los seguidores de Cristo, a quienes se calumniaba acusándoles de «ateos» porque no adoraban el panteón romano, aventajaban a los romanos en buenas obras. «El ateísmo ha sido superado sobre todo por el servicio amoroso prestado a los forasteros, y por su ayuda en la sepultura de los muertos. Es un escándalo que no haya ni un solo judío que sea mendigo, y que los impíos galileos no sólo se preocupen de sus propios pobres sino también de los nuestros; mientras que los nuestros buscan en vano la ayuda que nosotros les deberíamos prestar».[14]

Esta clase de amor no se funda en el sentimentalismo, sino en la base sólida de la justicia de Dios. «Dios es luz», dice el Nuevo Testamento, «y no hay ningunas tinieblas en él» (1 Juan 1:5). Jesús nos recuerda que el nombre de su Padre es santo (Mat. 6:9) y que Él es santo (Apo. 4:8). La santidad de Dios es sinónimo de su perfección moral y de la pureza de su ser. La justicia divina significa que Él hace lo que es recto en toda circunstancia. Esta justicia se hizo patente en la cruz cuando Dios rehusó pasar por alto el pecado, derramando su ira sobre Jesús, quien pagó el castigo que merecíamos. En consecuencia, la justicia de Cristo es otorgada a todo el que cree. Esta transacción no fue nada fácil, pero satisfizo la estricta norma de la justicia divina y al mismo tiempo expresó su misericordia.

Volitiva

Finalmente, el último atributo personal de Dios que vamos a examinar es su soberanía, es decir, su voluntad soberana. Los teólogos denominan la sabiduría divina «atributo volitivo»; Dios tiene volición; puede escoger; tiene voluntad.

Aunque a veces el término queda reducido a la disputa teológica, la soberanía divina proporciona el modelo para la volición humana. Como Creador y Sustentador de todas las cosas, visibles e invisibles, Dios es el soberano indiscutible del universo. Como dice Deuteronomio 10:14, 17: «He aquí, al Señor tu Dios pertenecen los cielos y los cielos de los cielos, la tierra y todo lo que en ella hay... Porque el Señor vuestro Dios es Dios de dioses y Señor de señores, Dios grande, poderoso y temible que no hace acepción de personas ni acepta soborno». LBLA

La soberanía de Dios se expresa de dos maneras —su voluntad legal (*de jure*) y su poder (*de facto*)—. Dios tiene un derecho legal (*de jure*), es soberano sobre su creación, y su soberanía omnipotente (*de facto*) le permite hacer lo que le place. Dios, el Rey *de jure*, por derecho, del universo, lleva a cabo su divina voluntad, y no hay nadie que pueda resistir su mano soberana (*de facto*). C.S. Lewis explicó cómo los milagros de Dios ilustran ambos aspectos de la voluntad soberana de Dios:

> La idoneidad de los milagros cristianos, y su diferencia con… los milagros mitológicos, estriba en que muestran la invasión de un Poder no extraño. Son lo que cabría esperar que sucediera si la naturaleza no sólo fuera invadida por un dios, sino por el Dios de la naturaleza: por un Poder fuera de su jurisdicción, no como un extraño, sino como soberano. Proclaman que el que ha venido no es meramente un rey, sino el Rey, su Rey, nuestro Rey.[15]

Como dice el salmista, «Alzad, oh puertas, vuestras cabezas, Y alzaos vosotras, puertas eternas, Y entrará el Rey de gloria. ¿Quién es este Rey de gloria? Jehová el fuerte y valiente, Jehová el poderoso en batalla» (Sal. 24:7-8).

Salomón comprendió hace casi 3.000 años que la soberanía de Dios es indiscutible: «No hay sabiduría, ni inteligencia,Ni consejo, contra Jehová.» (Pro. 21:30).

¿Cómo se relaciona este atributo con los seres humanos, creados a su imagen? Dallas Willard escribe:

> La voluntad… es la dimensión de nuestro ser por la cual somos presencia, fuente no derivada en el mundo. Lo que surge, surge de nosotros.

> Esta creatividad radical hace que la persona individual sea absolutamente única e irreemplazable, y, por tanto, un «fin en sí misma», no «otra de cierta especie»...
> Voluntad es la capacidad de originar o abstenerse de originar algo: un hecho o una cosa. Da existencia a las cosas... Voluntad es la capacidad radical, no derivada, de originar hechos y cosas...
> Es ese aspecto de la personalidad en virtud del cual nos asemejamos a Dios o somos «a su imagen». Hemos sido creados para ser creadores —de bien.[16]

El universo es relacional

¿Entonces qué? ¿Qué significa que el universo que Dios diseñó sea fundamentalmente personal? Viene a la memoria el famoso poema de John Donne, «Ningún hombre es una isla». La personalidad exige comunidad. El mismo Dios existe en tres Personas. Las relaciones son esenciales para la vida y la salud, y un indicador principal de riqueza. Ser persona es estar relacionado. El «triángulo de parentesco» de la figura 4.6 ilustra las distintas maneras en que Dios y los seres humanos se relacionan en el contexto de la creación.[17]

El hombre ha de adorar y servir a su Creador. Dios es dueño de la creación, pero el hombre ha de cuidar todo lo que Dios ha creado. El hombre es mayordomo (siervo) o vice-regente de Dios, ha de estar sometido a Dios, pero ejercer autoridad sobre el mundo y sus recursos. Así pues, la principal relación del hombre, su relación con Dios, es hacia fuera y vertical.

El hombre y sus relaciones

El triángulo de parentesco también señala el camino a nuestras relaciones secundarias. Éstas abarcan cuatro esferas (véase la fig. 4.7). Primero, la psicología,* es interior. El hombre estudia su alma, su espíritu, o ser interior. Segundo, la sociología,* es exterior. El hombre estudia a los seres humanos en comunidad. Tercero, la ecología, el estudio de «la casa» (oikos), considera la interacción del hombre con el mundo físico. La ecología tiene relación con la economía,* que se ocupa de la mayordomía en la «casa» de Dios.[18] Cuarto, la metafísica, que incluye la epistemología,* o el estudio del conocimiento y la verdad; la axiología, el estudio del bien y el mal, la ética y la moral; y la teleología, el estudio de las «finalidades», o propósito y designio.

La vida es para las relaciones. No es posible entendernos aparte de nuestra relación con Dios, con otros y con nosotros mismos. La principal relación del hombre es con el Dios viviente. Para experimentar plenamente su humanidad, el hombre debe vivir coram Deo,* «ante la presencia de Dios». La «humanidad» del hombre —espiritual, racional, moral y volitiva— es plenamente apreciada cuando está en armonía con su Creador. Pero se atrofia cuando está separado de Dios. Hemos de vivir cada día coram Deo. El apóstol Pablo dijo:

> Y todo lo que hacéis, sea de palabra o de hecho, hacedlo todo en el nombre del Señor Jesús, dando gracias a Dios Padre por medio de él. (Col. 3:17).
>
> Si, pues, coméis o bebéis, o hacéis otra cosa, hacedlo todo para la gloria de Dios. (1 Cor. 10:31).
>
> ... ocupaos en vuestra salvación con temor y temblor, porque Dios es el que en vosotros produce así el querer como el hacer, por su buena voluntad. (Fil. 2:12-13).

Todas nuestras relaciones secundarias están moldeadas por la relación principal con nuestro Creador. Si nuestra idea de la sabiduría, la creación, nosotros mismos y otros no se basa en nuestra relación fundamental, entonces todo lo demás se viene abajo (véase la fig. 4.7). La Escritura asegura que: «El principio de la sabiduría es el temor de Jehová; Los insensatos desprecian la sabiduría y la enseñanza» (Pro. 1:7).

La riqueza y la abundancia, por tanto, proceden de las relaciones. La pobreza en todas sus formas no proviene de una falta de recursos, sino de separar nuestras relaciones secundarias de nuestra relación principal. La naturaleza de la riqueza es relacional.

Aunque el naturalismo define la riqueza exclusivamente en términos físicos, el consumo de cosas, y el animismo la define básicamente en términos espirituales, el teísmo bíblico prevalece sobre ambos. Define la riqueza en términos de plenitud de relaciones, primero con Dios, después con las otras personas y, finalmente, con el resto de la creación. Nuestra relación con Dios es nuestra suprema forma de riqueza. Como recordó Pablo a la iglesia de Corinto: «Porque ya conocéis la gracia de nuestro Señor Jesucristo, que por amor a vosotros se hizo pobre, siendo rico, para que vosotros con su pobreza fueseis enriquecidos» (2 Cor. 8:9).

Amar a Dios y disfrutarle para siempre no es sólo la principal meta del hombre; es nuestro tesoro supremo. La riqueza material, «cosas», a pesar de lo que insinúa nuestra cultura, es realmente una de las formas inferiores de riqueza. No gana el que muere con más juguetes. La riqueza material es un pobre sustituto de la abundancia que procede de Dios.

El valor fluye del Creador a su creación: personas, animales, plantas y seres inanimados. Dios hizo todas las cosas buenas, pero las cosas adquieren realmente valor si contribuyen a lo que está por encima de ellas. Dios creó una jerarquía de valores, no una democracia cósmica. No somos «hermanos» de los animales, y mucho menos, inferiores a ellos, al contrario de lo que aseveran algunos ecologistas. Un ser humano vale más que un animal, y un animal vale más que una piedra. Los minerales «sirven» como alimento a las plantas, y al hombre, como materia prima para multitud de productos. Las plantas «sirven» de comida a los animales. Proporcionan a las personas hermosura, medicamentos, alimentos, vestido y cobijo. Los animales nos ofrecen fuerza, transporte, belleza y compañía. Nosotros servimos a Dios con nuestra adoración y cuidando de su creación.

Paradójicamente, el Creador recibe gloria sirviendo a los seres inferiores. La máxima expresión de esto, por supuesto, se manifestó cuando Dios redimió al hombre mediante su amor sacrificial. El hombre, como vice-regente de Dios sobre la tierra, recibe gloria sirviendo a los demás y administrando la creación de Dios.

Puesto que las ideas acarrean consecuencias, asegurémonos de que nuestras ideas concuerdan con la realidad. Para ello tenemos que pensar clara y lógicamente. Si lo hacemos, descubriremos que el universo es inteligible y está abierto a la inspección de nuestra mente.

Preguntas para el estudio

1. ¿Por qué es importante que Dios desee habitar con nosotros?
2. ¿De qué cuatro maneras se ha revelado Dios al hombre?
3. ¿Cómo reconoce a Dios, en la creación, la gente que comparte su cultura?
4. El emperador Juliano comentó en el siglo IV el impacto que provocó el amor de Dios en la conducta y el estilo de vida de los cristianos antiguos ¿Cómo se puede extender este amor a las personas que le rodean?
5. Si la riqueza se halla principalmente en las relaciones, use la figura 4.7 para identificar bolsas de riqueza y de pobreza en su comunidad.
6. ¿Qué significa vivir coram Deo?
7. ¿Qué preguntas o desafíos se plantea usted en relación con este capítulo?

5

DIOS ES RACIONAL

El universo es inteligible

A William Carey le impresionó la profunda pobreza que vio cuando llegó a la India a fines del siglo XVIII. Venerado por muchos como «fundador de la misión moderna», descubrió que la clave de aquella pobreza no estaba en la falta de recursos físicos, sino en la esterilidad de sus almas. «Sus mentes se asemejaban al barro de sus casas, desprovistas de cuadros, adornos y libros», escribiría luego Carey. «Inocuos, indiferentes, vacíos, pisaban la senda de sus antepasados; si se apartaban de los caminos transitados, de las certezas geográficas, astronómicas, o de cualquier otra ciencia, no causaban mayor impresión en ellos que las verdades más sublimes de la religión».[1]

Carey sabía que la vida fluye del pensamiento. El libro de Génesis declara que el universo fue diseñado por la Mente suprema, y que, por tanto, nosotros configuramos nuestras propias realidades usando nuestras mentes. La creación de Dios es racional, comprensible y organizada, está basada en las leyes naturales incorporadas que reflejan su carácter. La verdad —la verdad objetiva— existe porque Él existe (véase la fig. 5.1). Podemos conocer la verdad en este mundo porque Dios la ha revelado a través de sus obras y de sus palabras. Como criaturas finitas, no podemos conocer esta verdad exhaustivamente, pero como seres dignos, creados a imagen de Dios, podemos conocerla verdaderamente. Aunque nuestro conocimiento es limitado, podemos investigar el mundo de Dios y extraer ciertas conclusiones objetivas, de acuerdo con la manera en que realmente son las cosas (véase la fig. 5.2).

El conocimiento

Concepción teísta

¿CÓMO PUEDO CONOCER?

Respuesta teísta: Revelación y Observación

Como prueban las observaciones de Carey en la India, solo el relato del teísmo bíblico proporciona una base adecuada para el conocimiento. Por el contrario, el secularismo declara que la verdad es relativa, mientras que el animismo sostiene que la verdad está escondida, es incognoscible. El primero conduce a la bancarrota moral; el segundo, a la perpetua ignorancia.

La premisa del secularismo, que no existe Dios, conduce inexorablemente al rechazo de las normas objetivas que sustentan la verdad. La información sustituye a la virtud y el carácter. La verdad para el secularista es relativa, se basa en estándares humanos y en el razonamiento (el racionalismo). El sofista griego Protágoras, en el siglo V antes de Cristo, dijo: «El hombre es la medida de todas las cosas», y la filosofía secular moderna está completamente de acuerdo. Como dijo Nietzsche: «Hay muchos ojos..., por tanto, hay muchas verdades, por lo cual, no existe la verdad».[2] La verdad para el secularista, está en el ojo del observador (véase la fig. 5.4). Algo es verdadero no porque se corresponda con lo que es, o con una norma objetiva, sino sencillamente porque alguien lo cree. Allan Bloom nos recuerda en *El cierre de la mente moderna* que el hombre moderno no valora la verdad, sino una «apertura» a todo excepto a las verdades absolutas. Pero esta versión secularizada de la «tolerancia» deja a la gente mal equipada para abandonar el mal y escoger el bien. Peor aún, el secularismo se encoge de hombros ante el mal o lo promueve como bien.

Concepción secularista

Entre 1997 y 2013, en Rotherham, Inglaterra, unas 1.400 niñas (mayormente) blancas, algunas de tan sólo 11 años, fueron violadas y traficadas sistemáticamente a otras ciudades, o vendidas como esposas.[3] Lo increíble es que la policía y el ayuntamiento de la ciudad sabían que se perpetraban estos crímenes, pero rehusaron actuar. ¿Cómo pudo producirse tan flagrante abandono del deber? Porque los perpetradores eran musulmanes asiáticos nacidos en Inglaterra, y los oficiales de la ciudad temían ser acusados de insensibilidad cultural. Una perniciosa corrección política triunfó sobre la justicia: 1.400 niñas inocentes sufrieron horrendos abusos con la excusa de que las autoridades de la ciudad pudieran protegerse de la acusación de insensibilidad cultural.

Concepción animista

El animismo, por su parte, ve el universo como misterioso, incognoscible e irracional, como una lotería cósmica impulsada por el azar, la suerte, o el destino (véase la fig. 5.6). En el animismo, la ignorancia es realmente una virtud. Obviamente, muy poco desarrollo material puede tener lugar bajo tal mentalidad, como comprendió Carey.

Nuestro fundamento firme

La verdad, revelada por Dios y descubierta por el hombre, es una idea radical con inmensas implicaciones para la ciencia, la economía y la educación. Comenzamos este tema reflexionando en el hecho de que Dios es racional. Él tiene una razón para todo lo que hace. Como hemos visto, Él comunica la verdad de quién es, y lo que hace, de dos maneras —por vía de la revelación especial y por vía de la revelación general—. Las personas, creadas a imagen de Dios, son criaturas racionales con capacidad para captar el mensaje que Dios nos dirige. La revelación especial es el mensaje de Dios en la Escritura. La Biblia nos enseña que aunque Él es trascendente, sin embargo, se implica en su creación y gobierna el universo por su providencia.

«Dios, en el principio, creó los cielos y la tierra», nos informa el majestuoso y, con todo, sencillo versículo de Génesis. El salmista declara: «Porque él dijo, y fue hecho; El mandó, y existió» (Sal. 33:9). El apóstol Juan dijo acerca del Hijo de Dios: «En el principio era el Verbo, y el Verbo era con Dios, y el Verbo era Dios. Este era en el principio con Dios. Todas las cosas por él fueron hechas, y sin él nada de lo que ha sido hecho, fue hecho. En él estaba la vida, y la vida era la luz de los hombres. (Juan 1:1-4).

Estos versículos afirman al menos tres verdades importantes: (1) Dios existía antes de todas las cosas, (2) Él creó todo lo que existe de la nada, y (3) Él mandó existir a la creación por su palabra.

La revelación general, el mensaje de Dios a la humanidad por medio de todo lo que ha creado, nos proporciona otras verdades vitales acerca de la divinidad. El apóstol Pablo exhortó a la iglesia de Roma: «Porque la ira de Dios se revela desde el cielo contra toda impiedad e injusticia de los hombres que detienen con injusticia la verdad; porque lo que de Dios se conoce les es manifiesto, pues Dios se lo manifestó. Porque las cosas invisibles de él, su eterno poder y deidad, se hacen claramente visibles desde la creación del mundo, siendo entendidas por medio de las cosas hechas, de modo que no tienen excusa» (Rom. 1:18-20).

Viendo un hermoso amanecer sobre la cima del monte Snowden, el poeta inglés Wordsworth escribió:

> Reflejado, me pareció el tipo
> De un intelecto majestuoso...
> ...Allí contemplé el símbolo de una mente.[4]

El biólogo francés Jacques Monod (1910-1976) escribió: «Sin embargo, la objetividad nos obliga a reconocer el carácter teleonómico de los organismos vivos, a admitir que su estructura y su funcionamiento actúan proyectivamente —llevan a cabo y persiguen un objetivo.[5]

Si son honestos, el poeta y el científico reconocen la hermosura y el propósito de la creación. La creación revela un Creador. La verdad y la belleza, la ciencia y el arte, el orden y la espontaneidad revelan la mente del Artista-Matemático consumado. El apologista cristiano Francis Schaeffer observó que la vida está rodeada de forma y libertad, las cuales, cada una a su manera, apuntan a Dios. Como hemos notado, en la revelación general, Dios revela su orden divino de dos maneras: *dentro,* (es decir, por el testimonio que el hombre tiene en sí mismo como imagen de Dios) y *fuera* (es decir, por el universo que nos rodea).

Dios se preocupa activamente de su creación. «Y él es antes de todas las cosas», dice Pablo de Cristo, y «y todas las cosas en él subsisten » (Col. 1:17). La epístola a los hebreos afirma que Cristo «y quien sustenta todas las cosas con la palabra de su poder» (Heb. 1:3). La Biblia afirma que Dios creó todas las cosas con un propósito. El universo tuvo un principio definido. También se proyecta hacia cierta conclusión. Si bien el naturalista se imagina la definitiva «extinción del calor del universo», y el animista está atrapado en ciclos interminables, el teísta bíblico sabe que la historia se dirige hacia una meta. Dios la controla en su totalidad —pasado, presente y futuro—. Como Creador, Él inició el proceso. Como Mayordomo supremo, Él sustenta y preserva todo amablemente. Sin Él, el cosmos se desplomaría y caería en la nada. Como Rey soberano, Dios dirige el desenvolvimiento de la historia hacia su meta señalada.

Orden del universo (Providencia)

Schaeffer notó que el universo se caracteriza por una uniformidad de causas naturales en un sistema abierto. Es decir, podemos esperar que ciertos procesos físicos —la gravedad, por ejemplo— perduren, lo que nos permite actuar en un mundo de causa y efecto. Esto significa que nuestros actos tienen consecuencias —buenas y malas—. Si saltamos desde un acantilado, podemos estar seguros que caeremos al fondo. Sin embargo, es un sistema *abierto*, porque Dios es siempre libre para reemplazar las leyes por las que normalmente gobierna.

Por el contrario, el secularismo supone un universo caracterizado por la uniformidad de causas naturales en un sistema *cerrado*. La diferencia es crucial. Porque a pesar de insistir en que el hombre es un ser maravillosamente complejo en lo más alto de la escala evolutiva, el secularista se encierra a sí mismo en un universo sin sentido, mecanicista. La historia no va hacia ninguna parte, excepto hacia su extinción masiva. Para el secularista, somos meros productos del azar, engranajes de la máquina cósmica. La libertad es una ilusión, porque el hombre es sólo un animal.

Por un tiempo, todo puede parecer ir bien. Los logros científicos y técnicos se multiplican y el nivel de vida material aumenta. No obstante, el absurdo y el nihilismo,* en la base de la empresa secular, anti-teísta, derribarán finalmente el edificio. Schaeffer previó la disfunción y el desastre de nuestro posmodernismo con mucha antelación. «Estoy convencido», escribió en *¿Cómo debemos vivir entonces?*, que «cuando Nietzsche llegó a Suiza y se volvió demente, no fue por causa de una enfermedad venérea, aunque, efectivamente, la padeciera. Más bien fue debido a que él entendía que la locura era la única respuesta filosófica si el Dios personal e infinito no existía».[6] El científico secular, después de rechazar la razón y la verdad objetiva (los fundamentos de la ciencia), es como el personaje de El coyote en los dibujos animados *El correcaminos*. Corre hacia un acantilado y se precipita en el abismo. Por un momento le parece que su impulso le ayudará a superar la distancia. Pero sólo se mantiene en el aire un instante y se da de bruces contra el fondo. Tarde o temprano la realidad se impone a la ilusión. El secularista debe examinar los supuestos que sostiene o abandonar su razón.

El animista no está mejor preparado para aferrarse a la racionalidad. En el animismo, el universo está gobernado por dioses o destinos impredecibles. La ley natural es una incógnita. El universo no tiene un orden subyacente (o, en el caso del hinduismo, el mismo universo es una ilusión). Los dioses causan calamidades, desastres y enfermedades, ya sea por pura malevolencia o porque el hombre ha transgredido de alguna manera. Por lo tanto, la gente debe de aplacar a los espíritus mediante supersticiones, amuletos, rituales y sacrificios diversos, sin importar el coste. La misionera Joanne Shetler escribió lo siguiente del pueblo balangao: «Los balangao se esforzaban por producir suficientes alimentos para sí mismos y criar bastantes cerdos y gallinas para mantener a los espíritus aplacados para que dejaran vivir a sus hijos. A veces los recursos de todo un clan familiar se designaban para satisfacer las exigencias de los espíritus».[7]

Orden en la mente

El teísmo bíblico asevera que existe el orden, y que proviene de una mente. Juan 1:1 afirma que «En el principio era el Verbo». Refiriéndose a Jesucristo, Juan usa la palabra griega logos,* que significa «expresión del pensamiento». Logos se traduce algunas veces como «palabra», «habla», «razón», o «sabiduría». No es de extrañar que la palabra lógica derive de logos. Aplicada a Cristo, aceptamos de inmediato que esta Mente, la razón divina, una inteligencia preexistente, vivía antes que fueran los seres humanos y proporciona la base para la razón humana. Este logos es, pues, personal, inteligente, eterno, trascendente —y ciertamente, la vida misma. C.S. Lewis dijo a este respecto: «Él es la fuente de la que procede toda su fuerza de razonamiento: usted no puede tener razón y Él estar equivocado, como un arroyo no se puede elevar por encima de su propio manantial. Cuando usted discute con Él está discutiendo contra el mismísimo poder que le permite argüir».[8]

Más aún, esta Mente no es una abstracción intelectual aislada. El mundo material —la materia— fue creada por esta Mente y está sujeto a ella. Las personas, como representantes de Dios en la tierra, comparten parte de esa autoridad, usando su capacidad racional para ordenar el caos. George Gilder escribe: «Hecha a imagen de su Creador, la mente humana esgrime el poder del conocimiento contra el poder del deterioro».[9]

La mente humana se ordena por medio de su capacidad de razonamiento. La razón proporciona el terreno común para la comunicación, permite el pensamiento analítico del mismo modo que la intuición permite el pensamiento creativo. Juzgando nuestros sentimientos y guiando nuestros actos, la razón nos permite tener comunión con la mente de Dios, explorar el mundo, descubrir y aplicar la ley natural, y ordenar y civilizar la tierra. Como declaró Lewis con admiración: «El orden de la mente divina, encarnado en la Ley de Dios, es maravilloso. ¿Qué ha de hacer el hombre sino intentar reproducirlo, tanto como le sea posible, en su vida cotidiana?».[10]

Por el contrario, el secularismo conduce a la pobreza porque parte de lo impersonal e ininteligible, se deshace del fundamento de la verdad objetiva y va en pos de absolutos arbitrarios. En vez de seguir la razón, como pretende hacer, el secularismo promueve el anti-intelectualismo, el subjetivismo, y, de hecho, el irracionalismo. Puesto que la naturaleza humana aborrece el vacío, podemos estar seguros de que si la gente deja de creer en Dios, no por ello no creerá en *nada*, sino que creerá en *cualquier* cosa, como atestigua el flujo constante de titulares incomprensibles que hoy se suceden en todos los medios. ¿De qué otra manera cabe explicar la negación de la realidad de Bruce Jenner en favor de una ilusión?[11] Esta es la negación sexual. Otra categoría es la negación racial, como en el espectáculo de una mujer blanca que se identifica con una estadounidense africana,[12] o el de un hombre que pretende haberse convertido en un dragón femenino?[13]

Al fomentar la ignorancia humana y un universo sin una inteligencia rectora, el animismo conduce a un callejón sin salida similar.

Principios

Hacía una noche fría en los Alpes suizos. La nieve caía suavemente. Mi esposa Marilyn y yo éramos huéspedes de Deborah y Udo Middelmann. Los domingos por la noche nos juntábamos para merendar y tomar el té. Una vez, diez personas nos reunimos a tomar té inglés en tazas de porcelana. La vela sobre la mesa parpadeaba al son de la música clásica y adornaba nuestra conversación. De pronto, Udo, un abogado alemán tomó la palabra.

—Darrow, ¿sabes que el cristianismo es verdadero, aunque tú no lo creas?

—¿Qué?

—El cristianismo es verdadero aunque tú no lo creas —repitió.

Esta declaración contradecía todo lo que sentía dentro de mí. Se me había enseñado que el cristianismo era verdadero precisamente *porque* lo creía.

Pasé dos noches sin dormir. Finalmente, caí en la cuenta de lo que decía Udo. El cristianismo es verdadero aunque nadie en el mundo lo creyese. El cristianismo es verdadero porque Dios existe. Es verdadero porque coincide con la realidad. Es verdadero con *V* mayúscula.

Aquella conversación me ayudó a comprender que tenía una mentalidad bastante secular. El secularismo dice que no hay Dios; por tanto, no hay verdad; cada cual tiene su opinión. Luego, cualquier cosa que uno crea es verdad. Si cree en Buda, eso es verdad para usted. Si cree que no hay Dios, eso es verdad para usted. Si cree en el islam, es verdad para usted. Si cree en el cristianismo, es verdad para usted. Me di cuenta que había aceptado el cristianismo tal como lo había definido mi mentalidad secular. Tenía un corazón circuncidado, pero una mente incircuncisa.

También me di cuenta de que, si el cristianismo es absolutamente verdadero, Dios quiere hablar en cada área de la vida. Yo había sentido carga por las personas pobres y necesitadas. Me di cuenta que el deseo de ayudarlas no bastaba. Dios también quería que tuviese la mente de Cristo respecto a mi vocación*. Quería que pensara bíblicamente. Pensar bíblicamente significa saber que la verdad es universal, se aplica y obliga a todas las culturas. Leslie Newbigin, destacado y experimentado misionero, tenía razón cuando dijo: «Un compromiso serio con la evangelización, con el relato de la historia que la Iglesia ha sido enviada a contar… afirma que el evangelio no es sólo invitación a una decisión privada y personal, sino una verdad pública que debe ser reconocida como tal por toda la vida social».[14]

Puesto que la verdad no radica en nuestros sentimientos o experiencias, sino en Dios, es perdurable, absoluta, proposicional (razonable y racional), y cognoscible, al menos en parte. La verdad es objetiva. La verdad permanece tanto si alguien cree en ella como si no. Usted sabrá que alguien adopta esta perspectiva cuando oiga preguntas como «¿es razonable?», «¿coincide con la realidad?». Por supuesto, la realidad integra lo físico y lo espiritual. Dios existe fuera de la creación, y a pesar de ello, la naturaleza es real. Por tanto, la verdad se halla en Dios *y* en la creación. Está fuera de nosotros, no depende de nuestras percepciones limitadas, que incluyen los cinco sentidos más la razón. Aunque ninguna cultura la ha vivido perfectamente, la cosmovisión bíblica, como verdad integral, proporciona sabiduría para todas las áreas de la vida. Debido a ello, la ciencia y la tecnología, una moral filosófica para la economía, la sociedad civil, y una filosofía integral para la educación son todas posibles, y esperan ser descubiertas.

Desgraciadamente, los enfoques subjetivos han acabado prevaleciendo. En vez de preguntar «si es razonable» y si «coincide con la realidad», la perspectiva subjetiva pregunta «¿cómo me hace sentir?» y «¿funciona para mí?». En vez de buscar un fundamento racional para el florecimiento humano, quedamos sumergidos en las arenas movedizas de las emociones, los sentimientos y el puro pragmatismo. La verdad es individualmente «descubierta», no universalmente reconocida. Todo es una cuestión de opinión. A conveniencia, este enfoque personalizado de la verdad excluye toda necesidad de coherencia entre lo físico y lo espiritual.

Sólo el teísmo bíblico ofrece el debido respeto tanto a lo físico como a lo espiritual. Sólo él ofrece un campo unificado de conocimiento. Con él, todas las «piezas» encajan en un modelo coherente para servir al progreso del reino de Dios. Por eso nuestros antepasados reconocieron que la teología era la «reina de las ciencias». La teología es fundamental para los demás campos de estudio. Todo cobra sentido en relación con su Creador. Henry van Til notó: «...la cultura es religión externalizada».[15] Esta verdad era bien conocida antes que la presente generación la olvidara.

El autor y educador George Grant ha escrito:

> Según san Agustín, la cultura no es reflejo de la raza, etnia, política, lengua o legado de un pueblo. Es más bien, consecuencia del credo de un

> pueblo. Es decir, la cultura es la manifestación temporal de la fe de un pueblo…
> Él dedicó buena parte de su vida y ministerio a criticar las filosofías paganas del mundo, y a exponer las teologías aberrantes de la iglesia, porque entendió perfectamente bien que esas cosas importan mucho en el ámbito de la eternidad, pues determinan el destino espiritual de las masas humanas, pero, además, determinan, aquí y ahora, el destino temporal de civilizaciones enteras.[16]

Edificando sobre la obra de Agustín, los reformadores sabían que la vida entera ha de ser vivida *coram Deo*, en la presencia de Dios. No obstante, los secularistas compartimentan la vida y privatizan la verdad. Pero como, según su punto de vista, Dios no sostiene todas las cosas, su mundo se rompe en millones de astillas. Como una bola lanzada por la fuerza centrífuga, todo sale despedido desde el centro.

Los animistas se topan con un problema diferente. Embuten la vida entera en una caja irracional, haciendo que la verdad resulte incognoscible. La existencia es lanzada hacia una estrella que se apaga, lo que convierte nuestra existencia en un agujero negro de ignorancia.

Obreros sabios:* Aplicación de la Verdad

Para evitar la pobreza que resulta inevitablemente del secularismo y el animismo, no sólo debemos conocer la verdad; tenemos que aplicarla. Necesitamos sabiduría. La sabiduría es la aplicación moral de la verdad, requiere reflexión y acción. La acción sin reflexión es mero activismo, mientras que la reflexión sin acción es, según Paulo Freire,[17] intelectualismo* impotente. La sabiduría no es algo que nosotros elaboremos o produzcamos mágicamente. La sabiduría es algo por lo que trabajamos. La sabiduría comienza con el temor de Dios (Pro. 9:10).

Además, la sabiduría conduce a la vida; la insensatez conduce a la muerte. La sabiduría personificada afirma en Proverbios 8:35-36: «Porque el que me halle, hallará la vida, Y alcanzará el favor de Jehová. Mas el que peca contra mí, defrauda su alma; Todos los que me aborrecen aman la muerte». Hay una relación orgánica entre guardar las leyes de Dios y disfrutar de vida y prosperidad —y entre violar las leyes de Dios y experimentar muerte y destrucción.

No obstante, no son relaciones mecánicas. Yo no predico un evangelio de prosperidad, de «salud y riqueza». Dios es soberano en su gracia y su juicio, hace que la lluvia caiga sobre el justo y el injusto (Mat. 5:45). En este mundo caído, los piadosos suelen ser perseguidos y los culpables suelen quedar impunes. Sin embargo, por regla general, el florecimiento del hombre resulta de temer a Dios y obedecer sus mandamientos, mientras que los que le desacatan acaban pagando el precio (Sal. 9:10). Piense en todos los adictos a sustancias estupefacientes, los promiscuos sexuales y los que abrazan la violencia. No muchos llegan a los setenta u ochenta años. Es lo que cabe esperar. Si bien el Antiguo Testamento está lleno de promesas de bendición de Dios para el obediente, el Nuevo Testamento también abraza este concepto. Jesús dijo: «Cualquiera, pues, que me oye estas palabras, y las hace, le compararé a un hombre prudente, que edificó su casa sobre la roca» (Mat. 7:24). Santiago exhorta: «Pero sed hacedores de la palabra, y no tan solamente oidores, engañándoos a vosotros mismos... Mas el que mira atentamente en la perfecta ley, la de la libertad, y persevera en ella, no siendo oidor olvidadizo, sino hacedor de la obra, éste será bienaventurado en lo que hace»(Sant. 1:22-25).

Vemos, pues, que la sabiduría, la aplicación moral de la verdad, se sitúa en la cúspide de la pirámide epistemológica (véase la fig. 5.8). La siguen (por orden) el entendimiento, la percepción dinámica del conocimiento; el conocimiento, la asimilación de información; la información, la colección de hechos o datos; los datos, bits de información; bits, los elementos

básicos de los bytes. Hay que escalar penosamente para alcanzar la sabiduría, por eso tan pocos la consiguen.

Es mucho más fácil negar a Dios y abrazar una filosofía secular o animista. Por supuesto, esto conduce a mentes vacías, privadas de sabiduría, y corazones entenebrecidos, desprovistos de compasión. Este cierre de la mente y endurecimiento del corazón conduce al juicio de Dios y al desprecio eterno. Como dice Pablo: «Pues habiendo conocido a Dios, no le glorificaron como a Dios, ni le dieron gracias, sino que se envanecieron en sus razonamientos, y su necio corazón fue entenebrecido» (Rom. 1:21). Como dice Pablo, verdaderamente «no tienen excusa».

Pero el evangelio gira en torno a la gracia. Jeremías registra la disposición de Dios de salvar una ciudad si encuentra un hombre justo en ella. «Recorran las calles de Jerusalén, observen con cuidado, busquen por las plazas», dijo Dios al profeta. «Recorred las calles de Jerusalén, y mirad ahora, e informaos; buscad en sus plazas, a ver si halláis algún hombre, si hay quien haga justicia, que busque la verdad, y yo la perdonaré» (Jer. 5:1) LBLA. Por supuesto, el ejemplo supremo de tal sabiduría encarnada es Jesucristo: «Porque no envió Dios a su Hijo al mundo para condenar al mundo, sino para que el mundo sea salvo por él» (Juan 3:17). ¡Qué diferencia puede marcar una sola persona!

Hoy se oye mucho hablar de «trabajadores del conocimiento», personas que reciben un salario por el saber y la experiencia acumulados más que por lo que hacen. Por supuesto, el conocimiento es bueno. Pero ya se trate de una carrera, una vida o una sociedad, el conocimiento por sí solo es inadecuado. Añadiendo la verdad y la moral que Dios ha revelado, «los trabajadores del conocimiento» pueden llegar a ser «trabajadores sabios». No sólo comparten lo que hay en su cabeza, sino también lo que hay en sus corazones. Con sus vidas, palabras y obras comparten su relación con el Dios viviente. Al vivir conscientemente como cristianos, incorporan su cosmovisión judeocristiana a sus vidas profesionales. En esto «profesan» algo a través de su trabajo, ayudan a la gente a ver a Dios y el universo tales como son, les animan a tener pensamientos novedosos. Estos pensamientos no versan sólo sobre Dios y la Biblia. Proceden de la Biblia, por cuanto promueven el «pensamiento analítico y la resolución de problemas», lo cual florece en el terreno del teísmo bíblico. Los trabajadores sabios pueden pasar de los principios a la práctica, de lo teórico a lo práctico. No sólo ayudan a las personas a entender el marco de la realidad, sino también a florecer en él.

Los trabajadores sabios extienden la bendición de Dios. Son el fruto de una iglesia sana, sus obras, la flor que brota de raíces plantadas en buena tierra. Pero si abrazamos distintas cuestiones o principios fundamentales, construiremos inevitablemente una sociedad muy distinta. Lo más probable es que acabemos con una sociedad plagada de anarquía, seguida de despotismo.

Anarquía

Muchos secularistas embadurnan poéticamente la libertad, pero su sistema allana el camino hacia la anarquía. Sin Dios, no ofrecen ninguna norma absoluta para la verdad. Por tanto, reina la subjetividad. Tener una «mente abierta» es el mayor bien. No obstante, Lewis escribió sagazmente: «Es útil una mente abierta en cuestiones que no son definitivas. Pero una mente abierta acerca de los fundamentos últimos, ya sean sobre la razón teórica, ya la razón práctica, es una estupidez».[18]

Tiranía

Irónicamente, tal apertura estúpida, anárquica, suele conducir a la tiranía, que es una uniformidad impuesta. ¿Cómo puede ser esto, ya que la anarquía parece admitir un número ilimitado de «verdades»? Además de la avidez de expresar su individualidad, la gente tiene también una sed insaciable de orden, y siempre hay un grupo de déspotas dispuestos a proporcionárselo.

El lamentable récord de despotismo en el siglo XX se puede rastrear en la negativa a aceptar absolutos morales, alentada por la teoría de la evolución de Darwin, que por definición excluye a Dios. John Whitehead ha escrito: «Darwin generó una filosofía de relatividad intelectual, moral y ética que acompañó al sorprendente desarrollo del absolutismo totalitario (o certeza incondicional de las «leyes» darwinistas) en el siglo XX. El relativismo (limitación de la certeza) en la teología y la moral acarrea inevitablemente el absolutismo político».[19]

La Biblia no dice esto. Una y otra vez alaba a los que buscan la verdad —verdad que se corresponde con la realidad—. El libro de Hechos declara: «Y éstos eran más nobles que los que estaban en Tesalónica, pues recibieron la palabra con toda solicitud, escudriñando cada día las Escrituras para ver si estas cosas eran así» (Hech. 17:11). En Isaías 1:18, Dios dice a su pueblo: «Venid luego, dice Jehová, y estemos a cuenta:». Pablo nos exhorta a abandonar la conformidad con el mundo y obedecer a Dios. «Y no os adaptéis a este mundo, sino transformaos mediante la renovación de vuestra mente, para que verifiquéis cuál es la voluntad de Dios: lo que es bueno, aceptable y perfecto» (Rom. 12:2) LBLA.

Cuatro pruebas cruciales hay disponibles para que la persona con mentalidad independiente sopese la verdad sobre cualquier asunto.

- Razón. El enfoque metafísico o filosófico pregunta: «¿Es razonable?».
- *Realidad.* El enfoque empírico o científico pregunta: «¿Coincide con la realidad?».
- *Amplitud.* El acento en el ámbito o campo de conocimiento unificado pregunta: «¿Explica la totalidad de la vida?».
- *Práctica.* El enfoque personal o subjetivo pregunta: «¿Se puede llevar a cabo?». Esta última norma sólo se considera después de aplicar las pruebas anteriores.

Aplicación

Un universo inteligible tiene implicaciones prácticas en cada área de la vida. Consideremos tres disciplinas clásicas: ciencia, economía y educación.

Ciencia: Pensar los pensamientos de Dios

Una vez que empezamos a hacernos estas preguntas, estamos en el buena senda para leer el plan divino para el universo. Ocuparemos la posición de vice-regentes de Dios para desatar el potencial de la tierra y enseñar a nuestros semejantes a administrar y cuidar de la creación. La ciencia y la tecnología son armas esenciales de nuestro arsenal. Lejos de ser meros «constructos teóricos o categorías occidentales», nos ayudan a ver, en parte, cómo ha diseñado Dios el mundo. Hasta cierto punto, nos otorgan dominio sobre el mundo físico. En un sentido, la ciencia y la tecnología nos permiten acceder a los pensamientos de Dios.

Esta no es una perspectiva que haya surgido en el tecnológico siglo XX. William Carey, quien desglosó muchas ideas modernas de lo que debe de hacer un «misionero», pensó lo mismo en el siglo XVIII.

> Carey quería introducir en la India la cultura científica de la astronomía. Él no creía que los cuerpos celestes eran «deidades que gobernaban

> nuestras vidas». Sabía que los seres humanos han sido creados para gobernar la naturaleza, y que el sol, la luna y los planetas fueron creados para ayudarnos a desempeñar la tarea de la regencia. Carey pensaba que los cuerpos celestes debían ser atentamente estudiados, ya que el Creador los había hecho para que nos sirvieran de signos y señales. Ayudan a dividir la monotonía del universo espacial en direcciones —Este, Oeste, Norte y Sur—, y el tiempo en días, años y estaciones. Nos ayudan a idear calendarios; a estudiar geografía e historia; a planear la vida, el trabajo y la sociedad. La cultura de la astronomía nos hace libres para ser gobernadores, mientras que la de la astrología, nos hace esclavos gobernados, determinados por las estrellas.[20]

Solo un teísta bíblico como Carey podía abrazar la ciencia. Es bien sabido que la ciencia surgió de una cosmovisión judeocristiana y que muchos de los hombres y mujeres que fundaron las disciplinas científicas actuales eran creyentes.[21] ¿Se ha asombrando de no haber visto nunca un científico animista? El término es un oxímoron (dos palabras o expresiones de significado opuesto) como, un círculo cuadrado. El animista deifica y adora la naturaleza; no la estudia. Del mismo modo, el hinduista afirma que el mundo visible es maya o ilusión. ¿Por qué iba un hinduista (consecuente) a intentar estudiar algo que no es real?

Por contra, los cristianos aceptan que la naturaleza está realmente «ahí», ya que es obra de Dios. El cristiano ve también que es intrínsecamente buena, y por tanto, digna de estudio y de atención. Y como su existencia fue declarada por el Legislador Supremo, el universo es un lugar ordenado, gobernado por la ley natural. La gente puede ejercer dominio sobre la naturaleza entendiendo las leyes que la gobiernan. Una vez descubierto el orden de la creación a través de la ciencia, podemos mejorar nuestras vidas por medio de la tecnología.

Aunque la física cuántica, que describe los niveles subatómicos del universo, presenta dificultades a un conocimiento claro y completo del funcionamiento del universo, el orden general, evidente y preciso del universo proporciona confianza al científico en sus observaciones empíricas. Tal confianza no es posible fuera de una cosmovisión judeocristiana. El físico C.F. Von Weizsacker ha declarado: «La materia en sentido platónico, sobre la que debe "prevalecer" la razón, no obedece exactamente a las leyes matemáticas: la materia que Dios ha creado de la nada puede obedecer estrictamente las leyes a que Dios la ha sometido. En este sentido, llamé a la ciencia moderna un legado, podría haber dicho incluso una hija del cristianismo».[22]

No obstante, las leyes físicas* no tienen la última palabra. Vivimos en un sistema abierto —a Dios, a los ángeles y a los hombres—. Dios creó la ley natural, pero no está atado a ella. Nancy R. Pearcey, y Charles B. Thaxton, han señalado: «El mundo no tiene una racionalidad intrínseca propia, sino que es inteligible porque refleja la racionalidad divina».[23]

El físico Paul Davies, dijo al aceptar el premio Templeton: «Los primeros científicos, como Newton, fueron religiosos de una manera u otra. Veían la ciencia como un medio para descubrir huellas de la obra de Dios en el universo. Consideraban lo que ahora llamamos leyes de la física como creación abstracta de Dios: pensamientos, por así decirlo, en la mente de Dios. De modo que, haciendo ciencia —ellos suponían— uno puede obtener un atisbo de la mente de Dios —afirmación esta audaz y emocionante.[24]

Usando una afirmación tal vez audaz, pero firmemente bíblica, Salomón escribió: «Gloria de Dios es encubrir un asunto; Pero honra del rey es escudriñarlo» (Pro. 25:2).

El hombre lleva impresa la imagen de Dios. Con una mente cuyo modelo es la mente divina, él puede, en palabras de Johann Kepler, «pensar los pensamientos de Dios». El historiador Daniel Boorstin plasmó esta aventura en su libro *Los descubridores*:

> Mi héroe es el Hombre descubridor. El mundo que ahora vemos desde el instruido Occidente —la panorámica del tiempo, la tierra y los mares, los cuerpos celestes, nuestros propios cuerpos, las plantas y los animales, la historia y las sociedades humanas antiguas y presentes— nos tuvieron que ser abiertos por innumerables Colones. Ellos permanecen anónimos en las cavernas profundas del pasado. Al acercarnos al presente, surge a la luz de la historia un reparto de personajes tan variados como la naturaleza humana. Los descubrimientos se convierten en episodios biográficos imprevisibles, como los nuevos mundos que los descubridores nos revelaron.[25]

Por el contrario, las leyes de la naturaleza permanecen invisibles a los ojos del animista, cuya mente racional no ha sido instruida para «ver», porque su idea de un universo caprichoso no se presta a la investigación científica. Incluso la antigua ciencia griega entró en un callejón sin salida. La concepción racionalista, aristotélica, de la ciencia era deductiva, avanzaba de lo general a lo particular: «Para el aristotélico, la naturaleza consiste en materia estructurada por el propósito, la esencia y las formas. El científico [antiguo] entiende mejor un objeto natural preguntándose para qué sirve».[26]

Tal enfoque se opone a la ciencia moderna, que es inductiva, y avanza de lo particular a lo general. El método empírico asume que el universo ha sido ordenado por el Creador. Es la revelación «natural» de Dios para ser leída y estudiada como un libro. Al hacerlo, se puede conocer algo de su poder, de su naturaleza divina y de sus leyes. Una vez que la ciencia descubre tales leyes, pueden ser aprovechadas por la tecnología para desarrollar la tierra.

Francis Schaeffer señaló que el hombre es a la vez distinto y superior a la naturaleza. Creado a la imagen de Dios, el hombre ha de dominar la naturaleza y ser responsable de ella. Pero en otro sentido, como ser creado, está al mismo nivel que la naturaleza. El hombre es un mayordomo, se le ha encargado cuidar del jardín (Génesis) y edificar la ciudad (Apocalipsis). Es aleccionador lo que dicen al respecto Pearcey y Thaxton: «El dominio fue entendido, no como permiso para explotar inexorablemente la naturaleza, sino como responsabilidad de cultivarla, cuidarla y aprovechar sus fuerzas para beneficio humano».[27] El historiador de la ciencia P.M. Rattansi nota: «Los principios protestantes... impusieron la obligación religiosa de hacer que tal estudio sirviera a los objetivos gemelos de glorificar a Dios y beneficiar a los hombres».[28]

Por lo tanto, la ciencia, idealmente, satisface la obligación moral de inquirir en la naturaleza de la creación para gloria de Dios. La tecnología aplica moralmente el conocimiento científico para beneficio de las gentes. Se pueden detectar aplicaciones tecnológicas seculares desde un kilómetro de distancia. La tecnología secular se hace la pregunta: «¿*Podemos* hacerlo?». La tecnología teísta se hace la pregunta adicional esencial: «¿*Debemos* hacerlo?». La tecnología basada en el teísmo no está obligada a seguir tendencias científicas que prometan llevarnos a un «mundo feliz» desprovisto de moral y de compasión. Aplica la ciencia a revertir el sufrimiento y los estragos causados por la caída: a cercenar la enfermedad y la muerte, a incrementar la producción de alimentos y suministros, a construir máquinas que alivien la dureza y la pesadez del trabajo.

Economía: La economía de la mente

¿Qué viene a la cabeza cuando se oye la palabra «economía»? ¿Dinero? ¿Empleos? ¿Oferta y demanda? Aunque todos estos elementos, y más, están presentes en los sistemas económicos basados en el mercado, hemos de entender algo más básico acerca de la economía. Desde una perspectiva teísta, la economía (*oikonomia* en griego significa «administración doméstica») es una filosofía moral. La «casa» pertenece a Dios. Nosotros cuidamos de ella como siervos o mayordomos suyos. La economía es una mayordomía inteligente, reflexiva, no un servicio irracional manual. En su libro *Riqueza y pobreza*, George Gilder declara: «Dado que las economías están regidas por pensamientos, no reflejan las leyes de la materia, sino las de la mente. Una ley crucial de la mente es que la creencia precede al conocimiento».[29]

La creencia precede también a los recursos. Israel, situada en una franja de desierto, ha levantado, sin embargo, una economía próspera. El ex primer ministro de Israel, Simon Peres, dijo una vez: «Este año Israel sacará más de sus cerebros que los saudíes de sus pozos de petróleo».[30] El periodista económico Warren T. Brookes ha declarado que «la riqueza no es física, sino metafísica; es decir, no se halla en la materia, sino en la mente».[31]

Como nos recuerda Proverbios 29:18 (LBLA), «Donde no hay visión, el pueblo se desenfrena». William Carey ejemplificó tal visión para beneficio del pueblo: «William Carey vio una yerma desolación, pero no se limitó a lamentarse, sino que plantó bosques. Estudió los árboles, los plantó y enseñó silvicultura. Donde veía malas hierbas, se imaginó vergeles, los cultivó, publicó libros y creó foros… para proporcionar apoyo sostenido a sus iniciativas.[32]

Durante una excursión, mientras estudiaba en Israel, vi una colina adornada de árboles en medio de lo que antes era un desierto. Observando, noté que los árboles tenían el mismo tamaño, lo que difería de cualquier bosque que antes hubiera visto o explorado. Después noté que los árboles no estaban distribuidos al azar, sino en hileras bien trazadas. Pregunté a mi profesor, Anson Rainey. Me dijo que aquel bosque lo habían plantado los israelíes.

«Darrow, ha habido dos visiones de la tierra», me dijo. Un pueblo creyó a Dios cuando dijo que de esta tierra fluía leche y miel. El otro pueblo creyó que Dios había maldecido la tierra. Hay dos pueblos distintos con dos visiones distintas de la misma tierra. Una misma tierra, visiones distintas —resultados distintos.

De pie, sobre el lago Tiberiades, en Galilea, vi en acción la primera visión: una hermosa tierra de labor que se extendía a lo largo de la orilla, una excavadora escarbando roca volcánica y cardos y echando el material en camiones para preparar nuevos campos de labor. Ese pueblo no veía las cosas como eran sino como debían de ser.

La visión tiene dos niveles. En el nivel macro, nuestra tarea consiste en ayudar a la gente a ver el panorama general de lo que Dios está haciendo en la historia para restaurar el mundo, poner fin al hambre y edificar su reino. A nivel micro, en ayudar a la gente a captar su visión de la comunidad. Deseamos que la gente visualice la buena intención de Dios para ellos y sus comunidades.

Educación: La finalidad teísta del aprendizaje

Los cristianos saben que el objetivo supremo de la educación es, o debería ser, teísta. Queremos que la gente conozca a Dios. Como dijo John Milton (1608–1674): «El objeto del aprendizaje es reparar las ruinas de nuestros primeros padres volviendo a conocer cabalmente a Dios, y a partir de ese conocimiento, amarle e imitarle, asemejarnos a Él tanto como nos sea posible adornando nuestras almas de verdadera virtud, la cual, junto con la gracia celestial de la fe, alcanza la suma perfección».[33]

Puesto que existe un campo unificado de conocimiento, la verdadera educación debe proporcionar una cosmovisión integrada y completa. A diferencia de los sistemas incompletos y fragmentados que prevalecen hoy, los aprendices informados por el teísmo bíblico deben ser capaces de descubrir relaciones entre Dios, el hombre y la creación. Y así estarán equipados para pensar de manera amplia y abarcar varias disciplinas. Una verdadera educación examina lo físico y lo trascendente, lo eterno y lo temporal.

Dado que la verdad es real y cognoscible (al menos en parte), estamos plenamente justificados para cultivar el espíritu de exploración, descubrimiento y aprendizaje. No obstante, cuando reina el relativismo el conocimiento es importante siempre y cuando sea útil. El impulso de aprender se quiebra, se reemplaza, en el mejor de los casos, por el método de la observación; y en el peor, por un ansia de ocupar la mente y entretenerse. Sólo puede haber pasión por el aprendizaje cuando se puede conocer la verdad.

¡Cuán distinto es el teísmo bíblico por lo que se refiere a la educación!

Una vez oí a Francis Schaeffer decir: «¡No permitan nunca que la escolarización de un niño interrumpa su educación!». Schaeffer reconoció algo que la mayor parte de la «educación secular establecida» no ha acertado a entender: que las personas han sido creadas para pensar y crear durante toda su vida. Dieciséis años de escolarización formal es sólo el principio. Confucio dijo: «Si planta para un año, plante una semillas si planta para diez años, plante un árbol; si planta para cien años, enseñe a la gente».

Para «salir adelante» hay que educarse. Hay que hacer algo más que trabajar duro. Uno debe también trabajar de forma inteligente. La esposa de un ex embajador de Ruanda me comentó en una ocasión que las mujeres africanas trabajan muy duro, a veces hasta 14 o 16 horas al día. Pero no progresan porque no hay orden en sus vidas. ¿Por qué? No cuentan con un fundamento ordenado sobre para cimentar las cosas. África es el segundo continente más poblado del mundo. Pero, por lo general, el sistema educativo de este continente todavía sumido en patrones de pensamiento animista, no estimula el orden. El Dr. Chris Ampadu cita a Kwasi Gyan-Apenteng, presidente de la *National Media Commission* de Ghana:

> Imaginen qué clase de país y de continente sería éste si la mayoría de nuestra gente viviera conforme a estos principios: si fuéramos guiados instintivamente por el precepto ético de hacer en todo tiempo lo que es justo; ser puntuales; asumir la responsabilidad por lo que hacemos y los unos por los otros obedeciendo leyes y normas y sobre todo, amando el trabajo. Imaginen cómo nuestro país o continente cambiaría si por todo un mes, ningún funcionario del gobierno recibiera sobornos o el diez por ciento de contratos, ni los policías extorsionaran a los conductores para sacarles dinero, ni los comerciantes cobraran de más a sus clientes, ni los conductores incumplieran las normas de tráfico. Todo esto podría convertirse en realidad si, por medio de nuestra tradición, cultura y educación inculcáramos estos principios en la vida cotidiana.[34]

Ampadu sigue diciendo:

> «Como él [Gyan-Apenteng] señaló con exactitud, irónicamente, estos principios no son distintos a los que enseñan nuestros líderes religiosos a los que la mayoría de los africanos prometen lealtad. Sin embargo, nos las arreglamos para divorciar los sermones de nosotros y no nos aseguramos de ponerlos en práctica para que sean relevantes para la vida y a la sociedad. Si uno no es un buen ejemplo, entonces será una terrible advertencia».[35]

Por supuesto, no es sólo África. Muchas sociedades no prosperan porque no reconocen el orden que Dios ha establecido en la creación. La ciencia, la economía y la educación son sólo algunos ejemplos de hábitos y costumbres importantes y necesarias. Están a disposición de nuestro desarrollo porque habitamos en un universo inteligible.

Sociedad civil: Poner orden en el caos

El conocimiento de que Dios existe, y ha creado y mantiene un universo ordenado, proporciona un contexto para el orden social. Una sociedad próspera debe tener un sistema legal justo, asociaciones políticas claramente delineadas, un gobierno civil basado en el orden, y políticas públicas racionales y estables. Los funcionarios públicos deben servir al público, no a sí mismos. Tanto en el sector privado como público, la contratación debe basarse en el carácter y la competencia, no en relaciones sociales, familiares o de casta.

Estas medidas (o «balanzas», como las denomina la Biblia) del funcionamiento de una sociedad se ejemplifican en Proverbios 16:11: «Peso y balanzas justas son de Jehová; Obra suya son todas las pesas de la bolsa». No obstante, si la verdad y la honestidad no son exaltadas, la empresa y el estado serán explotadores.

El filósofo indio contemporáneo Vishal Mangalwadi señala que el «espíritu gentil y piadoso» y el «espíritu misionero de servicio» de William Carey hizo mucho para transformar a los administradores británicos en la India.[36] Por supuesto, sin lo que algunos llaman «instituciones mediadoras»,* nada de esto importaría. Las estructuras que proporcionan un buen gobierno y balanzas justas allanan el terreno para la transformación nacional. Toda sociedad necesita de individuos libres y responsables; familias fuertes; pequeñas asociaciones libres de individuos; comunidades religiosas; y clubes sociales, cívicos y de servicio. Como Francis Fukuyama ha observado acertadamente, las sociedades necesitan un nivel de confianza entre sus miembros para funcionar debidamente.[37]

Pero, digámoslo claramente, la Biblia no ordena una forma específica de gobierno o de economía. El capitalismo democrático occidental,* a pesar de haber conseguido elevar niveles de vida, está lejos de ser un sistema perfecto. La Biblia critica todas las culturas, inclusive el capitalismo democrático. Winston Churchill dijo acertadamente que el capitalismo democrático es la peor forma de gobierno, a excepción de todas las demás que se han ensayado de vez en cuando».[38] Aun así, las sociedades no serán examinadas por la constitución de los Estados Unidos ni por ninguna otra constitución. Serán examinadas por la Palabra de Dios.

Preguntas para el estudio

1. ¿Cuál era la raíz de la pobreza en la India según William Carey? ¿Está usted de acuerdo o no? ¿Por qué?
2. ¿Cuáles son las cuatro pruebas para determinar si algo es verdadero o falso?
3. Describa el método científico en sus propias palabras.
4. Según el autor, ¿cuál es la fuente de la riqueza y de los recursos? Compárela con la idea que usted tiene.
5. Según la gente con quien usted trabaja, ¿de dónde proceden los recursos? ¿Cómo puede usted ayudarles a captar mejor la visión de Dios para su futuro.
6. ¿Qué desorden hay en la comunidad donde usted trabaja? ¿Cómo contribuye esto a la pobreza?
7. Describa una manera en la que usted puede poner orden en alguna área específica de la vida pública.
8. ¿Con qué preguntas o desafíos puede usted responder a las ideas expuestas en este capítulo?

6

DIOS ES BUENO

El universo es moral

Richard Hausknecht era ginecólogo y obstetra en la ciudad de Nueva York. Especializado en embarazos de alto riesgo. El *New York Times* le preguntó qué opinión le merecían los abortos parciales, procedimiento por el que un bebé plenamente deasarrollado se extrae parcialmente del canal de parto materno: se deja la cabeza dentro, se abre el cráneo con unas tijeras, se absorbe el cerebro con una máquina aspiradora, y se aplasta el cráneo (según los proabortistas «se contrae»), antes de extraer finalmente el cuerpo. El Dr. Hausknecht comentó al *Times*: «Todo procedimiento en esta fase es harto espantoso. Cuando practicaba abortos en el segundo trimestre, los hacía a última hora del día, y al llegar a casa, mi esposa me decía: "Hoy has hecho uno, ¿no es cierto? Se reflejaba en mi cara"».

Richard Hausknecht ya no practica abortos tardíos o parciales.[1]

Verificación de la realidad

No importa cuánto nos esforcemos por negarlo u olvidarlo, vivimos en un universo moral. Nuestra vida en la tierra tiene que ver con una cuestión de moral. C.S. Lewis manifestó de forma sucinta:

> Para empezar… los seres humanos, en toda la tierra, tienen la curiosa idea que deberían comportarse de cierta manera, y realmente, no pueden

> deshacerse de ella. En segundo lugar... en efecto, no se comportan como debieran; conocen la Ley de la naturaleza, mas la quebrantan.
> Estos dos hechos son el fundamento de toda idea clara acerca de nosotros mismos y del universo en que vivimos.[2]

No obstante, las ideas claras escasean en estos tiempos por lo que se refiere a la dimensión moral de la vida. Muchos prefieren seguir confundidos antes que abordar estos hechos de la existencia. Por ejemplo, tocante a la controversia del aborto, la persona que define los términos controla el debate, moldea la discusión e influye en la opinión pública y la política. En 2003, antes que en la Cámara de Representantes de EE.UU. se votara la ilegalización de los abortos parciales (que el *Times* calificó incorrectamente «abortos tardíos»), los partidarios del «derecho» al aborto trataron de llamar la atención sobre asuntos como los derechos constitucionales, no sobre los aspectos médicos relacionados con lo que sucede al bebé nonato. Un memorándum obtenido en una encuesta anunció a los activistas: «No hablen sobre la salud ni sobre la condición del feto. Los votantes creen que este procedimiento, no importa cómo lo llamemos, mata a un bebé».[3]

De modo que se oyen términos como *pro-elección* y *anti-elección*, *pro-vida* y *anti-vida*, dependiendo del punto de vista de la persona que los defina. A medida que los EE.UU. se paganizan, la «familia tradicional» ya no significa lo que antes significaba: un marido, una esposa, e hijos. Insistir en la definición históricamente aceptada del matrimonio equivale a ser tildado de fanático o de homófobo. Rehusar participar en las «uniones» del mismo sexo supone arriesgarse a la condena e incluso a perder el propio medio de vida. Hace una generación, tales disposiciones ni siquiera eran consideradas posibles en la sociedad educada. Pero hoy son exigidas como un nuevo «derecho civil». Como manifiestan James R. White y Jeffry D. Niell: «Esta tendencia evidencia la trágica transformación cultural que ha tenido lugar en las últimas décadas —que atañe a la ética, a la moral, a lo que es bueno y malo—. Lo que ayer era motivo de indignación o escándalo ha venido a ser hoy normal. En el presente, la homosexualidad, que antes era moralmente inconcebible, desfila hoy ante nuestros ojos como normal, aceptable y —para mostrarnos su condición autoritaria— incuestionable».[4] El 26 de junio de 2015, el Tribunal Supremo de EE.UU. declaró legal en el país el matrimonio homosexual. De golpe y porrazo, fue cancelado un precedente histórico milenario, instaurado prácticamente en todas las sociedades humanas.

Definición de términos

A medida que cambian las cosmovisiones, también lo hacen las palabras que las definen. A veces se conservan las palabras, pero se cambia su significado. Por ejemplo, la palabra compasión, solía significar «sufrir con otro». Pero hoy se ha convertido en un flácido «sentimiento de lástima». Las palabras pecado, santidad, y verdad —aunque siguen apareciendo en el diccionario— han desaparecido virtualmente de nuestro vocabulario.

Al no disponer de un fundamento objetivo sobre el que apoyarse, el mundo moderno usa un lenguaje relativista. En vez de moral, ahora tenemos valores, que definen lo que los individuos y las sociedades valoran —no lo que *es* realmente valioso—. Algunos de los principales valores actuales son: comodidad, paz y bienestar personal, autonomía individual, libertad entendida como libertinaje, eludir el sufrimiento y sentirse seguro.

Las sociedades también tienen normas que definen lo que se estima normal. Se espera de sus miembros que se sometan a tales normas. Entre las normas actuales están el uso de un lenguaje políticamente correcto, la apertura a nuevas ideas (incluso a ideas contradictorias) que descarten lo preceptuado en la Biblia, y evite ideas molestas, como la verdad y la moral. Por supuesto, toda cosmovisión que proponga una verdad moral objetiva no es tolerada. Y el lenguaje se usa cada vez más para dividir. O uno está por el «matrimonio» del mismo sexo, o es un homófobo intolerante que merece ser expulsado de una sociedad respetuosa. No obstante, el profeta Isaías, nos advierte: «¡Ay de los que a lo malo dicen bueno, y a lo bueno malo; que hacen de la luz tinieblas, y de las tinieblas luz; que ponen lo amargo por dulce, y lo dulce por amargo!» (Isa. 5:20). Hoy día se promocionan cosas que han sido consideradas malas durante milenios, y ¡ay de aquellos que se atrevan a objetar!

Echemos un vistazo a algunas definiciones clásicas de moral, ya que no podremos volver a recuperar la salud moral sin pensamiento claro acerca de este asunto. «Moral» proviene del latín moralis, que significa «uso o costumbre». Alude a la costumbre, formas, o conducta de la gente como seres sociales. La palabra hace referencia a actos que están bien o mal, son virtuosos o viles. ¿Y cuál es la norma? El diccionario Webster's de 1828, apunta a la «ley moral», la ley de Dios que prescribe los deberes morales o sociales y prohíbe transgredirlos.[5] Así pues, la ley moral es la ley de Dios, que prescribe la moral a seguir y los deberes sociales y, asimismo, prohíbe transgredirlos.

En el sentido moderno, por supuesto, «moral» define los usos y costumbres de una sociedad. Define lo que *es*. No obstante, el uso clásico de la palabra define lo eterno (trascendente y universal) y, por tanto, prescribe lo que debe ser.

Otro término clásico clave es «ética». Procede del griego *ethos* o «carácter». Un sistema ético es una colección de principios morales, un sistema de normas para regular los usos sociales.[6] Define la norma universal y eterna para el bien y el mal. En correspondencia con la idea clásica de la moral, prescribe lo que debe ser.

No hay cabida aquí para el sentimentalismo. El *ethos* destaca en vivo contraste con el *pathos*, el sentimiento y las emociones. Hemos de ser guiados por el *ethos*, no por el *pathos*. La moral se basa en una norma objetiva. Proviene de Dios. Hoy parece que la verdad es lo contrario. Aparentemente, el *pathos* domina el mundo y el *ethos* ha desaparecido prácticamente.

Dios: Fuente de la moral

La Biblia afirma que Dios, fuente de toda moral, difiere de los dioses de las naciones. Y por cuanto Él es diferente, así debemos serlo nosotros. Dios dijo a Moisés: «Habla a toda la congregación de los hijos de Israel, y diles: "Santos seréis, porque santo soy yo Jehová vuestro Dios."» (Lev. 19:2).

Isaías tuvo una tremenda visión de Dios en su templo, lleno de ángeles, y el profeta nunca volvió a ser el mismo. «Y el uno al otro daba voces, diciendo: Santo, santo, santo, Jehová de los ejércitos; toda la tierra está llena de su gloria.Y los quiciales de las puertas se estremecieron con la voz del que clamaba, y la casa se llenó de humo. Entonces dije: ¡Ay de mí! que soy muerto; porque siendo hombre inmundo de labios, y habitando en medio de pueblo que tiene labios inmundos, han visto mis ojos al Rey, Jehová de los ejércitos» (Isa. 6:3-5).

Incluso los nombres de este Dios revelan su perfección moral. «Y pasando Jehová por delante de él, proclamó: ¡Jehová! ¡Jehová! fuerte, misericordioso y piadoso; tardo para la ira, y grande en misericordia y verdad; que guarda misericordia a millares, que perdona la iniquidad, la rebelión y el pecado, y que de ningún modo tendrá por inocente al malvado; que visita la iniquidad de los padres sobre los hijos y sobre los hijos de los hijos, hasta la tercera y cuarta generación» (Éxo. 34:6-7).

De modo que el universo —«bueno», creado por Dios— está sometido a un orden moral. La moral no es un constructo humano falible. Se basa nada menos que en el carácter de Dios. Es eterna, inmutable. Más aún, la moral establece lo bueno frente a lo malo, el bien frente al mal, lo hermoso frente a lo vulgar, lo justo frente a lo injusto, y lo cívico frente a lo barbárico. Todo ello afirma el designio original de Dios para la creación y nos invita a defenderlo. A la luz del abandono radical del marco moral que prevalece hoy, incluso entre algunos cristianos evangélicos, nunca debemos abandonar la conexión entre la moral y el Dios dador de la ley, que sustenta el universo por las ordenanzas de su creación. Por lo tanto, sabemos que hay respuesta para las cuestiones perennes: «¿existe el bien y el mal?» y «¿qué es la belleza?».

Cuando los cristianos van en pos de lo vulgar y actúan contrariamente a la ética, sufre la causa de la verdad, la belleza y la bondad. La religión sin bondad es anémica en el mejor de los casos. Y en el peor, tiránica. Cristo nos llama a rebelarnos contra el mal y lo vulgar y servir a lo santo y hermoso: «Mas buscad primeramente el reino de Dios y su justicia, y todas estas cosas os serán añadidas» (Mat. 6:33).

Dios ha revelado sus leyes morales de las dos maneras en que ha revelado su naturaleza personal. La primera, por revelación especial, es ejemplificada por los Diez Mandamientos, que resumen la ley escrita en tablas de piedra. La segunda, por revelación general, en este caso la ley natural, que es la ley escrita en todos los corazones.

Las leyes morales de Dios

Poco después del éxodo hebreo de Egipto, en torno al año 1.400 a.C., Dios entregó los Diez Mandamientos a Moisés, príncipe egipcio de origen judío. Esas palabras penetraron en un mundo animista en el que el destino dominaba arbitrariamente, en el que los hombres y las mujeres procuraban constantemente sobrevivir a los estragos de la naturaleza, donde la ley y la justicia no eran más que invenciones de la imaginación. Russell Kirk, influyente político teórico e historiador estadounidense, describe acertadamente el orden liberador hallado en la ley de Dios.

> El terror de existir sin objeto ni norma fue disipado por la revelación de que el hombre no está solo en el universo; existe Otro; y ese Otro es el Dios único, que hace posible que los seres humanos sean mejores que las bestias que perecen. Por medio de la revelación del orden en el universo, los hombres y las mujeres tienen la posibilidad de llegar a ser plenamente humanos —de hallar modelo y propósito en la existencia, a diferencia de los perros que viven sólo día a día.
>
> De modo que los Diez Mandamientos, el Decálogo, no es un conjunto de prohibiciones severas impuestas por una deidad tribal arbitraria, sino normas liberadoras que permiten al pueblo disminuir la tiranía del pecado; que enseñan al pueblo a vivir uno con el otro y en relación con Dios, a abstenerse de la violencia y el fraude, a conocer la justicia y a elevarse por encima de los animales depredadores.[7]

Este Decálogo, o «diez palabras», son análogas a las diez palabras que usa Dios en la creación (véase Gén. 1:3-29). Los Diez Mandamientos (Éxo. 20:1-17) instauran orden en la sociedad, del mismo modo que las diez palabras del Génesis ordenaron el universo físico. Los Diez Mandamientos establecen un fundamento para la sociedad civil.

Moral

Concepción teísta

Los primeros cuatro mandamientos establecen la relación del hombre con Dios. Hemos de (1) adorar al único Dios verdadero, (2) honrar sólo a Dios (y no inventar ídolos), (3) santificar el nombre de Dios, y (4) guardar el sábado como día santo e imitar el modelo divino de trabajo y descanso.

Los últimos seis mandamientos establecen cómo nos hemos de relacionar unos con otros en comunidad. Hemos de (5) respetar la autoridad, especialmente a nuestros padres, (6) respetar la sacralidad de la vida humana, (7) guardar la sacralidad del matrimonio, (8) no robar (y, ciertamente, dar a otros), (9) ser veraces, y (10) contentarnos con lo que tenemos (y abstenernos de la codicia).

Así pues, el Decálogo establece los principios básicos para instaurar el orden civil, el cual, erróneamente, se asume que es una invención moderna. Estos mandamientos contemplan la igualdad ante la ley (justicia social), las instituciones democráticas (justicia política), y los mercados libres (justicia económica).

La ley natural, la ley escrita en los corazones de las personas, constituye la otra manera en que Dios nos ha revelado sus caminos. Pablo dijo que todas las personas, tengan o no acceso a la ley divina especialmente revelada, tienen acceso a la ley natural de Dios, porque han sido creadas a imagen de Dios como seres morales y habitan en un universo moral. «De hecho, cuando los gentiles, que no tienen la ley, cumplen por naturaleza lo que la ley exige, ellos son ley para sí mismos, aunque no tengan la ley. Estos muestran que llevan escrito en el corazón lo que la ley exige, como lo atestigua su conciencia, pues sus propios pensamientos algunas veces los acusan y otras veces los excusan» (Rom. 2:14-15).

Usando un lenguaje más contemporáneo, podríamos decir que el hombre está moralmente programado: Tiene incorporado un sentido moral del bien y el mal. Recurriendo a lo que denominamos «sentido común», el hombre tiene una capacidad limitada para participar en el razonamiento moral y la toma de decisiones.

La ley natural es real. Es la revelación general del orden moral de Dios para todas las personas. Se ve en el bien que los seres humanos pueden llevar a cabo «por naturaleza», está incorporada en la naturaleza humana. La conciencia humana es fundamental para entender la ley natural. La conciencia estriba en la capacidad de emitir juicios morales sobre nosotros mismos. Implica ser conscientes del bien y el mal y la capacidad de aplicar esta norma a situaciones específicas. La conciencia juzga con arreglo a la norma más alta que conoce.

No obstante, es posible cauterizar la conciencia violando a propósito esa norma, endureciendo el corazón. Por lo que se refiere al derrumbe de las normas sociales, el finado senador Daniel Patrick Moyniham aludió a la «definición de la desviación». Recuerdo un verano en el que trabajé como socorrista en una playa de California. Un compañero de trabajo retó a otro compañero para ver quién de los dos tenía relaciones sexuales con más mujeres. Transcurridos dos meses del verano, aquel joven se jactó de su hazaña con 26 mujeres. ¡Qué decir de una conciencia embotada! Sus actos egoístas tendrán profundas consecuencias para docenas de mujeres por muchos años, por no hablar del daño que se causó a sí mismo.

Pero incluso el mundo evangélico resta importancia a la desviación. El ochenta por ciento de los jóvenes evangélicos de EE.UU. han cedido a la tentación del sexo premarital.[8]Además, la actitud hacia las «uniones del mismo sexo», la cohabitación, y el uso de pornografía por los jóvenes evangélicos se asemeja a la de la cultura secular más que a las creencias de sus antepasados en la fe.

En efecto, fueron la fe judía, y la fe cristiana después, las que «definieron» la decencia. La prostitución, la conducta homosexual, la pedofilia y la bestialidad eran consideradas normales en el mundo pagano. Pero la práctica judía (y después la cristiana) de la sexualidad humana, constató la belleza del sexo en el contexto de un pacto establecido de por vida entre un hombre y una mujer. Este modelo de sexualidad era una aberración para la costumbre pagana común. El erudito y comentarista judío Dennis Prager ha escrito:«Cuando el judaísmo exigió que toda actividad sexual fuera canalizada dentro del matrimonio, cambió el mundo. La prohibición de la Torá del sexo extra marital hizo simplemente posible la creación de la civilización occidental. Las sociedades que no impusieron límites a su sexualidad se estancaron en su desarrollo. El dominio subsiguiente del mundo occidental se puede atribuir en buena medida a la revolución sexual iniciada por el judaísmo, y después, llevada a cabo por el cristianismo.[9]

La conciencia es la voz de Dios al alma humana. Obedecer a esta voz conduce a la vida y la salud, mientras que desobedecerla, conduce a la muerte y la destrucción. El apóstol Pablo dijo de las personas que practicaban conductas desviadas: «Teniendo el entendimiento entenebrecido, ajenos de la vida de Dios por la ignorancia que en ellos hay, por la dureza de su corazón; los cuales, después que perdieron toda sensibilidad, se entregaron a la lascivia para cometer con avidez toda clase de impureza» (Efe. 4:18-19).

La ley natural tiene un largo historial. La literatura cristiana, india, china y griega reconocen su existencia. San Agustín, Tomás de Aquino y Calvino escribieron sobre ella. El gran teórico cristiano John Locke influyó en el deísta Thomas Jefferson, quien haría referencia a la ley natural en la declaración de independencia de los EE.UU.[10]

En *La abolición del hombre*, C.S. Lewis proporciona ejemplos de la ley natural en fuentes chinas antiguas, Cicerón, el Egipto clásico, la antigua Grecia y cultura de la India.[11] Señala temas comunes en estas distintas culturas respecto a obligaciones para con los niños, e ideas de justicia y veracidad. Haciéndose eco de la regla de oro de Cristo, los hinduistas dijeron: «No profieras una palabra que pueda herir a alguien». Los chinos antiguos instaron: «No hagas a otros lo que no quieres que te hagan a ti». El romano Cicerón dijo: «Los hombres nacen por amor a los hombres, para que puedan hacerse bien unos a otros».

La ley natural es real, y marca una diferencia. Debido a que los seres humanos somos creados a imagen de Dios, y dado que la ley ha sido escrita en nuestros corazones, somos seres libres y responsables que pueden tomar verdaderas decisiones morales.

Libertad moral

Dios el Señor tomó al hombre y lo puso en el jardín del Edén para que lo cultivara y lo cuidara, y le dio este mandato: «Tomó, pues, Jehová Dios al hombre, y lo puso en el huerto de Edén, para que lo labrara y lo guardase.Y mandó Jehová Dios al hombre, diciendo: De todo árbol del huerto podrás comer; mas del árbol de la ciencia del bien y del mal no comerás; porque el día que de él comieres, ciertamente morirás» (Gén. 2:15-17).

Al hombre le fue concedida libertad moral para tomar decisiones —elecciones significativas—. No obstante, los secularistas creen que el hombre es una máquina, un autómata, un ser sin libre albedrío; que todas sus decisiones son determinadas biológicamente. Los animistas, por su parte, creen que el hombre está dominado por fuerzas externas.

La verdad es que tenemos libertad *real*. Dallas Willard ha dicho: «La voluntad… es la dimensión de nuestro ser por la cual somos fuente y presencia, no derivada en el mundo. Lo que surge, surge de nosotros. Esta creatividad radical es la que hace de la persona un individuo absolutamente único e irreemplazable, y, por tanto, un «fin en sí mismo»…

Voluntad es la capacidad de originar… algo; un hecho o una cosa. Da existencia a las cosas.[12]

Enfrentamos elecciones reales y consecuencias genuinas. El hombre es el creador proactivo de la historia, no un fatalista inactivo o respondedor reactivo. A diferencia del hinduismo y el budismo, que sostienen que «el hombre se mete en el agua y no causa ondas», el teísmo enseña que el hombre causa ondas que perduran para siempre. Lewis declaró: «El bien y el mal aumentan a interés compuesto. Por eso las decisiones que usted y yo tomamos todos los días tienen infinita importancia».[13]

Esta libertad acarrea consecuencias —buenas y malas— para el mundo en que vivimos.

Génesis 3:1-7 relata la historia trágica de la caída de la humanidad. En lugar de contentarnos como criaturas de Dios, en Adán escogimos desafiarle y quebrar nuestra primera relación con nuestro Creador. Esta rebelión envenenó todas nuestras relaciones secundarias —psicológicas, sociales, e incluso ecológicas.

Lo peor es que Adán y Eva murieron espiritualmente el día que comieron del fruto prohibido (Gén. 2:17). Pablo afirma que estábamos «Y él os dio vida a vosotros, cuando estabais muertos en vuestros delitos y pecados» (Efe. 2:1) antes de que Cristo nos salvara. Otra consecuencia fue la muerte física. Al hombre se le denegó el árbol de la vida por causa de su desobediencia (Gén. 3:24). El mal moral también entró insidiosamente en el hombre, «Por cuanto todos pecaron, y están destituidos de la gloria de Dios» (Rom. 3:23).

La rebelión del hombre condujo a la entrada del mal en el mundo de tres formas distintas: mal moral-personal, arraigado profundamente en cada ser humano, mal natural y mal institucional. Dios dijo que la rebelión del hombre tendría consecuencias. Entre otras, dolor en el parto, rotura de relaciones entre el hombre y la mujer, y proliferación de malas hierbas (Gén. 3:16-19). El mal personal también atormenta al mundo bueno que Dios creó. Arrojado del cielo por su desobediencia, Satanás dedica ahora el tiempo que le resta a atacar a la humanidad dondequiera que puede (1 Ped. 5:8; Apo. 12:7-8). Cuando Dios preguntó a Satanás de dónde venía, él respondió: «De rodear la tierra y de andar por ella» (Job 1:7).

El mal no es «la mera ausencia de bien», como creen los secularistas. Existe independientemente porque lo invitamos a venir. Por tanto, el secularismo realmente no puede responder al reto del mal. David Aikman reflexiona sobre el mal desatado en Camboya durante el reinado terrorífico de los Jemeres Rojos:

> En el mundo occidental actual prevalece un consentimiento generalizado respecto a la idea de relativismo moral, una renuencia a admitir que el mal absoluto puede existir y existe. Esto hace que a algunos les resulte especialmente difícil aceptar que la experiencia de Camboya sea mucho peor que una aberración revolucionaria. Es más bien la mortífera consecuencia lógica de una escala de valores atea, centrada en el hombre, reforzada por seres humanos falibles con poder absoluto... No es coincidencia que las sociedades marxistas más humanas en la Europa actual, como Polonia o Hungría, sean las que permiten la atenuación de su doctrina mediante lo que Solzhenitsyn denominó «la gran reserva de misericordia y sacrificio» de la tradición cristiana.[14]

En una reunión con un voluntario que trabajó en un campo de refugiados de Ruanda, después del genocidio, le pregunté: «¿Cómo se explica usted la reciente matanza de más de un millón de ruandeses?». Me respondió: «Fue la ebullición del infierno en la superficie». Y el infierno sigue bullendo en este mundo. ¿De qué otra manera podemos calificar horrores como la brutalidad del estado islámico (ISIS) masacrando todo lo que encuentra a su paso por Iraq, Siria y el norte de África, y penetrando también en Europa?

Pero hemos de recordar que, en un sentido muy real, el mal es anormal. Dios no creó un mundo malo, pues aborrece el mal y se opone a él. El hombre abrió las compuertas que permitieron que el mal creciera en el mundo; y ahora Dios llama al hombre a luchar contra el mal. Él ha de obedecer a Dios y rebelarse contra Satanás, que es el «dios temporal de este mundo». El hombre tiene que disciplinar su vida personal contra el mal moral, desafiar el dominio del mal personal, y luchar contra los estragos que ha causado el mal natural e institucional, alimentando al hambriento, vistiendo al desnudo y liberando a los oprimidos. ¡Cuán distinto es el animismo, que ve el mal como algo normal, como algo que hay que soportar!

Las personas son valiosas. Nuestras elecciones importan. Dios afirma: «Mira, yo he puesto delante de ti hoy la vida y el bien, la muerte y el mal;... escoge, pues, la vida, para que vivas tú y tu descendencia» (Deut. 30:15, 19).

De modo que, a pesar de la caída, el pesimismo está fuera de lugar. Dios lucha con nosotros contra el mal. Por cuanto Cristo venció a la muerte, como prueba su resurrección de la tumba, la victoria final está asegurada.

Consecuencias de la caída

No obstante, sin esta perspectiva y sin la protección del poder de Dios, la caída nos aplasta con un peso irresistible. La rebelión contra la ley moral de Dios conduce a la pobreza moral, el quebranto social y la pauperización. La incredulidad en Dios conduce al rechazo de absolutos. La gente debe fabricarse sus propias normas, según criterios subjetivos.

¿Es malo robar o matar? En un sistema amoral, depende. Sin Dios todo está permitido. Un mundo inmoral acepta la violación de la norma moral, pero un mundo amoral *carece* de norma moral. Todo el mundo hace lo que bien le parece —o lo que el entorno cultural más amplio aprueba que está bien—. Según esto, el aborto no es más que una «elección», sin consecuencias (salvo para el bebé y para quienes sufren el vacío que esa vida perdida debía ocupar), los combatientes yihadistas han de ser «comprendidos» en su contexto, y así sucesivamente.

Moral

Concepción secularista

Por supuesto, pocos secularistas tienen coraje para defender sus convicciones. Muchos se pierden en la espesura del hedonismo, preguntándose: «¿Es divertido? ¿Te hace sentir bien?», o del pragmatismo: «¿Funciona?», o del utilitarismo: «¿Es eficiente?», o del puro egoísmo:

«¿Es conveniente? ¿Es cómodo?». Nos hemos rebajado al nivel de hombrecillos que buscan tonterías, acostumbrados a mirar el suelo, ajenos al cielo o al infierno. En *No Place for Truth,* David Wells nota: «La modernidad ha vaciado la vida de su importante propósito moral. Ciertamente, ha vaciado a las personas de la capacidad de ver el mundo en términos morales, y esto a su vez, cierra el acceso a la realidad, ya que la realidad es fundamentalmente moral».[15]

Cuando se manifiesten los efectos reales del secularismo, cosecharemos el fin del hombre moral y de la sociedad civil. En vez de civilización, cosecharemos anarquía y, eventualmente, tiranía. Y vamos por ese camino. Las historias interminables de bandas que asaltan brutalmente a aficionados al jogging, madres que matan a sus bebés y médicos que asesinan a sus pacientes (con o sin su consentimiento), y mafiosos bien vestidos que trafican con niñas y jovencitas, nos han inoculado insensibilidad para no reaccionar a la conmoción que deberíamos sufrir.

Mientras las joyas más preciosas de la vida —el tiempo, el amor, las relaciones, la creación— son pisoteadas, las masas adquieren ávidamente la inmundicia más degradante que les proveen sus ídolos pop. Occidente sufre una especie de VIH moral. Ignora que su sistema inmune ha sido neutralizado, que es presa de una infección, decadencia y muerte segura. La disciplina personal es cosa del pasado. La gratificación diferida ya no forma parte de nuestra psique. Somos narcisistas, tanto el ciudadano de a pie como los líderes. La falta de carácter moral ha obligado a nuestros gobernantes a instituir cada vez más restricciones externas, en forma de leyes, policía y prisiones.

Análogamente, el animismo rechaza el orden moral del universo. Los animistas huyen del Creador justo y santo hacia una multitud de dioses que actúan arbitrariamente, según sus inescrutables caprichos —modelos perfectos de corrupción del poder—. En este contexto, el Decálogo es un documento radical. El vínculo de la moral con un Dios santo e inmutable socava las estructuras de poder de la sociedad animista. Russell Kirk ha escrito:

> Tal fe en la justicia suprema de Dios, verdadera percepción que desciende sobre los hijos de Israel desde los albores de la conciencia, distinguió a los hebreos de otros pueblos del mundo antiguo. Los dioses de los vecinos de Israel fueron muchos, y poco tenían que ver con la justicia. Los «Baales» de Siria y Mesopotamia eran deidades locales, propiciadas a veces con

> sacrificios humanos; eran dioses arbitrarios, sin parentesco ni afinidad con los seres humanos; no se les reconocía soberanía universal. Los dioses de Asiria, Fenicia y otras naciones eran voraces y temibles. Los dioses de Egipto eran extravagantes hasta el punto de la locura. Los dioses de Grecia eran meras fuerzas de la naturaleza personificadas, cuyas pasiones y caprichos ningún hombre puede tratar de emular.[16]

No sólo los absolutos morales brillaban por su ausencia, también las normas que los sustituían eran puramente arbitrarias. Por ello, floreció el legalismo. Los códigos de conducta no tenían nada que ver con el bien y el mal (excepto incidentalmente) y sí mucho que ver con la tradición. Se hacían cumplir estrictamente y sin discusión.

El hinduismo y otras religiones animistas actuales fusionan el bien y el mal. Indira Gandhi, tercera primer ministro de la India declaró: «Este es el secreto de la India: la aceptación de la vida en toda su plenitud, el bien y el mal».[17] En vez de combatir el mal, los hinduistas promueven su idea de la ley de la recompensa, según la cual el mal es casi mecánicamente devuelto por el mal, y el bien por el bien. El karma* contempla todo sufrimiento como merecido, como paga por los pecados cometidos en una vida anterior. Luchar contra esta ley equivale a atraer más sufrimiento.

El karma ciertamente estimula la insensibilidad de corazón en los miembros más pudientes de la sociedad, ya que los pobres deben por fuerza «merecer» su desdichada suerte en esta vida. No se busca la armonía alineándose uno mismo con los absolutos morales, sino controlar o apaciguar

Moral

Concepción animista

a las personas y a los dioses. El hinduismo es, en última instancia, una religión de poder. Por lo tanto, la corrupción es una virtud. El soborno está bien. El médico procura un aliciente para concluir la operación de tu esposa; el administrativo quiere recibir una mordida o coima antes de conceder un permiso de conducir o autorización para abrir una empresa; el oficial de policía se contenta con hacer la vista gorda si su soborno es suficiente.

Sin un código moral, la inmoralidad tiene vía libre en las culturas animistas —con consecuencias devastadoras—. La población garífuna de Honduras, que asciende a 250.000 personas, corre peligro de extinción por causa del virus del VIH/SIDA, propagado por una ética sexual no bíblica.[18] En las sociedades seculares, el desplome de la monogamia ha supuesto, a pesar de las promesas de los que están a favor del «libertinaje sexual», cualquier cosa menos liberación para la mujer. La revolución sexual en Occidente ha sido desastrosa para las mujeres.

¿Por qué la libertad sexual de los últimos veinte años no ha producido multitud de padres solteros empobrecidos? Porque a falta de una fuerte presión cultural en sentido contrario, a los hombres como grupo, no les resulta imposible abandonar a sus hijos cuando la tarea de sustentarles se hace muy difícil o muy desagradable. Esto supone una intensa conmoción para una generación de mujeres criadas por hombres en los que se podía confiar, en un tiempo en el que los maridos y padres fiables eran la norma.[19]

Desarrollo moral

Al final, una sociedad no se construye a base de leyes escritas o constituciones, sino a partir las elecciones morales de sus miembros. Su textura social debe ser tejida persona a persona, familia a familia y comunidad a comunidad. El desarrollo en el ámbito físico es imposible sin el desarrollo en el ámbito moral, porque, en definitiva, el universo es moral.

Cristo resumió el desarrollo moral necesario. Nos llamó a amar a Dios con todo el corazón (pasión), alma (vida), mente (intelecto), y fuerzas (capacidad física), y amar al prójimo como a nosotros mismos (Mar. 12:29-31). Amar a Dios es el componente vertical; amar al prójimo, el horizontal. El segundo fluye del primero y es su resultado directo. El amor a Dios se manifiesta en el amor al prójimo.

¿Por qué mencionar el amor en un capítulo acerca de la moral? Lo comentamos porque el amor es ley moral en acción. Las palabras bíblicas que designan amor y compasión quedan desprovistas de significado cuando se divorcian de la ley moral. La palabra hebrea hesed significa amor; agape, en griego. Ambas hacen referencia a la abnegación, al amor que sirve. Mientras que la palabra compasión significa «acompañar en el sufrimiento», «sufrir con otro». La verdadera compasión no es sentimentalismo ni lástima. Separados de la ley moral, el amor y la compasión quedan reducidos a «hacer lo que ayuda a sentirse bien», que podría ser lo opuesto de lo que es bueno. Dios nos quiere recordar que amar al prójimo es una manera práctica, esencial y fundamental de demostrarle nuestro amor. Este es el mínimo irreducible de la Ley de Dios, su voluntad.[20]

Mangalwadi designa «cultura de la cruz» a la práctica de la ley moral, porque requiere una determinación activa gastarse a sí mismo por el bien de otros. Busca primero el reino de Dios y su justicia, a pesar del costo. Es la búsqueda moral del bien y una implacable rebelión contra el mal. La Cruz no es símbolo de avenencia, sino de conflicto. La Cruz no es sumisión pasiva ante el mal. Es una negación activa a inclinarse ante él. Es estar dispuesto a asumir las consecuencias de negarse a transigir.[21]

Cuando las personas aplican la ley moral, ejerciendo autocontrol dentro de un marco bíblico moral, establecen un fundamento moral para la sociedad. Los Mangalwadi definen esto como «nacionalismo moral».* Es decir, la conexión natural de dos cosas a menudo separadas, el Gran Mandamiento (amor a Dios y al prójimo) y la Gran Comisión (hacer discípulos de todas las naciones). Jesús lo resumió diciendo: «Venga tu reino, hágase tu voluntad en la tierra como en el cielo».

El reino de Dios está regido por una filosofía moral: oikonomía, «la mayordomía de la casa». El Señor es el Rey, la casa es su creación, los siervos son todas las gentes que sirven al Rey, y la tarea de la mayordomía consiste en extender su reino. Hemos de cuidar el jardín, edificar la ciudad, llenar la tierra con el conocimiento del Señor, y bendecir y discipular a las naciones. Nada es demasiado pequeño ni insignificante para quedar al margen del reino de Dios. Incluso lo común es redimido. El profeta Zacarías percibió esto claramente cuando escribió: «En aquel día estará grabado sobre las campanillas de los caballos: SANTIDAD A JEHOVÁ; y las ollas de la casa de Jehová serán como los tazones del altar». (Zac. 14:20).

Justicia significa libertad bajo leyes establecidas por un gobierno. A pesar de la retórica anti-gubernamental hoy tan extendida, la Biblia afirma que el gobierno ha sido ordenado por Dios.

> Sométase toda persona a las autoridades superiores; porque no hay autoridad sino de parte de Dios, y las que hay, por Dios han sido establecidas. De modo que quien se opone a la autoridad, a lo establecido por Dios resiste; y los que resisten, acarrean condenación para sí mismos... Pagad a todos lo que debéis: al que tributo, tributo; al que impuesto, impuesto; al que respeto, respeto; al que honra, honra» (Rom. 13:1-2, 7).

Como hemos visto, la ley moral de Dios coloca los cimientos para tres columnas básicas de la sociedad civil: justicia, economía y política. Examinémoslas más detenidamente.

Justicia

Las leyes del estado deben basarse en la ley de Dios. Puesto que todas las personas son iguales, la justicia tiene que ser «imparcial». En Lausana, Suiza, hay una estatua dedicada a la Dama Justicia, con una venda puesta. En una mano sostiene la espada de la verdad, que apunta hacia la Palabra de Dios. En la otra sostiene la escala de la justicia. En un orden moral, la justicia tiene que servir a la verdad. Sin verdad ni responsabilidad moral no hay justicia. En vez de preguntar qué es verdadero, recto o justo, el secularista se pregunta: «¿Cómo puedo salirme con la mía y eludir las consecuencias?». Se acusa a los abogados del actual sistema judicial de ofrecer a sus clientes la más firme defensa que pueden. De hecho, los abogados «hábiles» no preguntan si sus clientes son inocentes o culpables.

El secularismo abre la puerta a la libertad sin responsabilidad moral, concede licencia para hacer el mal, lo cual es anarquía. Por el contrario, el teísmo posibilita la libertad con responsabilidad moral, libertad para ser bueno y hacer el bien, lo cual es libertad. George Washington preguntó lo siguiente en su alocución de despedida al pueblo estadounidense en 1796: «¿Dónde radica la seguridad de la propiedad, la reputación, la vida, si se excluye el sentido de obligación religiosa de los juramentos que son instrumentos de investigación en los tribunales de justicia?[22]

En efecto, ¿dónde? Solíamos poner una mano sobre la Biblia, levantar la otra y decir: «Juro decir la verdad, toda la verdad y nada más que la verdad». Pero hoy no hay Biblia; solamente levantamos la mano. Hemos perdido la base bíblica.

No obstante, el hombre sigue siendo responsable de obedecer la ley superior de Dios. Siempre que la ley del Estado viola la ley moral o un mandamiento explícito de Dios, entonces, en palabras de Pedro: «Es necesario obedecer a Dios antes que a los hombres» (Hech. 5:29).

Economía

¿Qué tiene que decir el orden moral acerca de la economía? Actualmente se dan tres grandes tendencias.

1. Algunos aseguran que la libertad de mercado es necesaria para aplicar la ley moral de Dios y manifestar el reino de Dios en este mundo.
2. Otros, que la libertad de mercado es sólo una forma de hacer las cosas.
3. Los que adoptan la postura marxista-socialista.

¿Qué bando tiene razón? ¿Hay una respuesta? Yo creo que sí. Me parece que la primera opción es la correcta. Los mercados libres reconocen que la riqueza es creada por la mente y la moral, no por la tierra. Los mercados libres protegen a las personas, creadas a imagen de Dios, del saqueo de los mercantilistas, los monopolistas y los marxistas. Un sistema que protege la propiedad privada permite a la gente controlar el fruto de su labor creativa. Si no somos libres, no podemos crear.

Ciertamente, no estoy abogando por el consumismo hedonista ni por el capitalismo salvaje. La libertad implica responsabilidad.

La responsabilidad de hacer todo lo posible y de proveer para los seres queridos no lo es todo en un sistema de libre mercado basado en la ley moral de Dios. También tenemos que reconocer el mandato de proveer para nuestro prójimo. Dar es un imperativo moral. Los individuos libres y un mercado competitivo compensan con nuestra responsabilidad para con la comunidad. Hemos de amar a nuestro prójimo como a nosotros mismos. «Hay más dicha en dar que en recibir» (Hech. 20:35) no es sólo una frase agradable; es un principio fundamental para la vida. Al contrario de los preceptos fallidos del marxismo, hemos de dar voluntaria, alegre y liberalmente. La vida económica debe estar regida por una cultura de generosidad, no de envidia, titularidad y codicia.

Si separamos la economía de sus fundamentos morales, sale a la palestra la clase de consumismo hedonista que vemos en Occidente, ya que la avaricia y la corrupción se disparan. Por su parte, el sistema económico amoral que propuso el comunismo no es mejor. Destruye la creatividad de la gente y la convierte en engranajes de la maquinaria de producción estatal.

Política

Martin Luther King dijo: «¡Viva la libertad!». La libertad humana es un imperativo moral, bíblico. Debido a que el hombre es pecador en el fondo de su ser, no se debe concentrar demasiado el poder, o sobrevendrá la tiranía. El famoso dicho de lord Acton es aquí pertinente: «El poder tiende a corromper y el poder absoluto corrompe absolutamente». Debemos protegernos de nosotros mismos.

Estados Unidos separa los poderes ejecutivo, legislativo y judicial del estado mediante un sistema de controles y equilibrios para protegerse de todo peligro de concentración de poder. Los suizos van aún más lejos, y colocan los poderes separados del Estado en ciudades distintas, para que resulte más difícil la complicidad entre los políticos.

Recuerde que la libertad política es libertad para hacer el bien. Nunca, permiso para hacer el mal. Como nos recuerda Russell Kirk, vivimos en un universo moral en el que Dios nos ha dado instrucciones para florecer. «La Ley no fue un castigo o una carga opresora impuesta al pueblo: al contrario, fue un don precioso de Jehová, por el cual Israel podría existir y experimentar justicia. La Ley de Jehová fue el método para vivir consigo mismo y convivir con el prójimo; fue el medio de recuperar orden en el alma y en la comunidad».[23]

Preguntas para el estudio

1. ¿Qué diferencia hay entre la idea clásica y la idea moderna de la «moral»? ¿Por qué es importante hacer esta distinción?
2. ¿Qué influencia causaron los Diez Mandamientos en el mundo animista?

3. ¿Por qué son importantes los Diez Mandamientos para el desarrollo de los pueblos y las sociedades?
4. Dennis Prager afirma que fue la concepción judía, y después cristiana, del matrimonio de pacto lo que hizo posible la civilización occidental. ¿Cómo fue esto posible? ¿Qué sucederá en el mundo occidental a medida que reincide en la idea pagana de sexualidad?
5. «¡Hemos quedado reducidos a hombrecillos que buscan tonterías!» ¿En qué ve usted esta tendencia en su comunidad? ¿Y en su propia vida?
6. ¿Cuáles fueron algunas consecuencias del pecado del hombre?
7. Identifique cuatro o cinco maneras en las que el pecado engendra pobreza en su comunidad.
8. ¿Cómo puede empezar a usar el desarrollo moral para luchar contra la pobreza? Sea específico.
9. Las leyes morales establecen un fundamento para edificar sociedades civiles en: justicia, economía y política. Conciba un plan o instrumento de enseñanza que ayude a los líderes de la comunidad a comprometerse.

19. ¿Qué preguntas o desafíos se le ocurren en respuesta a las ideas presentadas en este capítulo?

PART 3

SU REINO

En el principio creó Dios los cielos y la tierra. . . . Y vio Dios todo lo que había hecho, y he aquí que era bueno en gran manera.

Génesis 1:1, 31

La creación dejada sola es incompleta, y los hombres están llamados a ser creadores con Dios, para manifestar las potencialidades que el Creador ha ocultado. La creación está llena de secretos que esperan ser descubiertos, adivinanzas que el Creador espera que la inteligencia humana descifre. El mundo no surgió de las manos de Dios con la riqueza que el hombre puede desarrollar.

Michael Novak, El espíritu del capitalismo democrático

7

LA CREACIÓN ES UN SISTEMA ABIERTO

Expansión de los límites

Los bengalíes cuentan a veces esta historia poco halagadora acerca de sus vecinos hinduistas de la India:

> Un día se apareció un genio a un granjero de la India para comunicarle que le concedería un deseo, cualquier cosa que él quisiese. Alborozado, el hombre se puso a pensar en una gran riqueza. Entonces el genio le dijo: «Pero sólo con una condición: que tu vecino reciba el doble que tú». El campesino entristeció súbitamente y pidió al espíritu que le dejara pensarlo aquella noche, a lo cual accedió el geniecillo. Al día siguiente, regresó el geniecillo. Y el granjero le respondió: «Ya lo he decidido: Sáqueme el ojo derecho».[1]

Sin duda esta parábola, hasta cierto punto una caricatura, ilustra la perspectiva trágica de muchísimas personas que se aferran a la cosmovisión animista. Para tales personas, el universo está cerrado, es un juego de suma cero. Nadie gana sin que alguien pierda. No hay un escenario en el que todos salgan ganando.

Cuando una mentalidad de escasez de bienes, o de suma cero, se adueña de un individuo o cultura, divide personas y naciones entre sí y fomenta un espíritu de envidia y victimismo. Más aún, ciega a la gente, que no ve sus propios recursos ni su potencial creador de riqueza. En vez de vislumbrar las propias posibilidades, se envidia a otros que parecen tener más. Kim Cone, misionera en un pueblo animista de África, opina:

> Una raíz del problema [en las culturas animistas] es la envidia. Y la envidia se alimenta por la creencia cultural en la escasez de bienes... Las culturas animistas creen que la tarta o pastel tiene cierto tamaño. De modo que cuando una persona ve que a su vecino le va mejor que a ella, sólo puede concluir que el vecino ha manipulado el mundo espiritual para sustraer un pedazo demasiado grande de tarta... La envidia relacionada con la pérdida percibida de una porción de tarta empuja a la persona... a intentar menoscabar a su conciudadano, a quien le va bien.[2]

En un sistema cerrado, la confianza, y el amor al prójimo, están ausentes. Esto es verdad tanto en el animismo como en el secularismo. Cada uno, a su manera, ve el universo como un lugar de oportunidades y recursos limitados. Pero el teísmo bíblico, al concebir que la «naturaleza» ha sido creada por una Persona, en vez de un producto de fuerzas impersonales, es un sistema abierto. La creación puede ser gestionada; en efecto, fue diseñada con este propósito. Todos pueden ganar. Se puede crear riqueza. El desarrollo, pues, tiene más que ver con descubrir y explorar el mundo de Dios que con intentar ayudar a la gente a sobrevivir. Se trata de gestionar el capital interno, que incluye la mente, la imaginación, los dones que Dios nos ha dado, junto con el capital moral y metafísico. También se trata de gestionar los recursos externos —la tierra, el capital social, las infraestructuras físicas y toda clase de instituciones humanas.

Así pues, dadas las diferencias entre estas dos cosmovisiones básicas, ¿cómo ayudaremos a comunidades y naciones a desarrollarse? Históricamente, ha habido dos enfoques básicos, radicalmente distintos. El primero, y más ampliamente empleado, se puede denominar Desarrollo Basado en la Necesidad (DBN). Los que practican el DBN llegan a una comunidad, preguntan a la gente cuál es su necesidad, y después procuran satisfacerla importando recursos externos. Las consecuencias involuntarias del DBN, modelo económico de suma cero, son dependencia paralizante y mayor pobreza.

El segundo enfoque se denomina Desarrollo Basado en Activos (DBA). Los que practican el DBA llegan a una comunidad y ayudan a sus miembros a descubrir su capital interno y externo. Luego les preguntan «cómo pueden usar los activos que tienen para desarrollar su vida, su familia y su comunidad». El DBA es una aplicación lógica de la cosmovisión judeocristiana, según la cual los seres humanos son portadores de la imagen de Dios y los recursos son producto de la imaginación y la innovación humanas.[3] Bajo este modelo, se anima a la gente a *crear* empleo, no sólo a buscarlo.

Singapur demuestra la fuerza del DBA. Esta ciudad-estado está situada en una isla de sólo 40 kilómetros de longitud. Prácticamente, no cuenta con recursos naturales. De hecho, tiene tan pocos recursos, que tiene que importar agua de la vecina Malasia. Con cinco millones de habitantes, Singapur alcanza la segunda densidad de población más alta del mundo. La sabiduría convencional diría que Singapur debería ser uno de los países más pobres del mundo —y en realidad, fue bastante pobre hasta más o menos 1965. Pero, de hecho, en tan sólo medio siglo, Singapur, casi sin recursos naturales, se ha convertido en una de las naciones más *ricas* del mundo. ¿Cómo pudo alcanzar esa notable condición? Gracias al sabio desarrollo de dos activos: (1) Un puerto de aguas profundas cerca de las principales rutas comerciales marítimas del Pacífico, y (2) la mente creativa e innovadora de su pueblo.

La solución a la pobreza humana en todas sus formas no se halla en una interminable redistribución de riquezas escasas, sino en el uso de la mente y la imaginación para crear nueva riqueza. No obstante, los secularistas, y los que han sido influidos por sus enseñanzas, están encerrados en una cosmovisión que siempre ve el vaso ecológico medio vacío. Ellos creen que vivimos en un sistema cerrado, que los recursos son limitados y siempre menguantes. Sus hermanos animistas viven con una mentalidad de pobreza, no creen en las leyes naturales, lo que corta de raíz toda clase de progreso científico. El animismo se basa en la creencia de que una sobrenaturalidad siniestra —ley natural impredecible— impregna y controla cada esfera de la vida. El mundo está animado por dioses caprichosos, demonios, brujas y espíritus de los antepasados. Las enfermedades y otras desgracias proceden supuestamente de maldiciones invocadas por los espíritus. No es de extrañar que la resignación y la desesperanza imperen en el mundo animista. Pero los que contemplan el mundo como creación de Dios lo observan desde una perspectiva radicalmente distinta. No ven límites, sino potencialidades; sólo les constriñe su creatividad y su mayordomía moral. «Incontables partes de la creación de Dios permanecieron baldías durante milenios hasta que la inteligencia humana descubrió valor en ellas. Muchas de las cosas que hoy consideramos recursos no eran conocidas como tales hace cien años. Muchas de las que pueden llegar a ser valiosas siguen estando baldías hoy».[4]

El mundo real: Tres perspectivas

En el capítulo 2 comentamos las tres concepciones del secularismo evolucionista, el secularismo revolucionario y el animismo, antes de introducir el teísmo en el capítulo 3.Cada uno de estos relatos —el secularismo, el animismo y el teísmo bíblico— ven el hombre y la «naturaleza» de forma radicalmente distinta. Los tres se oponen entre sí y sólo uno concuerda con la realidad. La tabla en la figura 7.1 refleja estas diferencias.

La «naturaleza» de la naturaleza

	Animismo	Teísmo	Secularismo
Soberano	Naturaleza	**Dios**	Hombre
Perspectiva	Biocéntrica	**Teocéntrica**	Antropocéntrica
Naturaleza	Caprichosa (Sin sistema)	**Sistema abierto** (Creado)	Sistema cerrado
Hombre	Un espíritu	**Una mente, Imagen de Dios** (Alma viviente)	Una boca, El animal supremo
Recursos	Bienes limitados	**Suma positiva**	Suma cero
Rol del hombre	Devoto Víctima	**Mayordomo Regente**	Consumidor Extractor

El «dios» del secularismo es el hombre, ya que se sitúa en la parte superior de la cadena alimentaria evolutiva. Este enfoque, como cabía de esperar, es completamente antropocéntrico. Considera que el hombre ocupa el centro del universo. Éste existe para él. Pero la arrogancia del hombre es atenuada por la convicción de que la realidad es impersonal y puramente física, que la materia es lo único que importa.

Se concibe la «naturaleza» como un sistema cerrado de causas y efectos materiales. No hay realidad espiritual más allá del sistema ni espíritu dentro del hombre. Las personas son simples piezas o engranajes de la máquina. El libre albedrío es una ilusión. Los términos que se eligen para designar el universo externo son reveladores. Solíamos llamarlo creación, lo que implica la existencia de un Creador. Pero ahora lo llamamos *naturaleza*, que hace referencia a lo que es «natural». Los cristianos usan el término sin darse cuenta siquiera que han renunciado a la batalla de la definición. Según el secularista, la naturalcza es lo único que hay (o como dijo Carl Sagan: «El cosmos es lo único que ha habido, que hay y que habrá»). Lo que vemos es simplemente la suma de interacciones al azar de materia y energía en el tiempo. La realidad está regida exclusivamente por las leyes irracionales de la física y la química. Vivimos en un sistema cerrado, como indica la figura 7:2.

Concepción secularista

Por lo tanto, somos poco más que bocas, consumidores de recursos limitados. No somos peores que los «otros» animales, pero tampoco mejores. Todo pensamiento sobre la racionalidad o la creatividad del hombre no es más que un residuo de la cosmovisión teísta. Se nos dice que algunas personas son pobres porque otras son ricas. La solución es redistribuir a los pobres recursos escasos.

No obstante, el secularismo encierra una contradicción insoluble. A pesar de su preocupación manifiesta por la «escasez de recursos», su carencia de normas morales objetivas significa que la administración de la tierra acaba rápidamente en explotación. Se valora la naturaleza solamente por sus beneficios económicos a corto plazo. El objetivo es vivir en la opulencia. Una antigua pegatina o calcomanía en los parachoques lo resume de forma sucinta: «Gana el que muere con más juguetes».

Secularismo: El «problema» de la sobrepoblación

¿Cómo descendió Occidente de la visión teísta a la secular? El divorcio se produjo antes de lo que uno se puede imaginar. No fue Darwin, sino Descartes, quien se puso en la brecha entre estas dos cosmovisiones. René Descartes, filósofo francés del siglo XVII, puso el mundo al revés con su famosa sentencia: *Cogito, ergo sum*. «Pienso, luego existo». «Cuán distinto al enfoque de Santo Tomás de Aquino, para quien ¡no es el pensamiento lo que determina la existencia, sino la existencia, «*esse*», lo que determina el pensamiento! Creo en la manera que pienso porque soy lo que soy —una criatura— y porque Él es quien es, el Misterio absoluto increado».[5]

Después de Descartes, la verdad dejó de ser una realidad trascendente para ser realidad física en la tierra, accesible por medio de la investigación o la razón. Este optimismo infundado en la capacidad humana sofocó lentamente la necesidad percibida de realidad trascendente en las personas. Durante la Ilustración, pocos se dieron cuenta de que su fe optimista en la razón humana no era más que un pulido envoltorio de la tentación de la serpiente en el huerto.

Pero tres individuos surgidos en la post-Ilustración europea encarnaron las temibles implicaciones de un mundo a la deriva de su Creador. El primero en analizar un mundo sin Dios fue Nietzsche. Como vimos en el capítulo 4, si Dios está muerto, todo lo que tiene existencia en Él también lo está. Por eso la idea principal de Nietzsche es que «el hombre está muerto». No hay inmortalidad, con lo cual la vida es absurda, no tiene sentido ni propósito. La muerte reina. En medio de esta atmósfera nihilista, el héroe es el individuo que se levanta sobre los débiles, los frágiles, los hambrientos, los pobres y los pusilánimes, en aras de la «voluntad de poder». El historiador Paul Johnson dice que Nietzsche reconoció que «la muerte de Dios» suponía un hito en la historia.

> Pero más que como una invención concebía a Dios como una baja, y su fallecimiento, un acontecimiento histórico importante, que acarrearía

> consecuencias dramáticas. Escribió en 1866: «El mayor acontecimiento de los últimos tiempos —que Dios ha muerto, que la creencia en el Dios cristiano ya no es sostenible— está empezando a proyectar sus primeras sombras sobre Europa». Entre las razas más adelantadas, el declive y colapso definitivo del impulso religioso dejará un enorme vacío. La historia de los tiempos modernos es en gran parte la historia de cómo se ha ido llenando ese vacío. Nietzsche percibió claramente que el candidato más probable para llenar ese vacío sería «la voluntad de poder». A la creencia religiosa sucedería la ideología secular. Los que una vez militaran en las filas del clero totalitario serían entonces políticos totalitarios. Y, sobre todo, la voluntad de poder produciría una nueva clase de mesías, que haría caso omiso a cualquier tipo de sanción religiosa, movido por un apetito insaciable de control de la humanidad.[6]

Por supuesto, sin la teoría evolucionista de Charles Darwin (1809-1882), puede que Nietzsche no hubiera tenido ocasión de lamentar la «muerte de Dios». Darwin, naturalista británico, allanó el camino a Nietzsche con su libro *El origen de las especies*, que, justo es decirlo, también puso patas arriba el mundo. Su obra proporcionó una explicación naturalista del universo opuesta al teísmo bíblico. Puesto que, según el darwinismo, la vida evolucionó, de manera natural, de formas inferiores a formas superiores, muchos creyeron que ya no necesitaban creer en un Creador.

La teoría de Darwin se ha resumido como «supervivencia de los más aptos». Como Nietzsche, el darwinismo entronizó el hombre en el centro del universo: es el producto más complejo, y por tanto, superior, de los procesos evolutivos de selección y mutación aleatorios. El *homo sapiens*, el más apto de todos los animales, puede emplear su fuerza bruta para conquistar no sólo la naturaleza, sino también a los miembros más débiles y enfermizos de su propia especie. No es difícil averiguar de dónde saco Nietzsche su idea del «superhombre» totalitario. La teoría de Darwin, en manos de secuaces seculares, pronto se convirtió en una ideología —el «evolucionismo»—, en una creencia incuestionable en la sociedad occidental a mediados del siglo XX. En esta ideología no tiene cabida la santidad de la vida humana. Engendró la eugenesia (ciencia de la mejora del hombre). De ahí al genocidio el trecho fue muy corto —la matanza de pueblos enteros, como la del pueblo judío.

El tercer miembro del mencionado trío fue Thomas Malthus (1766-1834), pastor anglicano y deísta cuyas ideas acerca de la población y el suministro de alimentos desataron un debate por más de dos siglos. La obra seminal de Malthus, *El principio de la población*, publicada en 1798, sigue influyendo mucho en las élites. Sus seguidores se han obsesionado con lo que denominan «problema de la sobrepoblación», según el cual el número de personas superará finalmente el suministro de alimentos. Como consecuencia de esta línea de pensamiento, los pobres podrían llegar a ser desechables; la naturaleza se abrirá camino, a medida que las hambrunas diezmen la población a niveles más «manejables». El columnista Alexander Cockburn ha escrito: «En el tiempo de Malthus se respondió indudablemente al problema de los pobres cuando los británicos no hicieron nada por aliviar al millón de campesinos irlandeses hambrientos.[7]

Los científicos neo-maltusianos han persistido en articular esta postura, afinando de continuo sus pronunciamientos para adaptarlos a los temas de actualidad. En 1968, el biólogo estadounidense Paul R. Ehrlich argumentó en su libro *La explosión demográfica* que la sobrepoblación causa directamente malnutrición y hambruna. A pesar de que el argumento de la sobrepoblación se ha desinflado en los últimos años,[8] Ehrlich aún no se arrepiente. En cualquier acontecimiento, los viejos impulsos aún persisten. Entre los científicos, la causa del día de la «porción limitada de pastel» ha cambiado de la sobrepoblación al calentamiento global (actualmente re-envasada como «cambio climático»). En cualquier crisis global que los secularistas decidan resaltar prevalece el hecho de que sus temores radican en su cosmovisión.

Gracias a Nietzsche, Darwin y Malthus, el mundo moderno cree que «el hombre está muerto». El credo sigue siendo «la supervivencia del más apto». Los científicos siguen obsesionados con un mundo al borde de la extinción, que al final hace que la gente sea desechable. Los supuestos básicos que arraigaron en la Ilustración han urdido un espeso tejido metafísico que sofoca a la sociedad occidental produciendo, la «cultura de la muerte».

Otra figura clave en este asunto fue Margaret Sanger, fundadora de la Liga Estadounidense de Control de la Natalidad, hoy conocida como Planned Parenthood (Paternidad Responsable). Como maltusiana y darwinista hasta la médula, estaba completamente convencida de que las «razas inferiores» eran «malas hierbas humanas» y una «amenaza para la civilización»... Se propuso «crear una raza pura sangre», recomendando «más hijos para los aptos y menos para los incapacitados».[9]

En 1920, Sanger escribió: «El acto más piadoso que una familia numerosa puede hacer por uno de sus hijos es matarlo».[10] No obstante, el núcleo de su obra está vertido en su libro *The Pivot of Civilization*. Ella argumentaba que la principal crisis de la civilización no era la sobrepoblación, sino la «reproducción indiscriminada»,[11] que conduce a la degradación biológica y racial. «Aquí radica el desequilibrio, la gran amenaza biológica para el futuro de la civilización. ¿Nos encaminamos hacia la destrucción biológica, hacia ataques progresivos, pero ciertos, contra las reservas de la inteligencia y la salud racial por las hordas siniestras de la irresponsabilidad y la imbecilidad?».[12]

Planned Parenthood se expandió a partir de la década de 1920, hasta convertirse en uno de los defensores más enérgicos del darwinismo social y la política maltusiana. A finales de 2015, el Centro para el Progreso Médico acabó de grabar una serie de vídeos titulada Proyecto Capital Humano. Los documentales exponen encubiertamente que Planned Parenthood prosigue con el legado de cumplir su espantosa misión: vender la cosecha de órganos de bebés asesinados en abortos tardíos.

La Federación Internacional de Planned Parenthood, en Londres, cuenta con 149 asociaciones miembros en 189 países.[13] El control de población es el método de selección del movimiento eugenésico. La esterilización forzada continúa en la India. Mientras tanto, se dejan notar las consecuencias de la infame política china de un solo hijo, relajada recientemente para permitir dos hijos. Las estadísticas son escalofriantes. Desde 1971, los médicos chinos han llevado a cabo 336 millones de abortos y 196 millones de esterilizaciones.[14] ¡China ha abortado más niños que la población total de los EE.UU!

Por causa de la política de un solo hijo y de la preferencia china por los niños varones, la nación tiene unos 30 o 35 millones más de hombres que de mujeres en edad de casarse. Tales datos anuncian nefastas consecuencias para la estabilidad social de China y su crecimiento económico a largo plazo.

Animismo: Los seres humanos han de morir para que la tierra pueda vivir

Pero este punto de vista, por secular que parezca, se manifiesta de otras maneras. En efecto, el movimiento medioambiental moderno suele inspirarse en gran medida en el panteísmo, la cosmovisión que afirma que todo es Dios. Contempla el universo y la naturaleza como un dios a adorar. Tiende a considerar el hombre moderno como una enfermedad que destruye la tierra, un cáncer, un germen patógeno, un eco-tumor. Peter Berger, director del Instituto para el Estudio de la Cultura Económica en la Universidad de Boston, ha declarado por vía crítica: «En esencia, no somos individuos. Somos partículas insignificantes de la vasta, palpitante, totalidad de la vida cósmica. Sanamos cuando rendimos nuestra individualidad engañosa al todo. La vida no es sagrada, sino el proceso vital en su totalidad —Gaia, la tierra viva, y quizás todo el universo físico».[15]

Sin embargo, sus defensores consideran la teoría Gaia una nueva metáfora y modelo para el siglo XXI: «La teoría Gaia postula que los componentes orgánicos e inorgánicos del planeta Tierra han evolucionado juntos como un solo ser, como un sistema auto-regulador... En pocas palabras, "la vida mantiene las condiciones adecuadas para su propia supervivencia". A este respecto, el sistema vivo de la Tierra se puede considerar análogo a las funciones de cualquier organismo que regula su temperatura corporal, salinidad en la sangre, etc.».[16]

Naturaleza

Concepción animista

En este marco panteísta, el universo está «vivo», la tierra es un sistema vivo y auto-regulador. En un sentido real, las personas (aparte del sistema) son intrusos en la tierra. El propósito del hombre, es pues, liberar a la tierra de sí mismo, cesar de existir. Según este sistema, la «Madre naturaleza» es dios, pero una madre cruel. Berger añade:

> Gaia tiene otro rostro. Se ha revelado más plenamente en la India. Allí recibe el nombre de Kali-Durga, consorte de Shiva, la diosa que da y destruye la vida. Se exhibe desnuda, con cuatro brazos, con la boca abierta para exhibir sus colmillos sangrientos. En sus cuatro manos sujeta una nariz, un báculo con extremo en forma de cráneo, una espada y una cabeza hendida. Danza sobre un montón de cadáveres. Muchas personas, incluso tal vez usted, creen que aún no están listas para esta visión, pero le aseguro que es el futuro al que nos llama; es el futuro que hemos abrazado.[17]

Elizabeth Kolbert publicó un artículo el *New Yorker* titulado «El caso contra los niños: ¿Es inmoral la procreación?», donde analiza el provocativo libro de David Benatar, *Better Never to Have Been: The Harm of Coming Into Existence*, que examina la idea gaia, esto es, que tenemos que morir para que el planeta pueda vivir. Kolbert afirma:

> Tomada en serio, la lógica de Benatar conduce a lo que podríamos llamar Conclusión conclusiva. Si todos conociéramos el daño que hacemos al tener hijos y dejáramos de tenerlos, al cabo de un siglo aproximadamente, la población del mundo sería cero. Para Benatar, este sería un resultado muy deseable. «Los seres humanos ostentan la desgraciada distinción de ser la especie más destructiva y perniciosa sobre la tierra», escribe. «La cantidad de sufrimiento que hay en el mundo se podría reducir drásticamente si no vivieran más seres humanos».[18]

Lisa Hymas, autora y editora de publicaciones medioambientales y ecológicas, ha decidido no tener hijos para salvar el planeta. Se identifica a sí misma como inclinada a la ecología, nada de niños.[19]

En 2009, el film *Avatar*, de James Cameron, obtuvo gran éxito mundial. La película ahonda en la cultura materialista, corrupta, agonizante y su culto al hombre del futuro con el culto a la naturaleza representada por el clan Na'vi del planeta Pandora. La película sirvió como «panfleto» promocional para una cultura neopagana y una cosmovisión panteísta. Puesto que la naturaleza existe por sí misma y es superior en el orden jerárquico del cosmos, hemos de adorarla y temerla. Hemos de someternos a la naturaleza, no administrarla. Nuestro objetivo, si es que lo tenemos, es simplemente sobrevivir y luego esperar finalmente ser absorbidos por la naturaleza.

Teísmo: La realidad

En contraste con el universo cerrado del secularismo, y el universo místico del animismo y el panteísmo, el teísmo bíblico se abre a Dios y a la humanidad. Dios está en el trono. Él es infinito y personal, y el universo que creó es material y espiritual. De modo que la riqueza pertenece a dos esferas. Usamos la mente y el cuerpo para controlar y conformar la materia. Debido a que el cosmos, manifestación de la creatividad de Dios, está también sujeto a la creatividad humana, el universo es un sistema abierto maravilloso. Pero como está regido rutinariamente por la ley natural, podemos actuar en él y esperar progreso.

¡Cuán distinta a la concepción secular, que considera que el universo es un sistema mecánico sin intervención «exterior» —ya sea de Dios, a quien se niega, ya sea del hombre, que no es más que una pieza de la máquina!

El sistema bíblico está abierto a Dios, a los ángeles y a las personas. Dios, por supuesto, no forma parte de su creación, como tampoco un autor forma parte de su libro. Dios es trascendente, ha existido desde la eternidad y no depende en absoluto del universo. En efecto, es justamente al revés. Como afirma Colosenses, Jesucristo lo sostiene todo con su poder. Dios creó el universo *ex nihilo*, de la nada, y sigue sosteniéndolo por su providencia omnipotente. «Y él es antes de todas las cosas, y todas las cosas en él subsisten» (Col. 1:17).

Por supuesto, la Biblia está salpicada de fascinantes relatos que indican que la creación también está abierta a la obra de los ángeles. Como expresó magníficamente el autor de Hebreos: «¿No son todos los ángeles espíritus dedicados al servicio divino, enviados para ayudar a los que han de heredar la salvación?» (Heb. 1:14) NVI.

Y ciertamente, la creación está abierta a los seres humanos. Aun cuando los seres humanos son criaturas, con el resto de la creación, son también mucho más. Como seres creados a imagen de Dios, podemos influir en el sistema. Podemos incluso influir en Dios, quien es omnipotente y omnisciente, en maneras que ni siquiera podemos imaginar. Tanto Moisés como Abraham persuadieron a Dios a «cambiar de idea» (véase Éxo. 32:11-14 y Gén. 18:16-33), al menos desde nuestra perspectiva. El medio hermano de Jesús escribió: «La oración eficaz del justo puede mucho» (Sant. 5:16).

Si los seres humanos pueden marcar una diferencia en el ámbito espiritual, ¿sorprende que podamos influir en el medio físico? No es una idea nueva. En 1541, Paracelso escribió: «Dios no creó los planetas y las estrellas con la intención de que dominaran sobre los hombres, sino para que, como las otras criaturas, les obedecieran y les sirvieran».[20]

Aunque la creación depende de Dios, el hombre —como mayordomo de Dios— tiene la capacidad de desenvolver el propósito de Dios para ella. Piense en los hermanos Wright, dos mecánicos de bicicletas en los Estados Unidos, que por aquel entonces era una «nación emergente». Soñaron con volar y se propusieron construir una máquina (el avión) con que poder hacerlo. Su invención y su descendencia posibilitaron todo un nuevo mundo para la familia humana.

El hombre, creado a imagen de Dios, se relaciona primeramente con Él, «La Mente suprema». La mente es el recurso supremo. La Mente suprema, Dios, existía antes de la creación de la materia. El autor de Hebreos explica: «Por la fe entendemos haber sido constituido el universo por la palabra de Dios, de modo que lo que se ve fue hecho de lo que no se veía» (Heb. 11:3). La Mente suprema creó y aún controla la materia. Al hombre le ha sido delegada la capacidad de actuar creativamente, de originar ideas, y, con sus propias manos, introducir esas ideas en el mundo físico. Los recursos se crean y se descubren. No brotan de la tierra. Brotan de la mente humana.

El economista Julian Simon lo expresa de esta manera:

> Yo no creo que la naturaleza ofrezca una prodigalidad sin límites.... nuestra abundancia es la mente y el corazón humanos, no un ambiente natural cual Santa Claus...
> Los recursos en forma bruta sólo son útiles y valiosos cuando se descubren, se estudian, se recolectan y se aprovechan para cubrir las necesidades humanas.[21]

Por tanto, no vivimos en un universo de suma cero, sino en uno de suma positiva. Los recursos sólo están limitados por nuestra imaginación moral, creatividad y mayordomía. El teísmo bíblico afirma que la riqueza radica principalmente en las mentes y corazones de la gente, y, secundariamente, en la materia. Podemos acabar con la pobreza creando sociedades que permitan libremente a los hombres y las mujeres crear abundancia para sí mismos y para sus comunidades.

Warren Brookes ha escrito:

> Estamos descubriendo que toda actividad económica es... la práctica de la tecnología, el uso y despliegue de nuestro conocimiento e inteligencia para convertir una materia aparentemente inútil en productos cada vez más útiles y valiosos, para generar riqueza donde antes no existía. La verdadera economía, como la verdadera metafísica, anti-entropía,[22] como una constante imposición de orden, utilidad y organización sobre un mundo material, por lo demás, caótico y aparentemente agotado...
>
> El lúcido libro de Julian Simon, *El último recurso*, documenta con estadísticas pormenorizadas el hecho de que los recursos naturales no se están agotando; en realidad la historia de la humanidad muestra que hay una base de recursos en constante expansión. «Al encontrar nuevos yacimientos, inventamos mejores métodos de producción y descubrimos nuevos sustitutos», dice Simon «La limitación fundamental sobre nuestra capacidad de disfrutar materia prima ilimitada a precios razonables es el conocimiento... y la fuente del conocimiento es la mente humana».
>
> Jesús lo dijo de manera más sencilla: «El Espíritu da vida; la carne no vale para nada». Esta no es solamente una verdad religiosa, sino una declaración práctica de una realidad espiritual infinita que estamos empezando a entender, a saber, que es en las ideas y conceptos de la mente donde se halla la verdadera riqueza, no en los recursos materiales escasos y finitos.[23]

Aunque algunos discutirían con Brooks cómo aplicar las palabras de Jesús, entre la respuesta bíblica a la pobreza y la secular «hay un gran abismo». El pastor y teólogo Dennis Peacocke resume acertadamente esta distinción.

> La ficción [del materialista] es que sólo hay una cantidad fija de riqueza en el mundo y que, por tanto, la ganancia de uno exige la pérdida de otro. Por tanto, los ricos sólo pueden llegar a ser ricos explotando a los otros; los pobres se hacen pobres por ser víctimas explotadas. De modo que el estado procura restaurar la «justicia» tomando de los ricos y dándolo a los pobres.
>
> La respuesta bíblica a la pobreza... es llamar a los pobres al Reino, instruirles para que adopten las actitudes mentales y morales de buenos mayordomos sometidos a Dios, y enseñarles destrezas para empezar a crear ellos mismos riqueza.[24]

Las personas que reconocen que el universo es un sistema abierto entienden que la economía es un «juego de suma positiva». Los recursos son producto de la imaginación y la creatividad humanas. La riqueza se puede crear. Piense en la riqueza y los empleos creados por Apple.

Steve Jobs y su colega Steve Wozniak fundaron Apple en abril de 1976. En abril de 2012, cuando Jobs falleció, el valor de Apple ascendía a la considerable suma de 600 mil millones de dólares, superior al PNB de 18 países. Además, Apple ha creado más de 500.000 empleos (directa e indirectamente a través de sus socios, cadena de suministros y proveedores de servicios) solo en EE.UU. ¿De dónde procede toda esa riqueza? ¡No de la tierra! Toda ella se originó en las mentes de dos hombres creados a imagen de Dios.

El principio del sistema abierto establece oportunidades ilimitadas para descubrir nuevos mundos, ampliar recursos y crear sociedades de suma positiva —donde, al menos teóricamente, todos tienen oportunidad para beneficiarse—. Esto destaca en vivo contraste con el relato del sistema cerrado del universo, en el que las personas forman parte de la naturaleza y no pueden intervenir en ella.

Sociedades basadas en la sabiduría

No importa en qué década, los medios de comunicación se hacen eco de las funestas advertencias de pesimistas medioambientales redomados como Paul Ehrlich y Al Gore. Aunque quizá, bienintencionado, tal pensamiento simplista y unidimensional, trágicamente, pasa por alto que la mente conforma la materia.

Las estimaciones relativas a los recursos renovables o la actividad económica sostenible dependen enteramente del tipo de sistema económico que se use —y al contrario de lo que uno pueda leer en la prensa, los estilos de vida más «naturales» realmente consumen más recursos—. El mundo puede sustentar mucha menos gente en sociedades cazadoras-recolectoras que en sociedades de pastores y granjeros. Análogamente, a medida que las sociedades se hacen más agrícolas, y después adquieren conocimiento, y, finalmente (como estoy abogando), se basan en la sabiduría, su capacidad para abastecer a más personas aumenta drásticamente. Una escuela de pensamiento sugiere que la capacidad de la tierra es ilimitada para sostener sistemas económicos basados en el conocimiento.[25]

He aquí algunos datos que dan pie al optimismo tocante al panorama del desarrollo humano:

- Esperanza de vida. La Organización Mundial de la Salud informa que en todas partes se está alargando la vida... Basándonos en promedios globales, una niña nacida en 2012 puede esperar vivir unos 73 años, y un niño hasta los 68. Esto es seis años más que la media de esperanza de vida global para un niño nacido en 1990... Los países con poca renta han hecho mayores progresos, logrando un incremento medio de la esperanza de vida de 9 años de 1990 a 2012.[26]
- *Hambre.* Según las Naciones Unidas, en 2015 «unos 795 millones de personas en todo el mundo padecían malnutrición, 167 millones menos que en la última década, y 216 millones menos que en 1990-92».[27] El avance es alentador, pero todavía hay muchos que necesitan nuestra compasión.
- *Producción de cereales.* La Organización de las Naciones Unidas para la Agricultura y la Alimentación, informa: «Las perspectivas actuales sugieren que se podría alcanzar un promedio diario de disponibilidad energética de 3.050 kilocalorías por persona para 2050 (2970 kilocalorías en los países en desarrollo), mientras que en 2003-2005 sólo era de 2.770 kilocalorías».[28] Aunque hoy todavía mueren personas a causa del hambre (si bien menos que antes), la escasez de alimentos es regional, no global. A nivel mundial, sigue aumentando la producción de alimentos.

Julian Simon ganó 1.000 dólares con el mínimo esfuerzo cuando decidió poner a prueba su cosmovisión haciendo una apuesta contra (el maltusiano) Paul Ehrlich. Simon retó a Ehrlich a escoger cinco metales básicos. La apuesta consistió en comprobar si, entre 1980 y 1990, los precios de los metales subirían o bajarían. Si la perspectiva de Ehrlich era correcta, y si vivimos en un sistema cerrado, habría más personas que consumieran estos recursos, y los metales subirían de precio. Si Simon tenía razón y el mundo era un sistema abierto, los precios de los metales bajarían. En octubre de 1990, los precios de los cinco metales habían bajado, la cosmovisión del sistema abierto de Simon quedó probada (y presumiblemente, ¡su cuenta bancaria aumentó!).[29]

El primer mandato de Dios a Adán fue «Fructificad y multiplicaos; llenad la tierra, y sojuzgadla» (Gén. 1:28). Es una orden exigente, que incluye procurar una sanidad sustancial para la naturaleza, plantarse contra la decadencia de nuestro mundo caído, y hacer que florezcan profusamente huertos y desiertos. En última instancia, esto se cumplirá completamente cuando Jesús retorne y sus siervos fieles sean con Él vindicados: «Porque el anhelo ardiente de la creación es el aguardar la manifestación de los hijos de Dios... la creación misma será libertada de la esclavitud de corrupción, a la libertad gloriosa de los hijos de Dios» (Rom. 8:19-21).

Preguntas para el estudio

1. ¿Qué se quiere decir por un «sistema abierto»? ¿Y por un «sistema cerrado»? ¿Qué diferencias hay entre los modelos económicos de suma cero y de suma positiva?
2. ¿Qué es el DBN? ¿Qué es el DBA? ¿Qué supuestos sustentan cada enfoque? ¿Cuál describe mejor la cultura dominante en la que usted vive y trabaja?
3. ¿Qué ideas han configurado el debate sobre el «problema de la sobrepoblación?
4. Según Margaret Sanger, fundadora de Planned Parenthood, ¿por qué está el mundo «superpoblado»?
5. ¿Cómo resuelve el secularismo el problema de la «sobrepoblación»?
6. ¿Dónde ve usted que el pensamiento panteísta ha influido en su cultura y entre sus amigos?
7. Según el teísmo bíblico, ¿cuál es la naturaleza de la riqueza y los recursos? ¿Cuál es su fuente?
8. ¿En qué ha cambiado su idea del desarrollo humano gracias a este estudio?
9. ¿Qué preguntas o desafíos se le ocurren a usted para responder a las ideas presentadas en este capítulo?

8

LAS LEYES DE LA CREACIÓN

La observancia de las instrucciones

La cosmovisión secular sostiene que Dios no existe, de manera que no hay verdad objetiva. Por lo cual, toda pretensión a la verdad tiene que ver con otra cosa. Los «relativistas culturales» aseguran que toda aspiración a la verdad es relativa a culturas o sociedades particulares. Lo que era verdad para los antiguos griegos no lo fue necesariamente para los navajos del siglo XVIII, o para los alemanes del siglo XX. Esta cosmovisión postula uno de los mayores desafíos contra el desarrollo humano en nuestra generación. Como enseñan las «ciencias blandas» de la psicología, la sociología y la antropología, sostiene que los valores de una cultura no son mejores (ni peores) que los de otra.[1]Pero tenemos que recordar que todos los pueblos, grupos y culturas se mueven en una u otra dirección —de la prosperidad a la pobreza en todas sus formas, o viceversa—. El mundo está en constante cambio, y es nuestra cosmovisión, el relato que sostenemos, lo que impulsa la mayor parte del cambio. Mientras los secularistas y animistas niegan la existencia de leyes que gobiernan este movimiento, el teísta bíblico sabe que, por cuanto Dios existe, sus leyes o estatutos de la creación, proporcionan el parámetro para el desarrollo humano de todos los pueblos en todos los tiempos.

La narrativa de la creación en el primer capítulo de Génesis contiene nuestra orden de marcha. «En el principio creó Dios los cielos y la tierra»

(Gén. 1:1), —esto afirma la existencia previa de Dios y su papel como Diseñador y Creador del universo—. «Y la tierra estaba desordenada y vacía, y las tinieblas estaban sobre la faz del abismo...» (Gén. 1:2), —esto afirma el estado incompleto de la primera creación.

En los 25 versículos siguientes, Dios se mueve para separar y formar las materias primas: la noche y el día, la tierra y el agua, los animales y las plantas, y así sucesivamente. Lo hace por decreto o mandato, mostrando así que la inteligencia prima sobre la materia. Como dice Juan 1: «En el principio era el Verbo». El «Verbo» es el Logos, la fuente de la sabiduría, la inteligencia y el lenguaje. Éstos tienen preeminencia sobre la materia.

Luego pone Dios el toque final a su actividad creadora: los seres humanos, creados a su imagen, diseñados y destinados a gobernar la tierra bajo el dominio supremo del Soberano (Gén. 1:26-27). Finalmente, Dios descansó (Gén. 1:31-2:3), aunque la creación estaba inacabada. ¿Por qué se detuvo Dios? «La creación dejada a sí misma está incompleta, y los seres humanos son llamados a ser creadores con Dios, a descubrir las potencialidades que el Creador ha escondido. La creación está llena de secretos que esperan ser descubiertos, de enigmas que la inteligencia humana tiene que desentrañar. El mundo no salió de la mano de Dios con toda la riqueza que el hombre podría desarrollar».[2]

Desde antes de la creación del mundo, Dios deseó que el hombre participara como co-creador, o más exactamente, como «sub-creador». Nosotros creamos porque estamos hechos a imagen de Dios, pero no de la misma manera que Él. Dios crea ex nihilo (de la nada). Nosotros innovamos partiendo de las cosas que Él antes ha creado. Dios dio a las personas, vice-regentes suyas, el mandato de la creación. «Y los bendijo Dios, y les dijo: Fructificad y multiplicaos; llenad la tierra, y sojuzgadla, y señoread en los peces del mar, en las aves de los cielos, y en todas las bestias que se mueven sobre la tierra» (Gén. 1:28).

Este mandato de la creación tiene dos aspectos: familiar/social (sean fructíferos y multiplíquense) y de desarrollo (trabajar la tierra y someterla). Las personas no fueron destinadas a permanecer en el huerto, sino a salir hasta los más remotos confines del mundo, a extender el gobierno de Dios, a «llenar la tierra con el conocimiento de Dios», a cultivar y desarrollar la tierra. Si, como dijo Shakespeare, «el mundo es un escenario», entonces el hombre es un actor clave en el escenario divino de la historia. «Hace historia» en todo lo que hace. No está aquí para sobrevivir los vaivenes de la naturaleza, rascando y escatimando, de comida en comida, como hacen las pobres almas atrapadas en culturas fatalistas. No ha de limitarse a reaccionar ante los acontecimientos. Es responsable de ser proactivo, de tener una visión de la plenitud de Dios en la tierra. Como afirmó David tan magníficamente:

> Cuando veo tus cielos, obra de tus dedos,
> La luna y las estrellas que tú formaste,
> Digo: ¿Qué es el hombre, para que tengas de él memoria,
> Y el hijo del hombre, para que lo visites?
> Le has hecho poco menor que los ángeles,
> Y lo coronaste de gloria y de honra.
> Le hiciste señorear sobre las obras de tus manos;
> Todo lo pusiste debajo de sus pies:
> Ovejas y bueyes, todo ello,
> Y asimismo las bestias del campo,
> Las aves de los cielos y los peces del mar;
> Todo cuanto pasa por los senderos del mar.
> ¡Oh Jehová, Señor nuestro,
> Cuán grande es tu nombre en toda la tierra! (Sal. 8:3-9).

El profeta Isaías también implica propósito en el hombre cuando dice: «Porque rebosará la tierra con el conocimiento del Señor» (Isa. 11:9).

La tierra nos fue entregada con «necesidad de efectuar en ella algún ajuste». Lo mismo que una bellota no puede convertirse en una gran encina sin sol, tiempo y terreno, así la tierra precisaba de un proceso de maduración y desarrollo. Había que explorar la creación, descubrir nuevos mundos, producir arte y música, acumular conocimiento, fundar grandes ciudades, y formar pueblos, comunidades y culturas. Es decir, Dios nos creó para *crear cultura*. Esto forma parte de nuestra principal vocación.

Propagar «el conocimiento de Dios» presupone y exige propósito, el cual ha sido estampado en el tejido del universo. Según el premio Nobel Jacques Monod: «Una de las características fundamentales, comunes a todos los seres vivos sin excepción, es ésta: ser objetos dotados con un propósito o proyecto, el cual exhiben, al mismo tiempo, en su actuación… lo llamaremos *teleonomía*.[3] La palabra *teleonomía* deriva del verbo griego *teleo*, que significa «acabar, concluir». La ciencia, como declara Monod, reconoce implícitamente un Diseñador que ha imprimido un propósito en el universo.

La historia avanza hacia el cumplimiento del propósito de Dios. Como hemos visto, Dios se ha revelado a Sí mismo, y su telos, al hombre, de cuatro maneras. La revelación especial revela el plan de salvación de Dios por medio de (1) la Palabra escrita (la Biblia) y (2) la Palabra viva (Cristo). La revelación general revela a Dios a todos los seres humanos por medio de (3) su semejanza como imagen de Dios y a través de (4) la creación.

La gracia común* acompaña a la revelación general. Gracia común significa que el amor de Dios se extiende a todas las personas. El orden creado sirve a todos. Como dijo Jesús de su Padre: «Que hace salir su sol sobre malos y buenos, y que hace llover sobre justos e injustos» (Mat. 5:45). Por haber sido creados a imagen de Dios, todos los pueblos son capaces de conocer a su Creador y las leyes de la creación.

¿Qué leyes son esas? Tres conjuntos primordiales de leyes establecen los límites para nuestra vida. *Las leyes físicas o naturales* gobiernan el universo. A medida que las descubrimos y las aplicamos, ejercemos dominio sobre la naturaleza. *Las leyes morales* reflejan el carácter de Dios y proporcionan el prototipo para nuestro desarrollo moral. Por otro lado, *las leyes de desarrollo* crean un marco cultural que nos orienta para cumplir el mandato de la creación de llenar y someter la tierra. Como portadores de la imagen de Dios, debemos descubrir y aplicar estas leyes.

En 1605, Francis Bacon testificó en *El avance del conocimiento*:

> El rey Salomón, aunque destacó en las facetas de acumular tesoros y construir edificios magníficos, en el tráfico marítimo y la navegación, en servir y asistir, en prestigio y renombre, y cosas por el estilo… no reclamó ninguna de esas glorias, sino únicamente la gloria de inquirir la verdad; porque dice expresamente: «Gloria de Dios es ocultar un asunto, y gloria de los reyes el investigarlo»; como si, según un juego inocente de niños, la Divina Majestad se deleitara en ocultar sus obras, para permitir al final que las descubran; como que los reyes no pueden obtener mayor honra que el ser amigos de Dios en ese juego.[4]

Esto significa que no solamente descubrimos, por ejemplo, un metal precioso como el oro. Imaginamos los usos subsiguientes del mismo. Luego, con el tiempo, creamos las cosas que hemos imaginado. Considere la arena común, que cruje al caminar por la playa y se pega a los pies. La arena parece bastante insignificante, demasiado abundante como para tener algún valor. Pero si se le añade cemento y grava, forma hormigón, que es útil para construir edificios soberbios y suaves carreteras que permiten a los vehículos desplazarse por terrenos abruptos a lo largo de centenares de kilómetros. ¿Qué otra cosa podemos hacer con la arena? El cristal que delimita el interior y el exterior de nuestras viviendas. Las ventanas de nuestras casas nos protegen de la intemperie, y al mismo tiempo dejan entrar la luz. ¿Qué más podemos hacer con arena «inservible»? Pues silicio, el chip que nos permite fabricar teléfonos celulares y computadoras. Así pues, ¿quién dijo que la arena es insignificante?

Estos tres conjuntos de leyes son intrínsecos al orden creado y universalmente aplicables. Contrastan marcadamente con las leyes civiles, que establecen límites en la sociedad civil. Por lo general, las sociedades que basan sus leyes civiles en la ley moral prosperarán; y las que no, decaerán. La transgresión de las leyes civiles acarrea consecuencias naturales. Moisés escribió:

> «Mira, yo he puesto delante de ti hoy la vida y el bien, la muerte y el mal; porque yo te mando hoy que ames a Jehová tu Dios, que andes en sus caminos, y guardes sus mandamientos, sus estatutos y sus decretos, para que vivas y seas multiplicado, y Jehová tu Dios te bendiga en la tierra a la cual entras para tomar posesión de ella.
> Mas si tu corazón se apartare y no oyeres, y te dejares extraviar, y te inclinares a dioses ajenos y les sirvieres, yo os protesto hoy que de cierto pereceréis». (Deut. 30.15-18a).

Establecidas para beneficio del hombre, las leyes de Dios permiten a individuos y culturas enteras cumplir el plan que Dios tiene para ellos. Las leyes físicas estructuran la naturaleza, mientras que las leyes metafísicas conducen al progreso social y humano. Aquellas son descriptivas, en tanto que éstas, prescriptivas. Las primeras actúan directamente en la naturaleza y no pueden ser ignoradas, ni siquiera por un segundo. Las últimas actúan indirectamente a través del hombre, y se pueden dar de lado, al menos por un tiempo. Las primeras dicen lo que es; las segundas, lo que debe ser (véase la fig. 8.1). Pero como dijo Cecil B. DeMille, el famoso cineasta del siglo XX en su discurso inaugural en la Universidad Brigham Young, en mayo de 1957; «Dios... no creó al hombre y después, como ocurrencia tardía, le impuso un conjunto de normas arbitrarias, fastidiosas, coercitivas. Creó al hombre libre, y luego le dio los mandamientos para asegurar su libertad… No es posible quebrantar los Diez Mandamientos. Únicamente podemos nosotros rompernos contra ellos —o de otro modo, guardándolos, elevarnos, gracias a ellos, a una libertad plena bajo Dios».[5]

La ética de desarrollo codificada en las leyes de Dios no es vana ilusión. La realidad la afirma, tanto histórica como prácticamente. La verdad se justifica a sí misma. Como dijo Jesús: «Pero la sabiduría queda demostrada por los que la siguen» (Luc. 7:35). Los principios integrados en la ética de desarrollo conducen al florecimiento humano, incluso en medio del sufrimiento y la persecución. Estos principios son universales, fijos, eternos y absolutos. Aunque no hay garantías para la prosperidad material en todas las situaciones, en nuestro mundo caído, herido por el pecado, proporcionan la fórmula que hace posible la libertad.

Distinción en las leyes de la creación
Leyes físicas y metafísicas

Leyes físicas	Leyes metafísicas
Estructuras **El universo** Leyes de gravedad Leyes de movimiento Leyes de la física Leyes de la química	**Guían el desarrollo humano** Los diez mandamientos Nuevo mandato de Cristo Ética del trabajo Sacralidad de la vida humana
Directas **(en la naturaleza)** A través de causa y efecto Relaciones	**Indirectas** **(a través del hombre)** En el mandato cultural y en la creación Co-creadores con Dios Cuidadores del jardín Nombres a los animales Crear hermosura (arte)
No pueden ser violadas Sin consecuencias inmediatas (p. ej., saltas desde un risco Y te caes)	**Pueden ser violadas…** Pero sólo temporalmente. La gravedad de las consecuencias aumenta con el tiempo
Aplicadas mecánicamente Constantes en la Naturaleza	**Son manifiestas** Mediante el ejercicio del libre albedrío
Descriptivas Cómo son las cosas	**Prescriptivas** Cómo deben ser las cosas

Estos principios, que yo denomino «ética de desarrollo», abundan en la ética del trabajo protestante de Max Weber. Weber notó la relativa prosperidad de los países europeos protestantes y se preguntó a qué se debía. Entendió que su *ethos* social creaba una dinámica que los sacaba de la pobreza. Weber reconoció el asombroso poder de las ideas y los ideales, la visión y la virtud que, cuando se ponen en práctica, transforman naciones enteras. Discernió la interacción de lo espiritual con lo económico y lo político. Consideró que la creatividad y la innovación, surgidas en las mentes de hombres y mujeres, eran fuentes de *abundancia*.

La Reforma barrió el norte de Europa, cruzó el canal de La Mancha, llegó a Gran Bretaña, y finalmente cruzó el Atlántico y alcanzó EE.UU., llevando consigo un fundamento para la vida cotidiana que repercutió en el desarrollo económico de esas regiones. En *El Espíritu del capitalismo democrático*, Michael Novak argumenta que la aplicación de la filosofía moral protestante (espíritu) a la vida pública (democrática) y al mercado (capitalismo) explica la diferencia entre el desarrollo que se produjo en América del Norte y América del Sur. (Volveremos al argumento de Novak en el capítulo 9).

El historiador británico Niall Ferguson argumenta, en *Civilización: Occidente y el resto del mundo*, que los colonos procedentes del sur de Europa que se establecieron en América del Sur sólo procuraban expoliar la tierra de ese gran continente, no desarrollarlo. Por el contrario, los colonos procedentes del norte de Europa establecidos en las «costas estériles» de América del Norte, llegaron para transformar la tierra en un país próspero mediante el esfuerzo y el emprendimiento innovador.

La ética de desarrollo es el puente entre la cosmovisión judeocristiana y la vida cotidiana. Contiene una docena de principios morales o filosóficos en tres grupos principales: el *espiritual*, el *humano*, y la *creación* (véase la fig. 8.2). El factor *espiritual* se ocupa de lo que otros denominan factores «ultramundanos» o metafísicos. El factor *humano* establece el marco para la existencia humana, para entender nuestro lugar en el cosmos. El factor de la *creación* establece los parámetros del universo. Estos factores son una brújula que señala el «verdadero norte» de desarrollo y prosperidad humana, los buenos deseos de Dios para nosotros. Proporcionan el cimiento metafísico para edificar culturas en infinito número de modelos productivos. Igual que Dios creó el universo con diversidad infinita, y a los seres humanos a su imagen, y no obstante, cada uno de nosotros es absolutamente único, así también su deseo es ver florecer culturas con gran diversidad y colorido. Algunas culturas destacan en las artes, otras en descubrimientos científicos, otras innovan en la empresa y el comercio, y otras en agricultura. Y éstas se mezclan según distintas combinaciones para crear expresiones singulares, maravillosas, de la familia humana.

Aunque la ética de desarrollo emana de las Escrituras y está bien articulada en la tradición judeocristiana, se basa en principios trascendentes manifiestos en todo el mundo. Por supuesto, cuantos más elementos de la ética de desarrollo estén presentes en una cultura, más fácilmente progresará esa sociedad. Al contrario, cuantas más mentiras haya asimilado una cultura menos fértil será el terreno social para el desarrollo (véase la fig. 8:3).

LA ÉTICA DE DESARROLLO

El factor metafísico
El universo es en el fondo
- **Personal**
- **Ético**
- **Inteligible**

El factor humano
- **La vida humana es sagrada**
- **El hombre es un rebelde**
- **Todos los pueblos y naciones son iguales**
- **Todos los pueblos y naciones son únicos**
- **El trabajo es sagrado**

El factor creación
- **La creación es un sistema abierto**
- **El hombre tiene dominio sobre la creación**
- **Hay progreso en el mundo material**
- **La abundancia es creada y gestionada**

Pero ¿qué decir de las culturas que hoy se desarrollan rápidamente con escasa influencia judeocristiana, como algunas en Asia? ¿Cómo progresan aun cuando pocas personas reconocen el teísmo bíblico? El hecho es que, estos principios no pertenecen a los judíos y los cristianos; rigen la creación y bendicen por igual a todos los humanos que actúan con suficiente perspicacia como para descubrirlos y aplicarlos. En pocas palabras, «la gravedad funciona». No es necesario comprenderla; no es necesario «creer en ella». El hecho es que la gravedad es una ley física universal. Actúa sobre todos los humanos, no solamente sobre los cristianos y los judíos.

Producción de culturas sanas

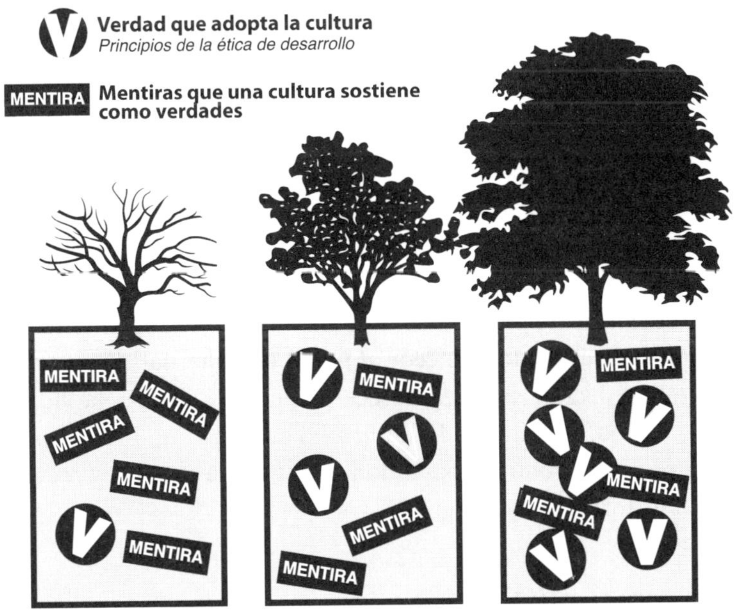

Todas sociedades se benefician de las equivalencias funcionales de la ética bíblica. El confucianismo, por ejemplo, tiene una ética de trabajo similar a la que articuló Weber. También, funciona en ambos sentidos. La actual inclinación de Occidente hacia el «presente», con su gratificación instantánea, y escasa atención al futuro, es un equivalente funcional del pensamiento animista.

La ética de desarrollo enriquece a las sociedades, ya que afirma características que mejoran la calidad de vida de la cultura, en contraposición a las que producen muerte. No destruye la cultura en nombre del modernismo, el desarrollo o el cambio. Por otra parte, el desarrollo humano es cualquier cosa menos un «valor neutro». No contribuye a la tendencia actual que idolatra la cultura. La ética de desarrollo permite a las personas ser lo que Dios propone para ellas, reprende algunos aspectos de la cultura y afirma otros.

Cuando se trata de desarrollo humano, el todo es mayor que la suma de las partes. No obstante, cuantos más elementos éticos preserva una sociedad, más preparada está para prosperar. Como las hebras entretejidas de un trozo de tela, cada hilo toca a los otros en distintos puntos.

Los cristianos que se preocupan por los pobres y hambrientos atrapados en el círculo de la pobreza deben articular la ética de desarrollo y compartir sus valores e ideales con ellos. Pero nuestra tarea no consiste en imponer un conjunto de valores. No hemos de concebir este gentil proceso como «civilizar a los salvajes». El desaparecido Chuck Colson enunció una vez el espíritu en que debemos compartir esta ética: «La Iglesia cristiana hace una Gran propuesta, invita a todo el mundo a la mesa, sin distinción de raza, origen étnico, trasfondo o condición económica. Invitamos a las personas a considerar una cosmovisión que funciona, que tiene sentido, a través de la cual la gente puede descubrir shalom y desarrollo humano».[6]

La difusión de esta ética concede al pobre una alternativa, una salida. Luego tiene que decidir si desea florecer o perecer, abrazar la vida o la muerte. Por último, el estímulo del desarrollo humano implica discipular a los individuos y a las culturas, basándonos en la obra creativa y redentora de Dios y su historia (véase la fig. 8.4).

Preguntas para el estudio

1. Mencione los dos aspectos del mandato de la creación
2. ¿Qué significa lo siguiente: «La tierra fue entregada al hombre con "necesidad de efectuar en ella algún ajuste"»?
3. Describa los tres conjuntos principales de leyes —leyes naturales, leyes metafísicas (morales) y ética de desarrollo.
4. Identifique cinco diferencias entre las leyes físicas y las leyes metafísicas.

5. ¿Tiene una persona que ser cristiana para apreciar y aplicar la ética de desarrollo? ¿Por qué sí o por qué no?
6. Ilustre al menos una manera en que la ética de desarrollo es aplicada y otra manera en que es violada en la comunidad donde usted trabaja.
7. ¿Qué preguntas o desafíos se le ocurren en respuesta a las ideas presentadas en este capítulo?

PART 4

SUS MAYORDOMOS

Y creó Dios al hombre a su imagen, a imagen de Dios lo creó; varón y hembra los creó. Y los bendijo Dios, y les dijo: «Fructificad y multiplicaos; llenad la tierra, y sojuzgadla, y señoread en los peces del mar, en las aves de los cielos, y en todas las bestias que se mueven sobre la tierra».

Génesis 1:27–28

Toda la creación se presenta como una obra de desarrollo cósmico. En el principio la tierra estaba «desordenada y vacía», pero con pericia artesana Dios la moldeó, llenó, organizó, hermoseó y pobló progresivamente. El marco de los «días» de la creación nos hace pensar en uno que «sale temprano a su trabajo hasta que declina el día». Este maestro artesano descansa una vez acabada su obra; como un gran artista, retrocede para contemplar su lienzo. El autor de la carta a los Hebreos añade un comentario final: «El arquitecto y constructor es Dios».

Maurice Sinclair, Green Finger of God

9

SIERVOS REBELDES

La naturaleza de las personas

Aprovechando el caos desatado cuando el hombre fuerte de Libia, coronel Muammar Gaddafi fue forzado a abdicar, los terroristas asociados con el estado islámico movieron ficha. Después de años de terrorismo, el ISIS ha agredido brutalmente a los no suníes de Iraq y Siria. Y también a los musulmanes chiíes, yazidíes, turkmenos y cristianos. Entre los dos millones de refugiados en Iraq hay 650.000 niños, con edades que oscilan entre 6 y 17 años. Muchos de ellos han sufrido el infierno desatado en sus hogares y comunidades. Han sido testigos de la violación de sus madres y hermanas y del asesinato de sus padres. Miles de hombres han sido alineados y ejecutados al estilo fascista de la Segunda guerra mundial. Los cristianos han sido crucificados, los niños decapitados, las mujeres violadas por bandas, forzadas a ser mujeres para los miembros del ISIS y quemadas vivas si se resistían. Esto es maldad en su forma más cruda. ¿Cómo puede ser?

Ojalá que tales actos de barbarie fueran aislados, manchas extrañas sobre un lienzo de una escena apacible de la existencia humana. Desgraciadamente, tales actos de crueldad se multiplican con mucha más frecuencia de la que nos gustaría admitir. Algunos decenios antes, hubo el régimen genocida de Pol Pot en Camboya. Y no debemos olvidar que los nazis, instigados por millones de alemanes, intentaron exterminar al pueblo judío. Antes de eso, los turcos intentaron acabar con los cristianos armenios. Y antes… los casos se suceden.

Aunque las personas son creación «admirable y maravillosa», «poco menores que los ángeles», nos hemos rebelado contra Dios y contra la creación de Dios, y somos pecadores hasta la médula de nuestro ser. Como revelan los acontecimientos precedentes, los pueblos con alguna tradición religiosa, o sin ninguna, pueden actuar movidos por sus impulsos más bajos cuando se presenta la oportunidad. Debido a que todo nuestro ser se ha corrompido, no debemos perder de vista la potencialidad del fracaso, el egoísmo e incluso la traición. Como nos recuerda el apóstol Pablo, somos perturbados por la herencia del pecado (Rom. 5:12) y propensos al mismo (Rom 3:23). La perspectiva que presentamos en este libro no encubre la depravación humana.* Pero el ser humano tiene dignidad porque ha sido creado a imagen de Dios.

Se da una tensión perpetua entre nuestra dignidad y nuestra depravación. Nunca debemos separarlas. El centrarnos exclusivamente en nuestra importancia engendra tiranía. Olvidar nuestra dignidad conduce a una cultura de muerte. Por su parte, el animismo niega la sacralidad y la importancia de la vida humana y el mal le parece algo normal. Por otro lado, el secularismo, aunque niega la sacralidad de la vida, afirma (sin ninguna base racional) que el hombre es bueno (véase la fig. 9.1). Insistamos un poco más en la concepción bíblica.

¿Cuál es la naturaleza del hombre?

Animismo **Teísmo** **Secularismo**

La concepción bíblica del hombre

El hombre es una maravilla, la corona de la creación de Dios. Se asemeja a Dios. La identidad del hombre se revela al final de Génesis 1, cuando el hombre (y la mujer) es creado a imagen y semejanza de Dios y se le encarga llenar la tierra y dominarla. No hay relato comparable en la literatura sagrada de ninguna otra religión. La vida humana es sagrada. Por lo que respecta a los atributos divinos comunicados al ser humano —amor, misericordia, sabiduría y otros— los seres humanos difieren de Dios únicamente en el grado de posesión. Pero diferimos radicalmente del resto de la creación por lo que toca a estos atributos —una diferencia no de grado sino de especie—. En cuanto a los atributos no comunicados de Dios —su omnipotencia, omnipresencia e inmutabilidad— diferimos de Dios en especie y somos iguales al resto de la creación, porque sólo Dios los posee. La Figura 9.2 ilustra cómo describió estas diferencias el apologista cristiano Francis Schaeffer.[1]

El hombre: Creación singular

Como ya hemos visto, la naturaleza de la imagen de Dios en el hombre es personal, racional y moral. El hombre ha sido diseñado para cumplir el propósito divino. Difiere del resto de la creación, fuimos creados para dominar sobre ella como vice-regentes de Dios. Como mayordomos, hemos de administrar la casa, la *oikonomía*, para «llenar la tierra con el conocimiento del Señor». Ejercemos dominio en tres maneras principales: sobre la naturaleza, usando la tecnología; sobre el tiempo, como agentes de la historia; y sobre nosotros mismos, como legisladores. Hemos de cumplir todo esto hasta que los propósitos de Dios se cumplan, se alcance su *teleos*.

Si cumplimos nuestra parte en el desarrollo de la historia como enviados especiales que la implementan, conforme al deseo divino, sucederán cosas sorprendentes.

Agentes de cambio

William Carey, egregio trabajador de desarrollo en la India (sin olvidar la gran labor misionera que llevó a cabo) escribió:

> Puesto que nuestro bendito Señor nos mandó pedirle que viniera su Reino, y que se cumpliera su voluntad en la tierra como en el cielo, nos conviene no sólo expresar con palabras que esto suceda, sino echar mano de todo método legítimo para propagar el conocimiento de su nombre... el pecado pasó a los hijos de los hombres por la caída de Adán, y desde entonces no ha dejado de extenderse... No obstante, Dios, repetidamente, dio a conocer su intención de prevalecer finalmente sobre todo poder del diablo, destruir sus obras y establecer su reino y su plan entre los hombres de manera tan universal como hizo Satanás.[2]

Vishal y Ruth Mangalwadi, comentan:

> La tragedia de nuestro tiempo es que, aunque muchos cristianos confían en el poder de Dios para cambiar el mundo a su regreso, muchos no creen en el poder del evangelio para transformar la sociedad hoy. Carey luchó contra males sociales específicos, lo mismo que sus amigos en Inglaterra perseveraban en su lucha contra el mal. Pero la confianza de Carey no estaba en su protesta o acción social, sino en el evangelio. Esto es justo lo contrario de los cristianos que ponen su esperanza de cambio en la «acción social». Es también una fe distinta a la de los que creen que el mundo sólo puede mejorar después del retorno del Señor Jesucristo. Carey fue un reformador porque comprendió la amplitud del concepto teológico del «Reino de Dios». Él creía que si instruimos a las naciones, veremos cumplirse en la tierra la voluntad de Dios de manera creciente.[3]

Por el contrario, la mentalidad de pobreza, ya sea por la vía del secularismo o del animismo, niega la posibilidad de progreso. El secularismo admite que el cambio es posible, pero es limitado e impersonal porque considera que el universo sólo es una máquina. Dado que no existe ninguna limitación moral en este sistema, la naturaleza existe puramente para satisfacer deseos humanos, y es así objeto de violación. El hombre domina la naturaleza. En realidad, aparte de Dios, el hombre normalmente domina y destruye la naturaleza. Por su parte, el animismo niega incluso la posibilidad de cambio, ya que percibe la vida como una serie de ciclos interminables. Para el animista, el hombre es dominado por la naturaleza. Pero en vez de destruirla, la adora.

La ética judeocristiana, a diferencia del secularismo o el animismo, considera que el hombre no es una máquina ni una gota en el océano cósmico, sino un individuo complejo y completo. El ser humano posee alma, corazón, mente, voluntad y fuerza. Aunque Jesús era Dios, también era hombre; compartió nuestra humanidad en toda su complejidad. Como dice de Él Lucas 2:52: «Y Jesús crecía en sabiduría y en estatura, y en gracia para con Dios y los hombres». Como humano sublime, Cristo creció en sabiduría, en capacidad para aplicar la verdad moral. Creció en las facetas física, espiritual y social.

Como Cristo, los seres humanos cuentan con una rica red de relaciones dentro del orden creado. Como el concepto cristiano de la Trinidad, esas relaciones tienen lugar tanto dentro como fuera de la persona —con Dios, con otras personas y con el resto de la creación—. Obviamente, la analogía no es perfecta, pero describe la complejidad de nuestra unidad y diversidad (la cual examinaremos más detalladamente en el próximo capítulo). Esta complejidad es notablemente distinta a la mentalidad de pobreza. El secularismo concibe al hombre como indivisiblemente físico, mientras que el animismo lo considera fundamentalmente espiritual, con un cuerpo físico ilusorio y, en última instancia, insignificante.

Profanación de la imagen de Dios

El hecho de que el hombre haya sido creado a imagen de Dios establece que la vida humana es sagrada, que toda persona tiene dignidad: jóvenes o ancianos, judíos o griegos, fuertes o débiles, negros o blancos, hombre o mujer, desde su concepción hasta su muerte natural. Todos llevan la impronta divina. Por el contrario, la «calidad de vida» aparentemente razonable del secularismo abre la puerta a males monstruosos. Una vez que se acepta que la vida de alguien es indigna, las consecuencias son espantosas.

En la Alemania nazi, millones de judíos, gitanos, débiles y enfermos fueron encarcelados, torturados y masacrados —«eliminados del patrimonio genético»—. En efecto, al mismo tiempo, la mano del movimiento eugenésico caló profundamente en el terreno intelectual de los EE.UU., país fundado sobre el principio de que «todos los hombres son creados iguales».

Margaret Sanger, fundadora de *Planned Parenthood*, dijo en su libro The *Pivot of Civilitation*, publicado en 1922: «La debilidad mental se perpetúa en las filas de los insulsos indiferentes ante su responsabilidad racial. Y es mayormente a este tipo de humanidad a la que estamos recurriendo para poblar el mundo en las generaciones futuras. En esta orgía de multiplicación y repoblación de la tierra, este tipo multiplica y perpetúa al mismo ritmo los males más graves que debemos extirpar de raíz, si es que la civilización va a sobrevivir».[4]

En el caso *Buck v. Bell*, celebrado ante el Tribunal Supremo en 1927, el juez Oliver Wendell Holmes defendió la decisión de Virginia de obligar a esterilizar a Carrie Buck, mujer «deficiente mental». «El principio que sustenta la vacunación obligatoria es bastante amplio para cubrir el corte de las trompas de Falopio», escribió Holmes. «Tres generaciones de imbéciles son suficientes».[5]

Antes de eso, el mismo tipo de consideraciones utilitaristas enviaron a millones de personas a la esclavitud por todo el imperio británico y los EE.UU.

Los Países Bajos despenalizaron la eutanasia en 2002. Según Newsweek:

> En 2013, según los últimos datos, 4.829 personas en todo el país decidieron que una prescripción médica pusiera fin a sus vidas. Eso significa una de cada 28 muertes en los Países Bajos, y el triple del número de personas que murieron de esta manera en 2002. Los holandeses no exigen prueba de enfermedad terminal para permitir a los médicos que «ayuden» a los pacientes a morir. Aquí las personas pueden escoger la eutanasia si pueden convencer a dos médicos que padecen un sufrimiento «insufrible», definición que se amplía cada año. Los residentes en el país pueden escoger actualmente la eutanasia si están cansados de vivir con la enfermedad de Lou Gehrig, esclerosis múltiple, depresión o soledad. Los holandeses pueden ahora escoger la muerte si están cansados de vivir.[6]

Una nueva expresión se ha incorporado al vocabulario: genocidio de género, o exterminio sistemático de un grupo sexual, en este caso, el femenino. Aunque el asesinato de mujeres se ha venido produciendo durante mucho tiempo, sólo en los últimos años nos hemos dado cuenta del horror que se ha ocasionado. Las autoridades estiman que «faltan» unos 200 millones de mujeres. ¿Adónde fueron? Algunas fueron asesinadas en su noche de bodas, otras fueron víctimas de infanticidio, asesinadas el día de su nacimiento. Otras murieron antes de ver la luz por medio del aborto selectivo por razón de sexo. En efecto, cada año son asesinadas más niñas en China y la India de las que nacen en EE.UU.

Neocutis, empresa de cosmética de San Francisco, provocó indignación en defensores pro-vida cuando descubrieron que había fabricado una crema contra el envejecimiento usando células cutáneas de fetos abortados.[7] Tal barbarie en un Occidente supuestamente «civilizado» puede conducir a conversaciones interesantes. Una vez me contaron el caso de dos trabajadores humanitarios estadounidenses que observaron el ritual camboyano que absorbe el cerebro de monos vivos y condenaron el acto tildándolo de salvaje. Su anfitrión y traductor, natural de Camboya, arremetió contra ellos diciendo: «¿Qué derecho tienen ustedes a condenar esta costumbre cuando hay gente en Estados Unidos que succiona fetos vivos del vientre de sus madres?».

Por su parte, muchas religiones animistas han ofrecido sacrificios humanos a sus dioses. La costumbre hinduista del *sati*, mediante la que una viuda es quemada viva en la pira funeraria de su marido, no fue rebatida hasta que William Carey se opuso a ella públicamente.

La concepción occidental de los derechos humanos procede de la idea bíblica de que somos creados a imagen de Dios y que Dios (no el hombre) es soberano. Sin embargo, aunque los seres humanos son la coronación de la creación de Dios y tienen un valor inestimable, la Biblia y milenios de historia nos enseñan que todos somos pecadores; todo aspecto de la naturaleza humana está contaminado por el pecado. Los teólogos denominan a esta condición depravación total. John Stott ha dicho que depravación total «nunca significó que el ser humano sea todo lo depravado que puede llegar a ser, sino más bien que cada parte de nuestra humanidad, incluida la mente, ha sido deformada por la Caída».[8] Las personas pueden aún amar, pero ahora, en vez de amar a Dios, muchos adoran ídolos. La gente sigue siendo creativa, pero ahora algunos usan su creatividad para tramar ataques terroristas.

El hombre es un rebelde

La historia de la caída de los seres humanos no es sólo una historia válida, sino también la mejor explicación que da cuenta de nuestra depravación.

Comenzamos siendo criaturas libres y morales, no sólo con discernimiento moral sino moralmente buenas. En Adán y Eva fuimos colocados en un medio perfecto. Creados como seres libres, sólo se nos impuso una prohibición.

> «Y Jehová Dios plantó un huerto en Edén, al oriente; y puso allí al hombre que había formado. Y Jehová Dios hizo nacer de la tierra todo árbol delicioso a la vista, y bueno para comer; también el árbol de vida en medio del huerto, y el árbol de la ciencia del bien y del mal».
> «Tomó, pues, Jehová Dios al hombre, y lo puso en el huerto de Edén, para que lo labrara y lo guardase. Y mandó Jehová Dios al hombre, diciendo: De todo árbol del huerto podrás comer; mas del árbol de la ciencia del bien y del mal no comerás; porque el día que de él comieres, ciertamente morirás».
> «Entonces la serpiente dijo a la mujer: No moriréis; sino que sabe Dios que el día que comáis de él, serán abiertos vuestros ojos, y seréis como Dios, sabiendo el bien y el mal. Y vio la mujer que el árbol era bueno para comer, y que era agradable a los ojos, y árbol codiciable para alcanzar la sabiduría; y tomó de su fruto, y comió; y dio también a su marido, el cual comió así como ella. Entonces fueron abiertos los ojos de ambos, y conocieron que estaban desnudos; entonces cosieron hojas de higuera, y se hicieron delantales». Gén. 2:8-9, 15-17; 3:4-7).

Las consecuencias de esta terrible elección han resonado a través de la historia. Su eco aún se puede oír en el lastimoso escenario de nuestros logros. Cuando se produjo la desobediencia de Adán y Eva, su relación más importante (con Dios) quedó interrumpida y murieron espiritualmente. Y todas sus relaciones secundarias, como revelan su vergüenza y su culpa, también quedaron cortadas.

Por cuanto su relación con el Diseñador de su existencia quedó interrumpida, ya no sabían quiénes eran ni qué era la creación. A su bancarrota moral se añadió la corrupción metafísica. A instigación de Satanás, se forjó una nueva explicación del universo desde una perspectiva antropocéntrica. El mal natural entró en el mundo (Génesis 3:16-19), y no sólo reinó la muerte espiritual (Génesis 2:16-17), sino también la muerte física (Génesis 3:22-24). En nuestra condición caída, la gente aprendió en seguida a amar la muerte, como demuestra el asesinato de Abel a manos de Caín. Se cerró el lastimoso ciclo de la muerte: mal moral en el hombre, mal natural en la creación, y, por último, muerte cultural en la sociedad.

No podemos echar la culpa a nadie de esto salvo a nosotros mismos. Nuestro problema no está en el medio ambiente, sino en nosotros mismos. Como dice Pablo en Romanos 1:21-23, los hombres se extraviaron en sus inútiles razonamientos, y se les oscureció su insensato corazón. Cambiaron la sabiduría por la vanidad. Peor aún, prefirieron los ídolos a la gloria de Dios.

Puesto que la gente sigue siendo importante, nuestras decisiones pecaminosas influyen en el mundo que nos rodea. Lo que hay en nuestro corazón eventualmente se manifiesta exteriormente (véase Rom. 1:24-27), y nos arrastra cada vez más al pecado y la depravación. Estas dos palabras —pecado y depravación— curiosamente, no figuran en el vocabulario moderno. Pero hemos visto la huella de su realidad desde los albores de la historia. Pecado significa «errar el blanco» de la santidad y la justicia de Dios; depravación indica la corrupción moral del hombre en cada fibra de su ser.

Aunque somos rebeldes redomados contra el justo gobierno de Dios, seguimos teniendo un enorme valor para nuestro Creador. Somos pecadores importantes, no nulidades. Como comentó acertadamente Alexander Solzhenitsyn, «la línea que separa el bien y el mal no cruza estados ni clases, ni tampoco entidades privadas —sino justo el corazón humano».[9]

Muchas personas desean cambiar el mundo. No obstante, hay pocas que reconocen que hay que cambiar la mente y el corazón del hombre. El sistema está quebrado. El mal natural (muerte, hambre, sequía, sufrimiento, dolores de parto, mala hierba en el huerto) abunda. Además, el mal moral de otros, y el de nosotros mismos, se esparce por el paisaje como gas mostaza. Estas cosas son consecuencias de la caída.

Más aún, normalmente experimentamos consecuencias que concuerdan con nuestra conducta. La Biblia y la experiencia humana sugieren firmemente que la bendición deriva de la obediencia a la ley de Dios, y la maldición, de la desobediencia. Aunque a veces los justos, como Job, sufren injustamente en este mundo caído, y los malvados (como en el Sal. 73) parecen disfrutar todo lo que la vida ofrece, la obediencia a la ley de Dios normalmente conduce a la prosperidad. Inversamente, no ha de sorprender que cuando las personas desacatan o ignoran estas leyes sobrevenga la pobreza (en todas sus formas).

Una persona perezosa suele acabar empobrecida (a menos que alguien cuide de ella). El participar en conductas inmorales, como la fornicación, el adulterio o la homosexualidad, puede acarrear enfermedad y muerte. Toda clase de adicciones pueden arruinar carreras y sacudir familias. Aunque estas consecuencias se reproducen a diario, no han de considerarse normales, no ciertamente desde la perspectiva divina. El mal moral, natural e institucional son intrusos en el mundo. Como miembros de un movimiento mundial de resistencia, debemos luchar contra el pecado en todas sus formas y efectos. La medicina se rebela contra la enfermedad, la agricultura contra las plagas, la educación contra la ignorancia, la ley contra la anarquía.

En definitiva, Dios deshace las consecuencias de la caída por medio de su plan de redención y reconciliación con los pecadores. En ese plan participan pecadores redimidos, reconciliados. La Gran Comisión es, nada menos, un llamado a discipular las naciones. Pero si la iglesia no discípula a las naciones, las naciones discipulan a la iglesia. El dilema humano es sistémico. No es mero quebranto espiritual, como argumentarían muchos pietistas. Ni tampoco es un problema meramente estructural, como afirmarían muchos secularistas. Cada partícula de nuestra existencia se ve afectada. Todas las relaciones se ven sacudidas, también el lazo fundamental, vertical con Dios. Además, las cuatro esferas horizontales de relaciones secundarias precisan ser reparadas con la ayuda de la psicología; la relación con los otros, con ayuda de la sociología; la relación con la naturaleza, con ayuda de la agricultura y la economía. Y finalmente, la relación del hombre con lo metafísico, el mundo de las ideas. Esto implica conocimiento (epistemología), ética y teleología (el estudio de las «finalidades» o propósito). Por cuanto nuestra relación fundamental con Dios se ha resentido, todas las relaciones secundarias también han sufrido confusión.

Las relaciones rotas producen consecuencias devastadoras. La vanidad humana crea un mundo ilusorio que proyecta en el mundo real. Vemos lo que queremos ver (y lo que Satanás desea que veamos). La batalla actual contra la sexualidad humana y la familia es un ejemplo. En un país tras otro la definición tradicional, histórica y bíblica del matrimonio (un hombre y una mujer para toda la vida) se está sustituyendo por antiguas ideas paganas sobre la sexualidad. Se está «redefiniendo» el matrimonio para dar cabida a las relaciones homosexuales y poli-sexuales.

¿Cómo sucedió esto? La Biblia enseña que las personas sin Cristo están espiritualmente esclavizadas por el reino falso del demonio. Pablo escribió: «Porque no tenemos lucha contra sangre y carne, sino contra principados, contra potestades, contra los gobernadores de las tinieblas de este siglo, contra huestes espirituales de maldad en las regiones celestes» (Efe. 6:12).

Según Deuteronomio 30:11-20, Dios advierte a su pueblo que la obediencia conduce a la vida, y la desobediencia a la muerte. Rebelarse contra Dios no es un acto neutro; conduce a la muerte. «Mas el que peca contra mí, defrauda su alma; Todos los que me aborrecen aman la muerte» (Prov. 8:36).

Herbert Schlossberg describe el humanismo secular como «filosofía de la muerte».

> Los argumentos en favor del aborto, el infanticidio y la eutanasia revelan que la ética humanista desea restringir el derecho a vivir y ampliar el derecho a morir —y matar—. El humanismo es una filosofía de muerte. Abraza la muerte, desea una muerte fácil, advierte de la horrible carga de tener que vivir para el bebé con minusvalía, para cuidar al enfermo con dolor... La gente que aboga por la muerte digna no sabe nada de la vida; la tiene en poca estima, y abraza al enemigo como si fuese un amigo.[10]

El presidente Mao llevó la cultura secularista de la muerte a su conclusión lógica institucionalizando la muerte en China. Millones de campesinos, intelectuales, cristianos, y empresarios perdieron la vida, víctimas de su megalomanía. Sin embargo, Mao no fue una aberración histórica. Stalin, Hitler, Lenin, Pol Pot, Idi Amin, Kim Jong-II, Sadam Hussein, Bashar al-Assad y otros, exterminaron a decenas de millones, a menudo en nombre del «progreso».

Por supuesto, el animismo ha matado gente durante milenios. William Carey no sólo luchó contra la quema de viudas, como hemos visto, sino también contra el festival anual hindú de *Sagar Puja*, en el cual, los niños eran arrojados como sacrificios al Ganges, río en el que se ahogaban o eran comidos por los cocodrilos.

¿Construyen las sociedades sus instituciones basadas en el ideal reconfortante, aunque erróneo, de que la gente es básicamente buena? Si es así, millones mueren sin necesidad cuando la realidad no concuerda con el ideal. Mantener el orden en tales sociedades exige, a la larga, totalitarismo. ¿O construyen las sociedades sus instituciones basadas en la realidad del pecado del hombre? Las que hacen esto probablemente crearán instituciones que restringen el mal, la ilegalidad y la muerte. La economía de mercado libre y las estructuras políticas republicanas, pese a todas sus limitaciones y defectos, son significativamente mejores que las otras alternativas para restringir el mal y asegurar el orden en libertad. Esto es así porque reconocen la depravación humana.

Francis Schaeffer notó que las raíces teológicas del protestantismo y del catolicismo habían ocasionado efectos muy dispares en la historia de la Europa del norte (protestante) y del sur (católica). Michael Novak, autor católico, llegó a una conclusión similar. Novak comenzó su periplo como socialista y fue seminarista católico. Sintió compasión por los pobres, y no pudo evitar constatar las sendas divergentes que habían seguido América del Norte y América del Sur. Tenían el mismo número de pueblos indígenas y aproximadamente el mismo número de colonos europeos. Sudamérica tenía muchos más recursos naturales. Pero América del Norte, con sus raíces en la Reforma, era mucho más rica. En su volumen clásico *El espíritu del capitalismo democrático*, Novak reconoció que las diferencias en prosperidad y libertad dependen, en última instancia, del ámbito espiritual, las ideas y la visión. La Europa protestante, al aflojar el control de la Iglesia sobre el Estado, liberó las mentes humanas, lo que permitió a su vez la prosperidad en el ámbito material. Novak escribió:

> Es inútil intentar construir una república para santos. Hay demasiados pocos, y además de pocos, es difícil convivir con ellos. No. Si uno desea construir una república que permanezca, debe diseñarla para pecadores. Esa es la única «mayoría moral» que hay... una república para pecadores —y, por lo tanto, una república de controles y equilibrios, como también otras «precauciones adicionales» (usando la expresión de James Madison, bien enseñado por maestros cristianos)...
>
> La Ciudad de Dios no es ciudad de hombres. La gran ilusión de que los ciudadanos son intrínseca e infaliblemente buenos, y que los funcionarios estatales pueden instaurar la felicidad en la tierra, choca contra la realidad. Campos enteros de teoría social y psicológica, basados en teorías utópicas, no han tenido en cuenta la pecaminosidad común de los seres humanos. Mire en derredor. Puede comprobar las ruinas.[11]

¿Cómo podemos explicar la dignidad y la depravación del hombre en las esferas política y económica? Por lo que respecta a nuestro valor, la libertad de mercado nos anima a «amar a nuestro prójimo como a nosotros mismos». Nos permite cuidar de nuestras propias necesidades y, al mismo tiempo, ofrecer valor y servicio a otros. La Biblia estimula la propiedad privada y el derecho de las personas a beneficiarse de su propio trabajo. (Véase Éxo. 20:15; Prov. 14:34; 1 Tes. 4:11; Efe. 4:28.) También nos ayuda a ver el trabajo como un llamado de Dios porque somos sus mayordomos.

Por lo que respecta a nuestra depravación, la libertad de mercado preserva nuestra honestidad y permite que la mayoría se beneficie. Ciertamente, la libertad de mercado no es perfecta y no puede resolver como por encanto todos los problemas, pero supera sin duda a sus alternativas económicas (mercantilismo, capitalismo de connivencia, consumismo, comunismo y socialismo).

¿Y qué sistema de gobierno afronta de manera más realista la depravación humana? En este mundo imperfecto, lo más prudente es evitar la concentración de poder. El gobierno tiene que ser lo suficientemente firme como para mantener a raya la anarquía y blando para proteger al pueblo de sus gobernantes. Los fundadores de los Estados Unidos instituyeron un sistema de controles y equilibrios, dividiendo el poder entre los brazos ejecutivo, legislativo y judicial. El fruto cosechado ha sido un sistema democrático estable que ha maravillado al resto del mundo. Pero el sistema estadounidense puede aplicarse mucho más allá de las fronteras del país.

Una vez tuve el placer de compartir habitación con un activista político costarricense. Una noche después de cenar este hombre me contó que pensaba presentarse como candidato a la presidencia y me pidió mi opinión.

—Asegúrese que haya leyes que protejan al pueblo de usted —le dije, esperando provocar un vivo debate.

—¿Qué quiere usted decir? —replicó un poco desconcertado.

—Cerciórese de que las leyes de Costa Rica protegen a sus ciudadanos de usted y sus excesos.

—¿Por qué? —balbuceó.

—Porque el poder corrompe —le dije, invocando la famosa máxima de Lord Acton—. Si no tiene en cuenta que es pecador, el poder de la presidencia le corromperá.

No sé si hizo caso a mi consejo.

Preguntas para el estudio

1. En sus propias palabras, resuma las dos caras de la naturaleza humana: *La vida humana es sagrada y todas las personas son pecadoras*:

2. ¿Qué implicaciones tienen estas ideas en su labor a favor de los pobres?
3. ¿En qué se asemejan los seres humanos a Dios?
4. ¿En qué nos asemejamos al resto de la creación?
5. Hemos sido diseñados para cumplir el propósito de Dios. ¿Qué tiene que ver esto con ayudar a la gente a prosperar?
6. ¿Por qué es importante ser «personas íntegras» para el proceso de desarrollo humano?
7. Cuando los seres humanos se rebelaron contra Dios, su relación fundamental con Él quedó interrumpida. Y como consecuencia, sus relaciones secundarias quedaron rotas. Mencione las relaciones secundarias y ponga ejemplos de cómo se han visto afectadas.
8. Ponga un ejemplo de pecado y depravación en los siguientes ámbitos: su vida, su iglesia, la comunidad donde trabaja.
9. Ponga ejemplos de pobreza que son resultado directo del mal moral en la comunidad donde usted vive o trabaja.
10. Puesto que el mal natural no es normal, hemos de luchar contra él. Identifique ejemplos de mal natural en la comunidad donde usted vive o trabaja. ¿Qué hace la gente para responder al mal natural? O si no hace nada, ¿qué podrían hacer?
11. ¿Qué preguntas o desafíos se le ocurren en respuesta a las ideas presentadas en este capítulo?

10

EL UNO Y LA PLURALIDAD

La naturaleza de la comunidad

Para agradar a los amigos, los estudiantes rusos suelen prestarse a copiar para sus compañeros, o al menos a hacer la vista gorda. Según el informe anual del Proyecto de Control de Mercados y Organizaciones Educativas, uno de cada siete estudiantes universitarios admite haber copiado en los exámenes. Más aún, uno de cada 25 admite haber pagado a alguien por redactar por encargo un trabajo de evaluación de mitad o final de curso. Estos resultados, obtenidos en un trabajo realizado en 2013, rastrea un dilatado historial de honestidad académica, o falta de ella, en Rusia.[1] En el libro publicado en 1966 *Waking the Tempests*, un estudiante de secundaria confesó a la autora, Eleanor Randolph, «Si alguien te pide ayuda y le respondes: "No, yo respeto la ley", serás marginado».[2]

A lo largo de la historia, las sociedades se han esforzado por organizarse en torno al individuo o la comunidad, uno o muchos. El comunismo, cuyos vestigios persisten en China, Rusia y los antiguos países del Este, tomaron partido por los muchos a expensas del individuo. Por otro lado, la atmósfera del «todo vale» que se respira actualmente en EE.UU., ejemplifica el otro extremo, el individualismo radical. Desgraciadamente, muchas sociedades se han precipitado por un extremo o por el otro: individualismo o colectivismo,* tribalismo o igualitarismo.* En cualquier caso, el individuo sufre menoscabo.

En definitiva, el relato que una cultura escoge vivir no es cuestión de casualidad; es cuestión de religión.

Raíces de «el uno» y «la pluralidad»

Las sociedades que empiezan con el «uno» normalmente proceden de tres perspectivas religiosas básicas:

(1) El monismo sostiene que la única realidad es espiritual y que «todo es uno». El hinduismo y el budismo son ejemplos de esta visión oriental de unidad. Un subconjunto del monismo es el panteísmo, que sostiene que «Dios» es el universo mismo. El panteísmo cree que todo es, en el fondo, espíritu impersonal y orgánico. Este enfoque es posmoderno y se revela en la espiritualidad de la Nueva Era,* películas como *Avatar*, *La guerra de las galaxias* y el ecologismo radical.

(2) El materialismo sostiene que la única realidad es la materia y la energía, que siguen ciegamente las leyes del universo. Esta idea es no-espiritual y más mecanicista que el monismo, pero igualmente impersonal. El ateísmo, el naturalismo, el secularismo, el evolucionismo y el reduccionismo son etiquetas alternativas de este esquema.

(3) El unitarismo* sostiene la creencia en un Dios infinito (con lo que los cristianos de buena gana estarían de acuerdo), pero este Dios existe sólo como una sola «persona», como entidad unitaria, como uno e indivisible. La palabra *persona* va entrecomillada porque una mónada eterna no tiene satisfacción relacional, no puede amar ni ser amada, no puede ser una persona. Por ejemplo, el islam, el unitarismo, el judaísmo moderno y sectas como los testigos de Jehová.

Por el contrario, las sociedades politeístas —como las sociedades animistas tradicionales, creyentes en dioses romanos y de la antigua Grecia, deidades del Oriente Próximo, como Baal, y seguidoras del sintoísmo, e incluso del mormonismo— comienzan por «muchos». Afirman que el universo está regido por una pluralidad de dioses personales finitos, algunas veces, incluso humanos, deificados. Estas sociedades tienden a centrarse en el grupo y prestan poca atención al valor y la dignidad del individuo.

¿Podemos hallar un equilibrio bíblico que afirme la vida entre estas dos concepciones, y en este caso, cómo se puede manifestar este equilibrio en la sociedad humana? Creo que podemos hallarlo en la doctrina bíblica de la Trinidad, que describe que el Dios único existe en tres Personas Divinas —Padre, Hijo y Espíritu Santo.

A diferencia de los enfoques previos, la creencia en la Trinidad establece un punto de intersección radical, de integración profunda del individuo con la comunidad. Las sociedades que descubren este «secreto» aprecian, tanto la libertad (que enfatiza el individuo) como la justicia (que enfatiza la comunidad).

La naturaleza de Dios como uno y plural se refleja en la (difícil de entender) doctrina de la Trinidad. ¿Realmente marca una diferencia el que una cultura esté fundada en esta revelación divina? Sí, porque las ideas tienen consecuencias. Todo lo que un pueblo hace, la manera en que vive, se basa, en última instancia, en supuestos metafísicos.

En 2016, Diccionarios Oxford, productor del diccionario de definiciones de la lengua inglesa, escogió *post-verdad* como palabra del año. ¿Afectará a nuestra vida el cambio de una cultura (objetiva) basada en la verdad a una cultura de la post-verdad? ¡Sin duda alguna! Estamos sustituyendo el rigor de las ciencias duras, como la física, la astronomía, las matemáticas y la química por ciencias blandas como la antropología, la psicología y la sociología. Por ejemplo, la menor atención actual a los «hechos», en muchas asignaturas y centros de enseñanza, se remonta a una creencia tácita en el relativismo, que a su vez se asienta en un rechazo de los absolutos bíblicos. ¿Por qué, pues, Pepito no sabe sumar? Quizá porque su cultura occidental se ha apartado de Dios.

Las Escrituras presentan a Dios, sin tapujos, como «uno y trino», el Dios «Único y Diverso» —Padre, Hijo y Espíritu Santo (p. ej., Mat. 28:19; Hech. 7:55; Gal. 4:6; 2 Cor. 13:14)—. Este Dios en quien «vivimos, nos movemos y existimos» (Hech. 17:28), ejemplifica la unidad y la diversidad, ya que es simultáneamente un Dios y tres Personas. Otros se han zambullido en la profundidad teológica de este misterio insondable mucho mejor de lo que podría hacerlo yo.[3] Pero un punto a recordar para nuestro propósito es que este Dios es una comunidad de personas. ¡Dios es Comunidad!

En su libro «*La máquina del tiempo*» Arthur Koestler propuso el término *Holon* a partir de la combinación de la palabra griega Holos (todo) y el sufijo On (que como en neutrón o protón sugiere la idea de «parte») Aunque esta palabra no ha cautivado la imaginación del público, capta perfectamente el sentido de lo uno y lo plural.[4]

Implicaciones de la Trinidad

El economista británico Brian Griffiths comenta las implicaciones radicales de este Dios asombroso para nuestra vida social, política y económica. En cuanto a la naturaleza trina de Dios, Griffiths comenta: «Afirma que antes del tiempo había pluralidad de personas en la Trinidad. Dios no estaba solo. No era una figura solitaria, incapaz de comunicarse, para quien el amor fuera una idea irrelevante. La Trinidad era una comunidad, una fraternidad. Las personas de la Trinidad se relacionaban entre sí como siempre».[5]

Por lo que respecta a la importancia de la Trinidad para la sociedad humana, Griffiths declara:

> Esto supone dos implicaciones importantes. Sugiere que la idea de comunidad es crucial para la vida social. Toda visión de la sociedad que analice la conducta como si el individuo fuera una especie de autómata es deficiente porque no acierta a captar la importancia de las relaciones. No fuimos creados para vivir como Robinson Crusoe. Aparte de esto, hay también una relación que la Trinidad expresa entre uno y varios, la unidad y la diversidad. En la Trinidad, el Dios único no tiene preferencia sobre las otras personas, ni las otras personas tienen prioridad sobre el Uno.[6]

Las implicaciones prácticas para la vida política y económica son profundas.

ANIMISMO

Conformidad

Teísmo

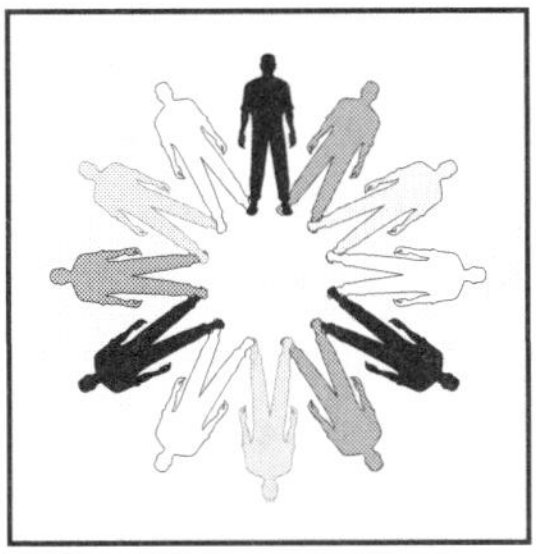

Comunidad

Secularismo

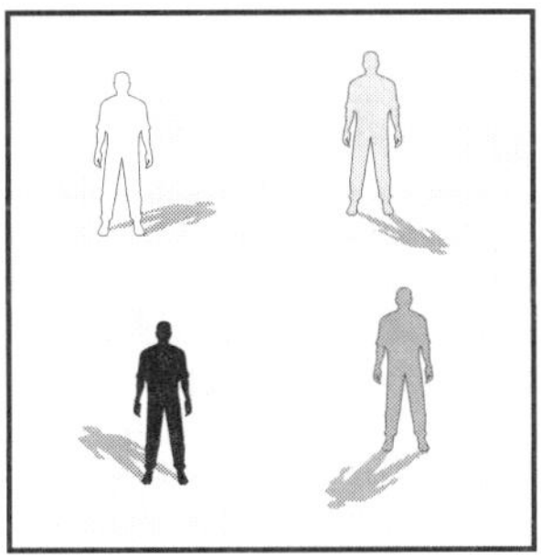

Individualismo

Nancy Pearcey, en su excelente libro *El hallazgo de la verdad*, entiende que el Dios unitario que presenta el islam acarrea consecuencias reales para la vida humana en el mundo. Cita a Robert Letham: «Una mónada solitaria no puede amar y, como no puede amar, tampoco puede ser una persona... No tiene manera de explicar, ni siquiera de sostener, la personalidad humana».[7] También cita a Udo Middlelmann: «El islam es una religión de resignación… Alá creó el mundo, y es preciso aceptar la manera en que él se relaciona con uno, aunque le quite la vida. No se permiten preguntas, ni dudas, no hay responsabilidad individual. La salvación radica en la negación del yo».[8]

Así pues, «lo uno» conduce a la unidad de la comunidad. En vez de diversidad, predomina la uniformidad, ya que el Estado domina y es soberano sobre el individuo. Cualquiera que visite los grises y anodinos bloques de pisos de Moscú o de Varsovia, edificados durante el aplastante régimen comunista, que aún siguen en pie, podrá ver sus profundas huellas deshumanizadoras.

«La pluralidad», por su parte, promueve la diversidad y el individualismo, la conclusión lógica de la disolución del Estado. En su libro *The Disuniting of America*, publicado en 1992, el historiador Arthur Schlesinger argumenta que la actual obsesión con el multiculturalismo* está erosionando los valores fundacionales de los Estados Unidos.[9] Un cuarto de siglo después de Schlesinger, se aprecian las consecuencias del multiculturalismo aún más claramente en la sociedad occidental. Las identidades nacionales se están disolviendo ante nuestros propios ojos.

Por lo tanto, la salida consiste en mantener la tensión entre los derechos de la comunidad y los del individuo. Solo este equilibrio creará un estado libre y justo.

Columnas de la comunidad

	MUCHOS	VARIOS	UNO
LOS VALORES	Hacia fuera, otros	**Del yo hacia otros**	Hacia dentro, el yo
	Nosotros	**Tú (tú + nosotros)**	yo
	Comunitarismo	**Comunidad**	Individualismo
	Centrado en los otros	**Centrado en Dios**	Centrado en el yo
	Auto-depreciación y degradación	**Interés propio santificado**	Egoísta
	Dependiente	**Interdependiente**	Independiente
	Paternalismo	**Insuficiencia**	Egoísmo
	Derechos de grupo	**Responsabilidad personal**	Derechos del individuo
	Tribu de Bora	**La iglesia**	Hombre de Marlboro
LOS RESULTADOS	Tiranía	**Libertad**	Anarquía
	Injusticia	**Justicia**	Caos

La tabla de la figura 10.4 muestra las tres columnas básicas para establecer una comunidad. En tanto que «lo uno» se centra internamente en el yo y «lo plural» se centra externamente en otros, «lo uno y lo plural» se centran en lo exterior *y* lo interior. Exteriormente, el enfoque es hacia arriba, en Dios; hacia abajo en la creación; y horizontalmente, hacia el hombre. Interiormente, el enfoque preserva el acento en el yo, pero no de forma predominante.

Los bien conocidos conceptos psicológicos/sociológicos del *yo*, el *tú* y el *nosotros* ayudarán a clarificar este delicado equilibrio. El *yo* se centra en el individuo. Se percibe en el acento que pone la cultura occidental en el individuo. Bajo este sistema, el *nosotros* desaparece y el *tú* no existe, por definición. Por contraste, el *nosotros* enfatiza el colectivismo. Al centrarse solamente en los otros, el *yo* desaparece y el *tú*, carece de diversidad, si es que existe. Se adora el grupo. Un ejemplo, en este sentido, sería la tribu boran del norte de Kenia, que no puede decir «mi hijo», «mi casa» o «mi cabra». Sólo puede decir «nuestro hijo», «nuestra casa» o «nuestra cabra».

Sólo cuando se incluye el *Tú*, en Dios, y se adora, el *yo* y el *nosotros* hallan su lugar adecuado. Desde esta perspectiva se obtiene la comunidad, basada en el respeto a la autoridad de Dios, el yo y los otros. La divisa básica de la comunidad es la relación. Las relaciones se sitúan en varios niveles: la familia, la familia extendida, el vecindario, los distintos grupos culturales, cívicos y religiosos (las llamadas instituciones mediadoras), la nación y la comunidad internacional.

Una relación adecuada entre el *yo* y *nosotros* sólo se puede mantener si estamos debidamente relacionados con el *tú*, que es Dios. Como dijo el gran teólogo Charles Hodge, la gloria de Dios debe ser el «motivo rector» de nuestros actos.

> El sol es el centro del sistema. Los hombres del mundo se tienen a sí mismos por objeto de sus actos. Los filósofos nos recomiendan buscar el bien de los demás; y así destruyen la confianza en la religión, al convertirla en filantropía o benevolencia. La Biblia nos exhorta a hacer de la gloria de Dios nuestra meta. Esto asegura los otros objetivos, subordinándolos, al tiempo que exalta el alma, colocándola ante un objeto personal infinito. He ahí la diferencia entre buscar la gloria de Dios (la persona de Jehová) como fin de nuestros actos, y el bien del universo, o del ser en general, la diferencia que hay entre el amor a Cristo y el amor a una idea abstracta. Una cosa es religión, la otra moralidad.[10]

El individuo y la comunidad

Es bíblico tener una estima adecuada del Yo. Implica, en primer lugar, tener una visión objetiva de uno mismo o, como dice Pablo, «pensar de uno mismo con moderación» (Rom. 12:3). El mandato de Cristo de amar al prójimo como a uno mismo (Mat. 19:19) implica, como mínimo, una autoestima sana.

En la medida de lo posible, debemos ser *independientes* como individuos e *interdependientes* en la sociedad. Nos necesitamos unos a otros en comunidad. No obstante, sobre todo, debemos ser teo-dependientes, y reconocer el dominio soberano de Dios sobre nuestra vida y su creación. Somos deficientes por nosotros mismos. La iglesia, el cuerpo de Cristo, cesa de funcionar sin su cabeza, que es Cristo.

¿Cómo mantener este equilibrio? ¿Qué comparte la familia humana que proporciona la base para la unidad? Primero, puesto que todos hemos sido creados a imagen de Dios, somos iguales en valor y dignidad. Segundo, con nuestros padres Adán y Eva, todos somos miembros de la misma familia (Gén. 3:20), creados por el mismo Señor, capaces de tomar decisiones morales, y por tanto, moralmente responsables. Tercero, todos somos pecadores por naturaleza y vivimos en un mundo caído lleno de pruebas, aflicción y sufrimiento. Cuarto, la vida, el sentido, la importancia y la salvación de todos depende de Dios. Quinto, todos hemos recibido el mandato de desarrollo para gobernar sobre la creación (Gén. 1:28), para participar de manera significativa en el desenvolvimiento de la historia, y usar cada uno la diversidad de dones que Dios le ha concedido.

No obstante, todo individuo es único. No hay dos exactamente iguales. Aparte de las diferencias sexuales ordenadas en la creación (Gén. 1:27), todos hemos recibido distintos dones físicos, emocionales, intelectuales y temperamentales. Nuestros talentos, capacidades, intereses y (para el cristiano) dones espirituales, son tan diversos como nuestros códigos genéticos individuales. Para añadir a esas diferencias, las personas nacen en distintas culturas, historias y condiciones económicas. Las personas que comparten circunstancias similares sienten distintas vocaciones y despliegan distintas funciones, motivos y desenlaces. Ciertamente, la variedad forma parte del plan divino para nosotros. Como dijo C.S. Lewis: «Yo no puedo concebir cómo uno podría soportar el tedio en el mundo si no conociera a alguien más listo, o más hermoso, o más fuerte que él o ella».[11]

Dadas las controversias en torno a lo que hoy se denomina género, examinemos con un poco más de detalle las similitudes y diferencias entre los sexos.

A un nivel más básico, algunos afirman que la igualdad entre los sexos es absoluta, que el hombre y la mujer son *iguales*, a excepción de algunas diferencias superficiales. Por ejemplo, las feministas radicales rechazan toda distinción sexual. Otras culturas machistas y ciertas culturas islámicas enfatizan las *diferencias* entre el hombre y la mujer —normalmente en perjuicio de ésta—. Las mujeres son tratadas como bestias de carga; consideradas como si fuesen propiedad del marido.

El enfoque bíblico, abraza la igualdad de sexos y las diferencias entre ellos. La creación del hombre y la mujer a imagen de Dios (Gén. 1:26-27) demuestra que son iguales entre sí y ante la ley. Ninguno de los dos ha de dominar al otro, aunque las diferencias entre hombres y mujeres son dignas de aprecio, y aun de celebración. Además, al igual que Dios es «uno y trino», así también los seres humanos son creados para vivir en comunidad, con expresión de unidad y diversidad.

Luego Dios el Señor dijo: «Y el Señor Dios dijo: No es bueno que el hombre esté solo; le haré una ayuda idónea» (Gén. 2:18) LBLA. Lejos de estar solo, el hombre ya disfrutaba de una relación perfecta con el Dios personal del universo. Estaba rodeado de animales. Pero la especie humana era «única»; no había otros seres humanos. De modo que Dios creó una ayuda idónea, es decir, igual pero distinta, alguien que complementase al hombre.

Esta complementariedad significa que los hombres y las mujeres son iguales, pero desempeñan roles distintos.

> «Someteos unos a otros en el temor de Dios. Las casadas estén sujetas a sus propios maridos, como al Señor; porque el marido es cabeza de la mujer, así como Cristo es cabeza de la iglesia, la cual es su cuerpo, y él es su Salvador. Así que, como la iglesia está sujeta a Cristo, así también las casadas lo estén a sus maridos en todo. Maridos, amad a vuestras mujeres, así como Cristo amó a la iglesia, y se entregó a sí mismo por ella, para santificarla, habiéndola purificado en el lavamiento del agua por la palabra, a fin de presentársela a sí mismo, una iglesia gloriosa, que no tuviese mancha ni arruga ni cosa semejante, sino que fuese santa y sin mancha». (Efe. 5:21-27).

Esto es sumisión mutua, conveniente, porque somos creados iguales. Pero nuestros roles son distintos. La esposa ha de someterse al marido como al Señor, mientras que el marido ha de amar a su esposa como Cristo ama a la iglesia. No obstante, estas funciones diferenciadas no implican medidas distintas. Pablo escribió que «Pero quiero que sepáis que Cristo es la cabeza de todo varón, y el varón es la cabeza de la mujer, y Dios la cabeza de Cristo» (1 Cor. 11:3). Pero cabeza no implica superioridad. Note que la cabeza de Cristo es Dios, pero ningún creyente discutiría que el Padre es mejor que el Hijo. El hombre no es mejor que la mujer; cada uno de ellos tiene responsabilidades iguales y distintas.

Las sociedades que acentúan un extremo tienden a imponer un sexo dominante (machismo) o destruir las distinciones sexuales (feminismo radical). Pero comenzar por el «centro radical» permite a ambos igualdad personal y legal, así como la honesta celebración de la diversidad sexual bíblica, por ejemplo, la hermosura de la complementariedad entre el hombre y la mujer.[12]

Etnicidad y cultura

La etnicidad y la cultura también ayudan a ver la interacción entre la igualdad y la diversidad de las personas. El nacionalismo* acentúa la unidad a costa de la diversidad. Cuando esto sucede, los individuos y las minorías pueden ver vulnerados sus derechos humanos. Abundan los casos de nacionalismo, incluido el tribalismo (su forma menor), en el siglo XX: la Alemania nazi (arios vs. razas inferiores), la China de Mao (campesinos vs. intelectualidad), Bosnia (musulmanes vs. croatas), África Central (hutus vs. tutsis), y el Cáucaso (turcos vs. armenios), son todos ellos ejemplos de nacionalismo extremo.

Por otra parte, el multiculturalismo enfatiza la diversidad sobre la comunidad, con predominio de derechos individuales o grupales. Por ejemplo, la India, Paquistán, Bangladesh, las antiguas repúblicas soviéticas, Canadá y Quebec, y (cada vez más) los EE.UU. A pesar de este acento en la diversidad (o tal vez a causa de él), a veces estalla la hostilidad inter-grupal. La India y Paquistán experimentan regularmente violencia comunal, mientras que las preferencias de grupo a veces atizan la enemistad en Estados Unidos.

Es posible hallar un equilibrio adecuado entre el nacionalismo y el multiculturalismo en lo que yo denomino nacionalismo moral, el cual aprecia tanto la unidad como la diversidad. La unidad procede de una visión o conjunto de ideas (libertad, democracia, ley). Bajo esta clase de sistema, el respeto y la cooperación es la norma. Aunque la sociedad pueda asimilar una minoría, no la aniquila. El imperio de la ley protege a tales grupos, les permite participar plenamente en la nación (aunque no llegan a dominarla).

Las naciones destacan visiblemente en la economía divina, de Génesis a Apocalipsis. Dios dijo a Abram (después Abraham) que él y su simiente (la nación de Israel) serían bendecidos para ser un canal de bendición a otras naciones (*ethnos*) (Gén. 12:1-3). Dios desea bendecir a todas las naciones, modelarlas para desarrollar el potencial que Él les ha confiado. Parte de la Gran Comisión consiste en «hacer discípulos de todas las naciones» (Mat.28:19). Juan vio en su visión que los reyes llevaban el esplendor de las naciones a la Ciudad de Dios (Apo. 21:22-26). La gloria y el honor de las naciones serán llevados delante del Rey del universo. Todos los elementos étnicos preciosos, que dan honra a Dios, serán preservados; la escoria, quemada. La tarea que Cristo ha asignado a la iglesia es discipular a todas las etnias y naciones.

La búsqueda de equilibrio

Comunidad

	Igualitarismo	Comunidad	Individualismo
Sinónimos	Comunitarismo	**Relaciones**	Anarquismo
Raíz	Envidia	**Contentamiento**	Codicia
Enfoque	Status	**Responsabilidad**	Derechos
Marco de tiempo	Pasado	**Futuro**	Presente
Noción de igualdad	Numérica	**Equitativa**	Los despojos para el vencedor
Ejemplos	Socialismo estadounidense del bienestar	**El Cuerpo de Cristo**	Consumismo occidental
Fruto	Esclavitud a la envidia	**Servicio a Dios y al hombre**	Esclavitud al yo
Valores	Igualdad	**Justicia**	Privilegio

La tabla de la figura 10.5 muestra las diferencias que hay entre los extremos del radicalismo de «lo uno» (individualismo) y «lo plural» (igualitarismo), así como los valores de la comunidad. La comunidad, por definición, implica un equilibrio entre la unidad y la diversidad. La comunidad se destruye cuando se cae en uno de los dos extremos.

El individualismo, a pesar de la constante promoción que se le hace en los medios y los centros académicos, se reduce a una búsqueda de realización personal. La auto-gratificación es la condición indispensable. Pero esa búsqueda por fuerza decepcionará, como han constatado observadores perspicaces dentro y fuera de la iglesia. Irving Kristol escribe: «Como demuestra la historia del modernismo del siglo XX…, la búsqueda del yo sufre la misma suerte que la búsqueda de felicidad: el que va en pos del egoísmo no hallara sino un vacío infinito».[13]

Mientras tanto, el igualitarismo se centra en la igualdad de resultados o igual distribución de recursos. Las políticas del resentimiento y la victimización han estimulado a grandes sectores de la sociedad occidental a abrazar la idea de que el gobierno debe de algún modo asegurar que todo el mundo reciba un pedazo equivalente de tarta o pastel. El igualitario rechaza todos los rangos sociales y económicos, ya que presume que todas las personas son «idénticas». Por tanto, hace mucho hincapié en cuotas y resultados numéricos. Como el comunista, se siente muy cómodo con la redistribución de la riqueza para arreglar consecuencias «injustas».

Sin embargo, el teísta bíblico pisa terreno trinitario sólido. Este terreno hace posible la comunidad: un grupo de individuos que viven juntos en unidad bajo leyes comunes. La raíz de la comunidad no es la codicia del individualismo ni la envidia del igualitarismo, sino el contentamiento, que nace de una correcta relación con Dios. «No me des pobreza ni riquezas; Manténme del pan necesario; No sea que me sacie, y te niegue, y diga: ¿Quién es Jehová? O que siendo pobre, hurte, Y blasfeme el nombre de mi Dios» (Prov. 30:8b-9).

Note que el autor reconoce tanto el individuo como la comunidad. No obstante, su preocupación con respecto al individuo (él mismo) no son los «derechos» sino las «responsabilidades», esto es, el deber de vivir teniendo en cuenta su dependencia de Dios. Del mismo modo, él es responsable de honrar a su comunidad no robando lo que pertenece a los demás. El valor principal no radica en lo que llamamos «libertad» (privilegios personales) o noción común de la «justicia» (igualdad absoluta sin tener en cuenta el mérito). Hemos de valorar tanto la libertad verdadera como la verdadera justicia.

Paul Johnson nos da a probar ambos cuando escribe acerca de la tradición judeocristiana: «El mérito moral eminente es dotar al individuo de una conciencia e instarle a seguirla. Esta forma particular de liberación es lo que san Pablo quiso decir con la libertad que los hombres hallan en Cristo. Y, por supuesto, es padre de las demás libertades. Porque la conciencia es enemiga de la tiranía y de la imposición social… La idea de libertad política y económica brota de la conciencia cristiana como fuerza histórica.[14]

Forma y Libertad

Cada uno de los tres relatos metafísicos define la libertad de distinta manera. No sorprende, pues, que acaben dando resultados tan distintos en el mundo real (véase la figura 10:6).

Libertad

MUCHOS	UNO-PLURAL	UNO
Tiranía	**Libertad**	Anarquía
Compulsión	**Libertad sin límites**	Libertad desenfrenada
No hay libertad	**Libertad basada en el imperio de la ley**	Sin ley
Servidumbre	**Libertad Moral**	Libertad Natural
Fascismo (derecha) Marxismo (izquierda)	**Democracia** **Mercados libres**	Anarquistas Libertarios

La mentalidad del «uno» hace hincapié en la libertad absoluta del individuo (libertad sin forma). Conduce al narcisismo y, en última instancia, a la anarquía. En una sociedad que se ha olvidado de Dios, esta libertad puede ser patente para hacer el mal: «Cada uno hacía lo que le parecía mejor» (Jue. 21:25). Por su parte, la perspectiva de «lo plural» conduce al totalitarismo (forma sin libertad).

Por el contrario, el acento en «lo uno y lo diverso» conduce a la verdadera libertad (forma y libertad). La libertad bajo la ley es libertad basada en la moral y la responsabilidad: libertad para hacer el bien. Como declara Miqueas 6:8 enérgicamente: «Oh hombre, él te ha declarado lo que es bueno, y qué pide Jehová de ti: solamente hacer justicia, y amar misericordia, y humillarte ante tu Dios». Y como amonestó Pablo a los Gálatas, que fueron tentados a abusar de su libertad en Cristo: «Porque vosotros, hermanos, a libertad fuisteis llamados; solamente que no uséis la libertad como ocasión para la carne, sino servíos por amor los unos a los otros» (Gál. 5:13).

La idea secular de libertad es «concesión», licencia para seguir los instintos más bajos. Pero la verdadera libertad se halla dentro del marco de la ley. Michael Novak ha escrito:

> La idea continental (europea) de libertad es secular. Por el contrario, en EE.UU. las hogueras de la independencia fueron encendidas en los púlpitos de las iglesias puritanas y evangélicas. La idea continental enfrenta la libertad contra la ley. Los estadounidenses cantan: «Afirma tu alma en la templanza / Tu libertad en la ley». En Estados Unidos, libertad no es hacer lo que dictan los sentimientos, sino lo que uno sabe que debe de hacer. Es soberanía personal, dominio propio, templanza; un sentido del deber, honor y responsabilidad personal.[15]

La naturaleza de la Justicia

Como con la libertad, así ocurre con la justicia: cada paradigma la define de distinta forma, como muestra la figura 10.7.

Justicia

MUCHOS	UNO-PLURAL	UNO
Injusticia	**Justicia**	Caos
Clase	**Individuos en comunidad**	Individuo
Igualdad Económica (numérica)	**Igualdad delante de Dios y de la ley**	Máxima libertad personal
Avance del grupo	**Responsabilidad**	Mis derechos individuales
Sin responsabilidad Personal Victimización (Responsabilidad de clase)	**Responsabilidad personal ante mi y la comunidad**	Responsabilidad personal limitada SIN responsabilidad social
«Conservador»	**«Progresista»**	«Liberal»
Nacionalista Aislacionista	**Encarnacionalista**	Internacionalista Bienestarista

Puesto que «lo uno» idolatra al individuo, la justicia se transforma en justificación para maximizar la libertad personal. Para el individualista, la justicia es un ambiente libre de restricciones. La responsabilidad personal es tema recurrente; la responsabilidad social es, en el mejor de los casos, una opción añadida.

Por otra parte, el modelo igualitario (lo plural) enfatiza la injusticia de la vida para con una clase o grupo de personas. Los derechos individuales son secundarios. El igualitario espera que el gobierno refuerce la «justicia» por medio de cuotas, preferencias y redistribución de la riqueza. La responsabilidad personal queda eclipsada por la mentalidad de victimización.

Por el contrario, un teísta bíblico consecuente se preocupa del individuo y de la comunidad. Reconoce lo que otros sólo ven parcialmente, que las personas son iguales ante Dios y ante la ley. De este modo, el teísta tiene razón y motivación para hacer frente al prejuicio, el racismo y el clasismo en su propia vida y en la sociedad. Respecto a la ley, él, o ella, es verdaderamente «daltónico», juzga a las personas «por la calidad de su carácter, no por el color de su piel», según la célebre expresión de Martin Luther King. El teísta defiende la justicia protegiendo toda vida, libertad y propiedad humanas. El teísta sabe que la disciplina moral individual y el gobierno civil de la comunidad operan conjuntamente. No pueden actuar independientemente. Como dijo John Adams acerca del incipiente experimento político que fueron los Estados Unidos: «Nuestra constitución fue elaborada únicamente para un pueblo moral y religioso. Es completamente inadecuada para gobernar cualquier otro pueblo.[16]

Bajo tal sistema, el enfoque pasa de los derechos a las responsabilidades. Las personas tienen una responsabilidad personal no sólo de sí mismas y de su familia, sino también de la comunidad más extensa. Y a través de nuestras responsabilidades como ciudadanos promulgamos leyes que protegen a los más débiles y vulnerables. Los nonatos, los niños, las minorías, nuestras familias —todos deben ser protegidos por medio de leyes que amparan los derechos civiles, protegidos de la explotación laboral infantil, etc. El teísta se resiste al encasillamiento; él, o ella, es liberal y conservador, como se suele declarar; es personalmente responsable y socialmente comprometido. El credo del teísta podría ser «yo soy guardián de mi hermano».

Hospitales, hospicios, escuelas, residencias de ancianos, formación profesional para pobres capaces, iglesias, consejos escolares y partidos políticos son distintas opciones en las que los individuos pueden cuidar de las comunidades. Muchas de ellas han sido, históricamente, asociaciones voluntarias privadas. Edmund Burke las designó «pequeños pelotones». Tocqueville,* después de hacer una gira por EE.UU. en la década de 1830, observó:

> Los estadounidenses de todas las edades, rangos y categorías sociales siempre están formando asociaciones. Hay… mil clases distintas —religiosas, morales, relevantes, de recreo, muy generales y muy limitadas, inmensamente grandes y diminutas… De este modo, en el país más democrático del mundo, en la actualidad, los hombres de nuestro tiempo han llevado a cabo objetos de común deseo… Nada, en mi opinión, merece más atención que las asociaciones morales e intelectuales de los Estados Unidos.[17]

Pequeños pelotones

Estos «pequeños pelotones» producen lo que se conoce como,«capital social». El científico político Robert Putnam dice que el capital social consiste en «organizaciones sociales como redes, normas y confianza social que facilitan la coordinación y la cooperación para beneficio mutuo».[18] Cuando los individuos se unen, el capital social resultante contribuye a la salud de las personas, al crecimiento económico de la sociedad y a un gobierno representativo sólido y operativo.

Así pues, la cosmovisión es fundamental mucho más allá de la esfera espiritual. Su influencia se deja sentir en los eventos más ordinarios de la existencia cotidiana. San Agustín conocía bien el poder de la cosmovisión y de la historia. En palabras de George Grant, según este teólogo y padre de la iglesia: «Si una cultura empieza a cambiar, ello no se debe a modas, tendencias o al paso del tiempo, sino a un cambio de cosmovisión, a un cambio de fe. Así pues, la raza, la etnicidad, el folclore, la política, la lengua, [y] la herencia no son más que expresiones de un paradigma más profundo asentado en la matriz espiritual y de pacto de una iglesia comunitaria y en la integridad de sus testigos».[19]

Sí, las personas son hacedoras de historia. Cada uno de nosotros influye más de lo que creemos, y todo comienza en la mente. Grant observa:

> Lo extraordinario fue logrado por lo ordinario. Esta es realmente la gran lección de la historia. Siempre fue gente común la que, en definitiva, conformó el desenlace de los grandes eventos humanos —no los reyes y los príncipes, no los amos y los tiranos—. Siempre fueron obreros y trabajadores, primos y conocidos los que trastocaron las expectativas de los excelentes, los magníficos, los expertos y los meticulosos. Fueron gentes llanas, sencillas, las que cambiaron el curso de la historia —porque ellas constituyen el material de que está forjada la historia.[20]

Las sociedades tienden a constituirse en torno a una de las dos éticas: «lo uno» o «lo plural», las cuales suelen conducir a la pobreza. Pero una cultura próspera comienza con el reconocimiento de la Trinidad, la encarnación de «lo uno y lo diverso». En este tipo de cultura, la gente se responsabiliza de su propia vida, al tiempo que se compromete activamente en sus comunidades y vida cívica. Tales personas saben que la libertad y la justicia son esenciales para crear sociedades prósperas.

Preguntas para el estudio

1. Describa con sus propias palabras los tres modelos de comunidad: lo uno, lo plural y lo uno-plural.
2. ¿Cuál de estos modelos es más frecuente en las comunidades donde usted vive y trabaja?
3. Mencione cuatro maneras en que las personas son creadas iguales y cuatro maneras en que son creadas singulares.
4. ¿Cómo le ha creado Dios de manera singular?
5. Una de las grandes falacias satánicas es que los hombres son mejores que las mujeres. ¿Qué tres cosas puede usted hacer para dar más honor a las mujeres?
6. ¿Cómo se manifiesta el tribalismo en su ministerio?
7. Describa en sus propias palabras lo que Dios desea para todas las naciones.
8. ¿Cómo podemos ser maestros de las naciones (edificadores de naciones)?
9. ¿Qué actividad puede promover en su comunidad la libertad y la justicia?
10. ¿Qué preguntas o desafíos se le ocurren para responder a las ideas presentadas en este capítulo?

11

MAYORDOMÍA

Creación y gestión de la abundancia

Un día un trabajador que formaba parte de una cantera en Italia comenzó a tallar un bloque de mármol. Usando su ojo crítico y manos y brazos robustos, empleó en ello varias semanas. Cuando el bloque quedó finalmente tallado, otro hombre, con una carreta y un caballo, lo acarreó hasta Florencia. Un tercer individuo compró el bloque y lo colocó en su estudio sobre un pedestal. Mientras realizaba otros trabajos, el artista se detenía a admirar el inmenso y defectuoso bloque. Quizás meses después logró vislumbrar lo que ocultaba la piedra. Finalmente, el artista agarró su cincel y su martillo y se puso a revelar aquel secreto. Hoy, lo que una vez fuera un pedazo escondido de mármol es considerado una obra maestra de valor inestimable —el *David* de Miguel Ángel.

El punto en cuestión: la riqueza o la abundancia no dependen de los recursos naturales. Proceden fundamentalmente del cuerno de la abundancia de la creatividad personal. El hombre, «segundo creador», genera riqueza, arte, erudición y poesía con su razón y su intuición. De esto trata la mayordomía. Aunque casi todas las enseñanzas de Cristo tratan de la mayordomía de la vida, la mayordomía en el ámbito físico supone cuidar de su creación hasta que sea cada vez más fructífera. En esto consiste, o debería consistir, la economía.

Aunque siempre hay excepciones en un mundo maldecido por el pecado, el teísmo bíblico, debidamente aplicado en la esfera de la economía, conduce generalmente a la prosperidad y a la abundancia. La mayordomía bíblica, que es teísmo bíblico correctamente aplicado, implica progreso en el relato divino hacia la Ciudad de Dios. Por eso Occidente, con sus profundas raíces judeocristianas, es generalmente más rico que el resto del mundo.

Por contra, el animismo produce pobreza material. No conozco ni una sola sociedad animista en la que muchas personas sean ricas. Entre tanto, el secularismo, aunque puede conducir a la opulencia física, engendra un vacío metafísico, una profunda pobreza moral y espiritual.

¿Qué marca la diferencia? La Biblia enseña que el verdadero propósito de la vida humana es adorar y servir a Dios. Si hacemos esto, la abundancia es un subproducto feliz de esta tarea gozosa.

Animismo

Devoto

Teísmo

Mayordomo

Secularismo

Consumista

Dios y la economía

Los que somos occidentales —aun en la atmósfera post-cristiana actual— tomamos por sentada la idea de: «Dios en el principio…». Incluso una mayoría de secularistas entre nosotros están familiarizados con el relato de la creación de Génesis. Reconocemos que el universo fue creado, o al menos, que comenzó con el «big bang». No obstante, no todas las cosmologías empiezan con un Creador. Las que carecen de él inexorablemente oscurecen la capacidad de conocer nuestra creatividad y notable potencial. Uno no tiene que leer a Richard Dawkins para vislumbrar este enfoque «sin Dios».

Daniel Boorstin ha escrito: «Para el hindú la creación no fue dar existencia a la maravilla del mundo. Antes bien, fue un desmembramiento, una desintegración de la Unidad original. Para él la creación no fue la expresión de un Hacedor racional y benevolente, en nuevas formas maravillosas, sino una fragmentación de la unidad de la naturaleza en incontables formas limitadas. El hindú vio la creación del mundo como "la auto-limitación de la trascendencia"… La aspiración del hindú era ser increado».[1]

El corazón del budismo, con sus raíces profundamente asentadas en el hinduismo, es el sufrimiento y la muerte. La meta del budista no es combatir el sufrimiento, sino escapar a la muerte, el sufrimiento y el mundo. De nuevo, Boorstin muestra el camino: «¿Cabe extrañarse por qué Buda rechazaba a los que preguntaban cuándo y cómo fue creado el mundo?... ¿Qué alma malgastará energía en el misterio de la creación de camino a la tierra de Buda? El Buda apuntaba a la No creación... Si hubiera un Creador, él habría creado la necesidad de la extinción del yo, la necesidad de escapar al re-nacimiento, la necesidad de luchar para alcanzar el nirvana. El Señor de los budistas es el maestro de la extinción, no modelo para el hombre creador».[2]

En cambio, el teísmo bíblico no comienza con *un* creador, sino con *el* Creador. Pero Él no es una débil invención de una mente deísta; el Creador permanece activamente comprometido en todo lo que ha creado. No sólo diseñó y construyó la casa, sino que es el dueño y sigue construyéndola. En los Salmos, David hace una descripción de un Rey que no sólo es artista (aunque es eso y mucho más), sino arquitecto, contratista y constructor:

> «El que se cubre de luz como de vestidura,
> Que extiende los cielos como una cortina,
> Que establece sus aposentos entre las aguas,
> El que pone las nubes por su carroza,
> El que anda sobre las alas del viento;
> El que hace a los vientos sus mensajeros,
> Y a las flamas de fuego sus ministros.
> El fundó la tierra sobre sus cimientos;
> No será jamás removida». (Sal. 104:2-5).

Representantes del Rey

Este mismo Rey nos ha formado no para ser hermosas esculturas sobre pedestales, sino sus representantes vivos sobre la tierra. Pablo dijo que «Porque somos hechura suya, creados en Cristo Jesús para buenas obras, las cuales Dios preparó de antemano para que anduviésemos en ellas» (Efe. 2:10). Somos «edificados sobre el fundamento de los apóstoles y profetas, siendo la principal piedra del ángulo Jesucristo mismo, en quien todo el edificio, bien coordinado, va creciendo para ser un templo santo en el Señor» (Efe. 2:20-21). Somos obra y obreros de Dios, pues Él se propone entresacar piedras vivas de cada tribu y nación. O podemos imaginar que en este proceso Dios es el Arquitecto y nosotros somos sus compañeros de trabajo, que colaboran en sus objetivos, siguiendo su plan de acción.

Dios inauguró la historia plantando un jardín (Gén. 2:8) y la concluirá completando una ciudad (Apo. 21:2, 9-27). Dios encargó al hombre que «trabajara» en el jardín y «lo cultivara» (Gén. 2:15).

En una de las parábolas de Jesús el amo entrega a sus diez siervos diez minas por cabeza y les encarga invertir su dinero hasta que él vuelva. Del mismo modo, Dios confía su propiedad de la tierra a los hombres para que cumplan aquí su voluntad, como es cumplida en el cielo. Y tendremos que rendir cuentas por nuestra gestión (Luc. 19:12-15). Seremos juzgados en parte por cómo conservamos la tierra. Los que la devastan serán destruidos (Apo. 11:18).

El mandato de Dios al hombre para que desarrollara su creación se encuentra en el primer capítulo de Génesis.

> «Y dijo Dios: Hagamos al hombre a nuestra imagen, conforme a nuestra semejanza; y ejerza dominio sobre los peces del mar, sobre las aves del cielo, sobre los ganados, sobre toda la tierra, y sobre todo reptil que se arrastra sobre la tierra. Creó, pues, Dios al hombre a imagen suya, a imagen de Dios lo creó; varón y hembra los creó. Y los bendijo Dios y les dijo: Sed fecundos y multiplicaos, y llenad la tierra y sojuzgadla; ejerced dominio sobre los peces del mar, sobre las aves del cielo y sobre todo ser viviente que se mueve sobre la tierra». (Gén. 1:26-28) LBLA.

Dios crea a los seres humanos a su semejanza para que puedan gobernar en su lugar. Después de crear al hombre y la mujer, Dios les bendijo para que desarrollaran la tierra. Nosotros hemos de ser canales de la bendición de Dios. Este mandato se despliega en el pacto que hizo Dios con Abram para que éste fuera de bendición para todas las naciones (Gén. 12:1-3), el cual se asemeja estrechamente a la Gran Comisión que encomendó Cristo a su iglesia de hacer discípulos de todas las naciones. (Mat. 28:18-20). Note que el mandato de la creación (Gén. 1:26-28) y la Gran Comisión son comisiones culturales. La primera crea cultura; la segunda, la educa.

Note también que hemos recibido un mandato social para llenar la tierra («Fructificad y multiplicaos» Gén. 1:28) y el mandato de desarrollo («llenad la tierra y sojuzgadla»). Desde el jardín del Edén, somos llamados a contribuir en la edificación de «la Ciudad de Dios».

No hemos de ser lacayos irracionales de Dios, aunque eso sería más de lo que merecemos. No. Dios nos ha concedido el insondable privilegio de ser *co-creadores* con Él. Creados a imagen de Dios, tenemos por delante la asombrosa tarea de desarrollar todo el potencial de la creación. Esto es así porque somos la fuente de la riqueza de la tierra, como también de su pobreza. La mente que Dios nos ha dado nos permite avanzar, saltar barreras, concebir nuevos derroteros, resolver problemas. Creados «un poco menores que los ángeles», tenemos una tarea que realizar, un propósito que cumplir.

Aunque en nuestra condición de criaturas estamos ligados a la tierra, la imagen de Dios, impresa en nosotros, nos permite movernos más allá de la realidad física. Podemos soñar con un mundo mejor y empezar a hacerlo posible. Donde hay tinieblas, podemos encender una bombilla; en un desierto, cavar un pozo; en desoladas montañas, plantar un bosque; donde la gente es olvidada e ignorada, podemos libertarla con el poder del evangelio; dondequiera que haya gente ignorante podemos edificar escuelas y bibliotecas; donde hay tierra baldía, plantar un jardín; donde hay enfermos, investigar una cura; y donde hay silencio, oír música y tocarla. El hombre es descubridor, explorador, innovador, iniciador, creador y compositor.

El suburbio de Cateura, en Paraguay, fue construido sobre un vertedero. Familias enteras trabajaban en él, recogían desperdicios y los reciclaban. En 2006, el ingeniero medioambiental Favio Chavez fue asignado al vertedero con objeto de mejorar la eficiencia de las actividades de reciclaje. Favio observó las condiciones inhumanas de los niños que crecían en aquel entorno. Como músico aficionado, Favio soñó con reciclar desechos para construir instrumentos clásicos y enseñar a los niños a tocar. Luego convirtió su visión en realidad, fundando la Orquesta de Instrumentos Reciclados de Cateura. Chavez asegura: «El mundo nos envía basura. Nosotros les devolvemos música.[3]

Actualmente, niños que nacieron sin esperanza, junto al vertedero, viajan con sus instrumentos reciclados a ciudades de todo el mundo. Viajan desde un vertedero para ofrecer música y belleza. Muestran al mundo que aun la basura es un recurso. Son una prueba viviente de que los «niños desechables» —los más pobres de los pobres— tienen talentos escondidos que esperan ser descubiertos y aprovechados para llevar gozo y hermosura al mundo.

Las personas, creadas a imagen de Dios, tienen la capacidad de transformar basura en música deliciosa.

Como es la mente, así es el mundo

La tierra se llenará con lo que hay en nuestros corazones y mentes. Si tenemos la mente vacía, nuestro mundo será estéril. Si nuestros corazones están endurecidos, el mundo estará necesitado de compasión. Si nuestros corazones y mentes están llenos, habrá abundancia en el mundo. Como escribió Salomón: «Tal como piensa un hombre en su corazón, tal es él» —y ¡tal es su mundo!—. Kuyper declaró: «Nosotros, con nuestra naturaleza humana somos ubicados en la naturaleza que nos rodea, no para dejarla como está, sino con el deseo y la vocación en nosotros de actuar sobre la naturaleza por medio del arte, para habilitarla y perfeccionarla... El arte humano actúa sobre todas las áreas de la naturaleza, no para destruir la vida que en ella hay, y mucho menos para yuxtaponer otra estructura, sino más bien para desatar el poder que yace oculto en la naturaleza; o regular de nuevo la voluntad que brota de ella.[4]

Al igual que Dios concibió el universo y después «trabajó» para crearlo, así también el hombre ha de transformar el mundo por medio de su trabajo. El hombre —no la naturaleza— es la fuente de riqueza. Cuanto más aplicamos las leyes divinas y usamos los dones que Dios nos ha concedido, más abundancia produciremos. Pero lo contrario también es verdad: Cuanto más sigamos leyes y principios falsos y fracasemos en usar el corazón y la mente, peor será la destrucción de la vida y la creación. La desobediencia humana, no la «sobrepoblación», es la que produce pobreza. Las mentes importan más que las bocas. Como observa E. Calvin Beisner:

> La gente produce por regla general bastante más de lo que consume en su vida. Por eso, las poblaciones crecientes, en vez de amenazar con generar pobreza y agotar los recursos naturales, prometen más bien crear riqueza y multiplicar recursos. Recuerde esto: por lo general, cada boca que nace en este mundo corresponde a dos manos y —lo que es más importante— a una mente creada a imagen de Dios para ser creativa y productiva. Por eso aumenta la riqueza.[5]

La creatividad humana es la fuente de esa riqueza. Cada vez más pensadores reconocen lo que George Gilder ha denominado «el derrocamiento de la materia». Los Mangalwadi nos recuerdan:

> Ser creados a imagen de Dios significa que, incluso como seres físicos, podemos trascender algunas de las limitaciones físicas de la naturaleza y alterar la realidad física. Por ejemplo, en una habitación oscura los animales tienen que resignarse a estar en tinieblas, pero nosotros no. Análogamente, podemos llevar agua a un desierto. No estamos completamente limitados por la realidad externa. Dios nos ha hecho creativos. Somos libres para imaginar un mundo físico, social y político mejor y diferente.

> Donde hay opresión, podemos soñar libertad y dignidad para el individuo más pequeño.[6]

Antes de acabar la Guerra Fría, el 31 de mayo de 1988, Ronald Reagan ofreció a los estudiantes de la universidad de Moscú un anticipo de lo que había de venir. El presidente de los EE.UU. les desafió a cambiar la agotada ideología del materialismo por la idea de libertad. «Como una crisálida, estamos saliendo de la economía de la revolución industrial —una economía circunscrita y limitada por los recursos físicos de la tierra— y entrando en la economía de la mente, una era en la que no hay límites para la imaginación humana, en la que la libertad de crear es el recurso natural más precioso».[7]

La creatividad dentro de un marco moral crea una riqueza ilimitada de ideas, y por tanto, de abundancia, en el mundo material.

El creador secundario

La ciencia no es la única salida para crear abundancia y riqueza. También se usa la creatividad en el arte, la música, la poesía, la fantasía y la ciencia ficción para crear mundos. La riqueza que creamos no radica en la tinta o el papel, sino en las ideas. Aunque Beethoven fuera sordo, «oía» grandes sinfonías en su cabeza. Mozart dijo que no trabajaba tanto componiendo como escribiendo las melodías que escuchaba. J.R.R. Tolkien, autor de *The Hobbit* y *El señor de los anillos*, señaló que para que su obra tenga autenticidad, el hombre, creador secundario, debe imitar a Dios, Creador primario. Nuevos mundos fantásticos se crean cuando el artista imita la realidad.

> Probablemente todo escritor que crea un mundo secundario fantástico, todo sub-creador, desea en alguna medida ser un hacedor real, o inspirarse en la realidad: espera que la cualidad peculiar de ese mundo secundario (si no todos los detalles) derive de la Realidad, o fluya hacia ella. Si, en efecto, logra una cualidad definida razonablemente por el diccionario como «coherencia interna de la realidad», resulta difícil concebir cómo puede ser esto, si la obra no comparte en alguna manera la realidad. La cualidad peculiar del «gozo» en la fantasía exitosa puede ser así explicada como un atisbo súbito de la realidad o verdad subyacente. No es sólo un «consuelo» para suavizar la tristeza de este mundo, sino una satisfacción y una respuesta a la pregunta «¿es verdad?». La respuesta que di al

> principio a esta pregunta fue (muy atinadamente): «Si uno ha construido bien su pequeño mundo de fantasía, sí: es verdad en ese mundo». Esto es suficiente para el artista.[8]

Transformamos el mundo con el corazón, pero también con la mente. Las matemáticas, con su orden sistemático y predecible, se han dado en llamar lenguaje de la creación. Dios nos ha concedido la capacidad de descubrir el designio que hay detrás de la creación (ciencia) y de aplicar esas leyes (tecnología) para contrarrestar los estragos del mal natural, los «cardos y las espinas».

En efecto, según la Escritura, (1) el destino de la creación y el nuestro están inextricablemente ligados; (2) la obra de Dios de restaurar todas las cosas consigo mismo es un proceso, una historia que un día se consumará; (3) la humanidad ha recibido el encargo de participar en ese proceso; y, por extensión, (4) la ciencia y la tecnología son herramientas para llevar el proceso a cabo.

> ...el anhelo ardiente de la creación es el aguardar la manifestación de los hijos de Dios. Porque la creación fue sujetada a vanidad, no por su propia voluntad, sino por causa del que la sujetó en esperanza; porque también la creación misma será libertada de la esclavitud de corrupción, a la libertad gloriosa de los hijos de Dios. Porque sabemos que toda la creación gime a una, y a una está con dolores de parto hasta ahora (Rom. 8:19-22).

Si las matemáticas y las otras disciplinas científicas son lenguajes de Dios, entonces la ciencia es una de las maneras en que pensamos los pensamientos de Dios. Usamos la razón y la capacidad analítica que Dios nos ha dado para penetrar en los secretos de la creación. La tecnología es la aplicación moral de la ciencia para beneficio de la humanidad y la creación, para gloria de Dios. Por supuesto, abundan los casos de abusos de la ciencia. Los médicos de Hitler hicieron crueles experimentos con los judíos, discapacitados y otros, los experimentos de Tuskegee, realizados con negros pobres en EE.UU., y la presión actual para «cosechar» órganos de fetos abortados son sólo tres ejemplos lamentables de mal uso de la ciencia y la tecnología. El problema de la ciencia actual es su divorcio con la búsqueda de la Verdad. El problema de la tecnología es que se ha distanciado de la moral. Separada de sus amarras trascendentes, queda a la deriva en «este mundo nuevo», lleno de contaminación, deshumanización y muerte. Perdemos el lugar que nos corresponde en el universo y nos hacemos esclavos de la tecnología.

No obstante, la tecnología aplicada a objetivos morales beneficia a la raza humana de muchas maneras. La medicina, las fuentes de energía, los progresos de la agricultura y la revolución informática no sólo han mejorado la calidad de vida, sino también su duración.

La tecnología genera abundancia y nuevos recursos. Por ejemplo, durante buena parte de la historia de la humanidad, el petróleo era un fastidio —una pasta insoluble que había que restregar de los pies si uno lo pisaba por descuido—. Pero un buen día a alguien se le ocurrió la gran idea de quemarlo para proporcionar energía. De pronto el petróleo se convirtió en un recurso, no en un fastidio. Se iluminaron las calles, se calentaron las casas y los autos circularon. El petróleo no había cambiado. Pero el ingenio de uno hizo posible que una sustancia antes inservible se convirtiera en lo que hoy llamamos «oro negro». ¿Puede imaginarse el mundo sin él?

Examinemos ahora la arena. La arena es tan común en nuestro mundo que la Biblia recalca que algo «es tan incontable como la arena de las playas». La arena está en todas partes. Como el petróleo, a veces es difícil deshacerse de ella. Un grano de arena por sí mismo no tiene ningún valor. Pero se puede tomar ese grano y transformarlo en un chip de silicio, y de pronto adquiere valor. Otro puede tomar ese chip e impresionarlo de datos, haciéndolo aún más valioso. Y cuando alguien conecta ese chip a una computadora, es mucho más valioso. Imperios y corporaciones multimillonarias, como Intel, fabricante de chips, se han construido sobre granitos de arena. El valor de la arena, por supuesto, sigue siendo despreciable. Hasta que *nosotros* le damos valor.

La tecnología ofrece también beneficios menos tangibles. La tecnología proporciona un marco para la igualdad y la comunidad, permite a las sociedades superar siglos de privaciones. La tecnología, cuando se comparte, es un gran compensador. John Empuili, miembro de la tribu maasai, no asistió a la escuela hasta que tuvo 15 años. No obstante, el talentoso y esforzado joven aprovechó la educación y la tecnología moderna para obtener eventualmente un doctorado. John ha servido a su pueblo como educador, pastor y consultor de desarrollo durante décadas.

La tecnología permite a los individuos acceder a una comunidad más amplia. Los medios electrónicos permiten a millones de personas compartir en copas del mundo, olimpiadas, alunizar (en la luna), o escuchar sermones de Billy Graham. Pone la información a disposición, no ya de las élites, sino también de las masas —al menos en teoría—. La tecnología crea su propio impulso y construye sobre sí misma. Un descubrimiento conduce a otro. La gente oye hablar de ello y lo desea. No hay más que ver el gran salto de la tecnología de los teléfonos celulares en lugares como el continente africano, donde las líneas telefónicas terrestres aún no estaban disponibles. Los teléfonos móviles son tan comunes hoy en Sudáfrica y Nigeria como en los Estados Unidos.[9]

Creamos abundancia con el corazón y la mente, y también con las manos. El esfuerzo de nuestro cuerpo lleva a cabo sueños y descubrimientos en el mundo físico. Por supuesto, no estamos circunscritos a nuestras propias «herramientas»: ojos, oídos, manos, piernas. Podemos crear instrumentos para hacer aún más cosas: para los ojos, el microscopio o el telescopio; para los oídos, sistemas de megafonía; para las manos, pinzas o robots; para las piernas, autos que nos transportan de un continente a otro.

Otro instrumento que tenemos para transformar el mundo es la palabra. En la Biblia, se usan las palabras para establecer dominio, tanto por Dios (Gén. 1:3; Sal. 33:6, 9; y Juan 1:1-3) como por las personas (Gén. 2:19-20). Dios habla para crear y sostener el universo. El hombre habla para crear y conformar la cultura. La palabra de Dios nos informa acerca de lo que es (Gén. 1:1) y de lo que debería ser (Prov. 6:20-23), para enseñarnos «que el hombre no sólo vive de pan, sino que vive de todo lo que procede de la boca del Señor». (Deut. 8:3, LBLA) Reflexionando sobre Deuteronomio, Udo Middelman declara:

> No nos guiamos por lo que es, sino por lo que debe ser. Vivimos de toda palabra que sale de la boca de Dios, no sólo por condiciones naturales o medias estadísticas… La palabra de Dios no sólo guía nuestra espiritualidad, también nos indica cómo debemos ganarnos la vida en un mundo que no tolera la existencia humana, mas nos castiga con la consecuencia de nuestra anterior transgresión. A partir de esta mentalidad cambiamos el cauce de los ríos, ponemos límite a la vida de las bacterias… movemos montañas y piedras para ceder espacio a la existencia humana, cuando la naturaleza no derrama lágrimas, cuando el hambre arruina la existencia humana.[10]

Como actores en la historia de Dios, usamos palabras para establecer dominio, para crear cultura, e incluso para asignar identidad humana.

Adán llamó a su mujer Eva, que significa «dadora de vida», «porque sería madre de todos los vivientes». Los padres siguen poniendo nombre a sus hijos. El nombre que un papá o una mamá dan a su hijo es el mismo con el que el Dios del universo le llamará por toda la eternidad. Con nuestras palabras, los seres humanos creamos civilización en la sociedad por medio de la ley, progreso en el mundo por medio de la lengua y la ciencia, y belleza por medio de la literatura y la música.

Mayordomía: Metáfora del desarrollo

A pesar de toda esta rica evidencia de la concepción bíblica del desarrollo, la verdad es que la palabra *desarrollo* no aparece en la Escritura.[11] Aunque la palabra no sea bíblica (si bien el concepto sí), hace años que me pregunto: ¿Contemplan los cristianos que trabajan en la obra de desarrollo su vocación como lo hacen sus compañeros laicos? ¿Se basa también su enfoque en el secularismo de la Ilustración francesa? ¿Tienden a «cristianizar» su labor limitándose a decir que son movidos por Cristo? ¿O fluye su labor de una cosmovisión completamente bíblica?

Puesto que la definición de «desarrollo» ha sido establecida por una industria mayormente secular, ¿qué deben hacer los cristianos? Obviamente, no podemos limitarnos a consentir, ya que muchas cosas —buenas y malas— fluyen de la elección de palabras. ¿Acuñaremos un nuevo vocablo y esperaremos convencer a la gente que lo entienda y lo use, o buscaremos un equivalente funcional (para desarrollo) que ya esté en la Escritura? Yo he optado por la última opción, ya que ambos testamentos hablan de «mayordomía».

La Biblia proporciona dos imágenes para ayudarnos a concebir la mayordomía: plantar un huerto (Gén. 2:8) y edificar una ciudad (Apo. 21). El hombre comenzó su jornada en un huerto y la concluirá en una «ciudad-jardín» de esplendor edénico (Apo. 22).

El Nuevo Testamento emplea el concepto de mayordomía de varias maneras. Primero, las personas son siervos en la casa del Amo y responsables de administrar toda la hacienda, con la idea, después ampliada, de incluir el cargo apostólico. (El apóstol tenía que transmitir fielmente las buenas nuevas de salvación en Cristo.) Segundo, la mayordomía hace referencia al plan de desarrollo de la redención. Tercero, implica responsabilidad. A los mayordomos de Dios se les ha dado un periodo de tiempo limitado para cumplir la tarea —el *telos* divino— y al mismo tiempo preservar lo valioso de perjuicio o pérdida (Mat. 28:19-20).[12] Además de ganar almas para Cristo, hemos de estimular el crecimiento en todas las áreas de la vida: moral, física, intelectual y espiritual. Así pues, la historia que transcurre entre Génesis 2 y Apocalipsis 21 es la historia de *oikodome*, la historia del desarrollo.

Así pues, el desarrollo, entendido como mayordomía, mantiene una tensión dinámica entre la conservación y el progreso. El mayordomo se define mejor como un conservador progresista (o un progresista conservador). ¡Qué contraste con el secularismo, que progresa sin conservar, o con el animismo, que conserva sin progresar!

El rol de la fe

¿Qué significa todo esto para el cristiano? Sabemos que «sin fe es imposible agradar a Dios» (Heb. 11:6). Por tanto, sabemos también que es imposible tener una mayordomía bíblicamente informada sin fe. La fe ve espiritualmente lo que todavía no está físicamente presente, entiende que lo visible procede de lo invisible (Heb. 11:3).

Con Abraham como modelo de estímulo, la persona de fe está dispuesta a arriesgarlo todo, incluso la vida, por el reino de Dios.

> Por la fe Abraham, siendo llamado, obedeció para salir al lugar que había de recibir como herencia; y salió sin saber a dónde iba. Por la fe habitó como extranjero en la tierra prometida como en tierra ajena, morando en tiendas con Isaac y Jacob, coherederos de la misma promesa; porque esperaba la ciudad que tiene fundamentos, cuyo arquitecto y constructor es Dios. ...Conforme a la fe murieron todos éstos sin haber recibido lo prometido, sino mirándolo de lejos, y creyéndolo, y saludándolo, y confesando que eran extranjeros y peregrinos sobre la tierra (Heb. 11:8-10, 13).

Abraham salió de Ur de los caldeos porque estaba convencido de la realidad de la ciudad futura de Dios. Vivió una vida *anticipada*: *como si el futuro fuera presente*. Su peregrinaje por el desierto fue guiado por la realidad de la ciudad de Dios. La vida de Abraham, vivida en el *presente*, señalaba al *todavía no*.

Una fe tal, ve la intención de Dios para hombres y mujeres, familias, comunidades, naciones y el mundo. Donde la tierra está desolada ve un jardín. Donde hay suciedad, reconoce la dignidad del hombre a imagen de Dios y construye letrinas. Donde hay paredes desnudas se imagina belleza y pinta un cuadro. Cuando sueña en países lejanos construye un barco y navega hacia sus costas.

Por el contrario, la gente que vive en la pobreza está dominada por el temor. Tiene un conocimiento visceral de las palabras de Jesús al advertir que «al que no tiene, aun lo que tiene se le quitará» (Mar. 4:25). Desgraciadamente, así es como la mayoría de la gente ha vivido a lo largo de la historia, bajo una especie de fatalismo. Peter Berger afirma:

Esta clase de existencia se caracterizaba por muy altas tasas de mortalidad infantil, baja esperanza de vida, (tanto en el nacimiento, cuando, por supuesto, estaba determinada por la tasa de mortalidad infantil, como en etapas ulteriores del ciclo de vida del individuo), alimentación inadecuada y hambruna frecuente, muy alta vulnerabilidad a las enfermedades y al dolor, muy alta vulnerabilidad a los estragos de la naturaleza, sostenido todo ello con una tecnología sencilla y relativamente inalterable (más precisamente, con cambios muy lentos) y con una economía de subsistencia de crecimiento cero. Bajo esta forma de existencia, tanto la vida de los individuos como la de las sociedades venía determinada en gran medida por las presiones del medio físico y los puros datos demográficos sobre las débiles estructuras de la tecnología humana y las medidas económicas. Fernand Braudel acuñó la acertada expresión «el antiguo régimen biológico» para designar esa anticuada existencia humana de milenios. Constituye el reverso estable de todos los acontecimientos notables convencionalmente evocados por la palabra «historia». Gran parte de la misma es una realidad dolorosa más allá de la experiencia de, prácticamente, una mayoría de personas, incluidas las más pobres, de una sociedad industrial avanzada.[13]

Las sociedades de crecimiento cero, de riesgo cero, aún subsisten, desgraciadamente. Se pueden ver entre los que temen asumir riesgos adecuados, desde los barrios marginales de las grandes ciudades a los suburbios bien cuidados donde residen las clases medias y altas. El lenguaje comparativo de la tabla de la Figura 11.4 se centra en las distintas mentalidades del fatalismo y la fe.

Mentalidad

Fatalismo	Fe
Temor al fracaso	Coraje para arriesgar
No puedo hacerlo	Todo es posible
Soy una víctima	Soy una persona responsable
Me resigno a mi destino	Me rebelo contra el mundo
La vida es lo que me pasa	La vida es lo que quiero que sea
El hombre es como un guijarro en un estanque quieto; *Él no mueve el agua El agua le mueve a él*	El hombre es como un guijarro arrojado a un estanque; *Su impacto origina ondas que se siguen para siempre*
Dependiente/respondiente	Interdependiente/Iniciador
Tradición/Sin cambios	Progreso/Innovador
Burocrático	Emprendedor
Centrado en «nosotros»	Centrado en «ellos»
Suerte (fracaso)	**Trabajo esforzado** (logro)

Trabas al riesgo

Por supuesto, hay varios escollos para asumir riesgos. El primero es sencillamente la ausencia de una visión convincente. Si uno no ve nada digno a lo que dedicar su vida y su compromiso, ¿por qué ha de arriesgarse? Nuestra edad moderna se lanza perpetuamente en busca del éxito con seguridad, de la prosperidad personal sin conflicto. Vivimos en una sociedad verdaderamente burguesa, compuesta de gentes con pequeñas ambiciones, pero grandes apetitos: salud, entretenimiento, casa grande, segundo (o tercer) auto, en definitiva, «cosas». Sólo hay unos pocos que busquen sentido.

Una segunda traba es la mentalidad excesivamente conservadora o tradicionalista que estima sagrado el pasado. Sociedades enteras siguen atadas, esclavas «de la tradición de los mayores», por temor a la ira de los antepasados.

Una tercera traba es el fatalismo, que adopta muchas formas. El animismo sostiene que el destino es omnipotente. El islam ordena a los musulmanes someterse a la voluntad omnipotente e inescrutable de Alá. En Japón, la gente responde a veces a un suceso calamitoso diciendo *shogonai*, que significa «así son las cosas... no puedo evitarlas».

Otros obstáculos son el temor al fracaso, el temor a quedar mal, el temor a lo desconocido, el temor al futuro, y puro egoísmo. Jesús condenó severamente a los que rehusaban asumir fielmente riesgos por el reino (Luc. 19:11-27).

Arrepentimiento: Transformación de la mente

Las actitudes de temor y de fe revelan el corazón. Cambiar del temor a la fe exige un cambio de pensamiento. Requiere arrepentimiento. Cuatro cosas sostienen el verdadero arrepentimiento; (1) un reconocimiento del pecado en el individuo o la sociedad; (2) un reconocimiento de que es posible un cambio fundamental; (3) una capacidad de vislumbrar un futuro distinto; y (4) una disposición a arriesgar el futuro —lo que se designa comúnmente «fe».

Los escollos contra el riesgo han de ser quitados. Es preciso reemplazar el temor al fracaso con una sana libertad de fracasar. Es menester equilibrar las tradiciones y las riquezas del pasado con un espíritu de aventura y descubrimiento. Como dijo William Carey: «¡Espere grandes cosas de Dios; emprenda grandes cosas para Él!». Por supuesto, el equilibrio es fundamental para los individuos *y* las sociedades sanos. Un riesgo no meticulosamente sopesado no es más que una invitación al fracaso. Necesitamos compensar adecuadamente el riesgo con la seguridad, la competición con la cooperación, la individualidad con la comunidad e invertir en dar.

David G. McClelland, de Harvard, se interesó en por qué algunos países crecen rápidamente y otros no. No se centró en factores externos, como el comercio o los recursos, sino en factores internos, «en los valores y motivos humanos que conducen a explotar las oportunidades, a aprovechar las condiciones comerciales favorables; en suma, a conformar su destino».[14] MacClelland denominó esta actitud «necesidad de realización».

Tres palabras, nos ayudarán a afrontar mejor la motivación interna por el desarrollo: (1) *iniciativa* (ingenio, inventiva, resistencia y coraje); (2) *ganas* (deseo, voluntad, anhelo, apetito); y (3) *gambare*, palabra japonesa que significa «esforzarse más, no rendirse nunca».

Por supuesto, para el cristiano, hay otra palabra: Dios. Jesús animó en repetidas ocasiones a sus seguidores que asumieran riesgos por el reino, ya que contaban con la mejor póliza de seguros: Dios mismo. He aquí algunos ejemplos ligeramente parafraseados: «Para Dios todo es posible» (Mat. 19:26). «Si tuviereis fe como un grano de mostaza, diréis a este monte: Pásate de aquí allá, y se pasará» (Mat. 17:20). «Yo estoy con vosotros todos los días» (Mat. 28:20). «Nada os será imposible» (Mat. 17:20).

La vida de la madre Teresa de Calcuta, quien fuera descrita por Robert Fulghum como «una viejecita con sari y sandalias», nos ofrece un modelo de persona dispuesta a entregar todo lo que tiene al servicio de Dios. En una conferencia de física cuántica y mística religiosa celebrada en Bombay, la madre Teresa declaró: «No podemos hacer grandes cosas; únicamente cosas pequeñas con gran amor».[15]

¿Estamos dispuestos a arriesgarlo todo por Cristo y su reino? ¿Estamos preparados para intentarlo, ganemos o perdamos? Escuche las tonificantes palabras de Teddy Roosevelt:

> Es mucho mejor intentar grandes proezas, obtener gloriosas victorias, aunque salpicadas de fracasos, que militar con esos pobres espíritus que no disfrutan ni sufren mucho porque viven en una penumbra gris que no conoce victoria ni derrota.[16]
>
> Lo que importa no es la crítica; ni el hombre que señala cómo tropiezan los fuertes, o cómo el realizador de proezas podría haberlas hecho mejor. El reconocimiento pertenece al hombre que está realmente en la arena, cuyo rostro está manchado de polvo, sudor y sangre; al que lucha valerosamente, que yerra y falla una y otra vez, porque no hay esfuerzo sin error ni fracaso; al que realmente se esfuerza en llevar a cabo las hazañas.[17]

Por supuesto, no se puede crear abundancia sin sudor —y normalmente mucho—. Como se suele decir, el genio es un uno por ciento de inspiración y un 99 por ciento de transpiración. En el Capítulo 12 examinaremos cómo encaja el trabajo en el relato bíblico.

Preguntas para el estudio

1. ¿Cuáles son algunas creencias comúnmente aceptadas en su cultura acerca de cómo ocurrió la creación?
2. A medida que reflexiona sobre su vida, ¿de qué maneras puede ver que Dios, el Maestro constructor, le ha esculpido como piedra viva?
3. Considere la cultura en que trabaja. ¿En qué áreas está llena de belleza, descubrimiento y progreso? Ponga ejemplos de puntos fuertes y débiles en cada una de esas áreas: arte, ciencia y tecnología, trabajo y sueños manifiestos.
4. Describa en sus propias palabras la perspectiva de J.R.R. Tolkien acerca de la relación entre el buen arte y la realidad. ¿Está usted de acuerdo o discrepa? ¿Por qué?
5. ¿Cómo establecen dominio las palabras?
6. Ponga ejemplos de palabras culturales que estimulan el florecimiento humano y otras que fomentan la pobreza.
7. Repase la tabla de mentalidad del lenguaje comparativo (fig. 11.4). Marque las palabras que mejor describen las personas con quienes usted trabaja. Si hay un modelo, ¿cuál es? ¿Qué le dice esto?
8. Identifique a una persona o grupo en su comunidad que tiene lo que David MacClelland llama «necesidad de realización». Identifique una manera concreta para estimularles. ¿Cómo puede usted instruirles para que motiven y enseñen a otros?
9. Dios está construyendo su reino. ¿Cómo ve usted su reino expandirse en la comunidad en que vive y trabaja? ¿Qué le gustaría hacer en los próximos seis meses como obrero de la empresa de construcción del reino?
10. ¿Qué preguntas o desafíos se le ocurren en respuesta a las ideas presentadas en este capítulo?

12

VOCACIÓN

Conexión entre la vocación y la historia transformadora

En la campiña tailandesa, a menudo la gente pasa dificultades para ganarse la vida. Una rápida deforestación ha reducido la productividad de la tierra. La estación lluviosa se acorta cada año que pasa. Durante la estación seca, pocas plantas crecen. Algunos árboles frutales proporcionan una grata sombra, pero buena parte del país es árida y rigurosa.

Songsai y Sii Phot viven con sus seis hijos en una parcela deforestada, en el este de Tailandia. La tierra, perteneciente a la madre de Sii, forma parte de un terreno más grande dividido y entregado por el gobierno a campesinos sin tierra. La casa de la familia se asienta sobre pilotes y está cubierta de anchas láminas de madera y techo de paja.

«La lluvia penetra por las paredes y el techo», dice Sii. «Es difícil vivir aquí, pero no podemos ir a otro sitio».

Trabajo esforzado y disciplina: Dos requisitos para el progreso

A pesar de la historia de Phot, según el Banco Mundial, la economía de Tailandia ha experimentado una notable transformación en las últimas cuatro décadas, «pasando de ser un país de renta baja a renta alta en menos de una generación». La nación asiática, con 68 millones de personas, ha visto caer en picado las tasas de mortalidad materna, y de menores de cinco, mientras más del 97 por ciento de la población tiene actualmente acceso a agua potable y saneamiento. «La pobreza ha declinado sustancialmente en los últimos 30 años», informa el Banco, «del 67% en 1986 al 11% en 2015, ya que han subido los salarios».[1]

No obstante, durante buena parte de su historia, Tailandia estuvo encerrada en la pobreza. El reino tailandés unificado, conocido como Siam, fue fundado a mediados del siglo XIV, y Tailandia ostenta la distinción de ser el único país del sudeste asiático que nunca fue colonizado por una nación europea. No obstante, las privaciones fueron endémicas durante siglos para todos, salvo unos pocos. ¿Por qué tardó tanto Tailandia en desarrollarse?

Aunque hay muchos factores, yo creo que hay tres valores culturales que impidieron al pueblo tailandés ejercer la capacidad que Dios le dio para mejorar sus vidas. Yo las denomino las tres «eses»: *sanuk*, *saduak* y *sabai*.

Sanuk significa «pasarlo bien». A los tailandeses les encanta pasarlo bien. Por supuesto, el trabajo necesario para prosperar no siempre es divertido; a veces exige sacrificio y aplazamiento de la gratificación. Así pues, *sanuk* representa un verdadero obstáculo. Las otras dos palabras —*saduak*, «conveniente», y *sabai*, «cómodo»— presentan problemas similares. Estas «tres eses» han sido más relevantes en la sociedad tailandesa que el esfuerzo y la disciplina. Una vez que un tailandés dice: «*mai sanuk*» (no es divertido), «*mai saduak*» (no es conveniente), o «*mai sabai*» (no es cómodo), todo esfuerzo para avanzar es en vano.

La ética de trabajo protestante re-examinada

Aunque Dios creó un día de descanso en la estructura misma de la creación, no podemos olvidar los otros seis días. Fuimos creados, como mayordomos de Dios sobre la creación, para trabajar. Nuestro trabajo afirma nuestra dignidad y glorifica al Trabajador divino. Como declara el apóstol Pablo: «Si, pues, coméis o bebéis, o hacéis otra cosa, hacedlo todo para la gloria de Dios» (1 Cor. 10:31).

El gran teólogo, educador y político reformado, Abraham Kuyper lo expone de este modo: «Dondequiera que el hombre se sitúe, cualquier cosa que haga, o a cualquier cosa que aplique su mano, ya sea en la agricultura, el comercio y la industria, o su mente, en el mundo del arte y la ciencia, está, en todo lo que sea, continuamente delante del rostro de Dios; está empleado al servicio de su Dios, tiene que obedecer estrictamente a su Dios, y, por encima de todo, tiene que apuntar a la gloria de su Dios».[2]

Como vimos en el Capítulo 1, Max Weber articuló la ética protestante del trabajo. Weber comprendió que las ideas tienen consecuencias. Rechazó el supuesto marxista-materialista de que «lo único que importa es la materia». Weber entendió que la cosmovisión que sustenta la ética protestante conducía a la transformación y la prosperidad de naciones sumidas en toda clase de pobreza.

Aunque Weber sigue siendo hoy un gigante de las ciencias sociales, correspondió a John Wesley* (1703-1791), avivador y reformador social inglés, destilar la esencia de la aún no descubierta ética del trabajo en un grito de guerra fácil de entender. Al moverse en un contexto mucho más profundo que en la hueca sociedad de consumo actual, Wesley instó a los cristianos de su tiempo: «Trabajen lo más duro que puedan; ahorren todo lo que puedan; den todo lo que puedan».[3]

Los tres mandatos de Wesley aluden a los tres principios básicos de la economía bíblica[4]—diligencia (formación de capital), austeridad (ahorro de capital), y caridad (reparto de capital). Habiendo surgido de la cosmovisión judeocristiana, la economía bíblica no versa únicamente sobre el esfuerzo. Refleja varios supuestos críticos: libertad (libertad de mercado), propiedad privada, responsabilidad personal y comunitaria, mayordomía de la creación, y justicia bajo la ley. El ahorro, por ejemplo, muestra confianza en el futuro, que la historia avanza hacia su destino, y se abstiene de la gratificación inmediata. El dar, entretanto, refleja la responsabilidad divinamente ordenada de pensar más allá de nosotros mismos, para ayudar primeramente a la familia de Dios, y a nuestros semejantes, y cuidar de la creación.

El modelo de trabajo, ahorro y dádivas de Wesley es triádico. Cada componente nutre a los otros. A diferencia de mucho de lo que se hace pasar por capitalismo moderno (que en muchos casos sería mejor designarlo «consumismo hedonista», «capitalismo depredador», o «capitalismo mafioso») la ética protestante se centra en los otros, tanto en su concepción como en su función. No sirve principalmente al yo, sino a Dios, a otros, y al futuro. Establece una base sólida para el comercio y la empresa económica. Aunque aprecia la riqueza física, no trata principalmente de dinero. El hecho de que gran parte de la cultura moderna ansíe el dinero muestra cuánto nos hemos desviado de esta ética.

Como vimos anteriormente, la palabra *economía* viene del griego *oikonomos*, que significa «mayordomía de la casa». Refleja una filosofía moral floreciente, aunque haya sido mayormente olvidada. Dios cuida de *todas* las esferas de la vida, incluida la económica. Nuestro mundo cada vez más fragmentado tiende a compartimentar la vida. Esto no es sano. Recordemos que los principios que avivan la esfera económica también animan las esferas moral y espiritual.

Los occidentales no son los únicos que tienen acceso a estos principios. Por ejemplo, una ética similar está presente en las culturas confucianistas. Podemos ver dos aspectos de esta modalidad de «ética del trabajo»: trabajo esforzado y *jen*, es decir, benevolencia o conveniencia propia iluminada. El *jen* es ilustrado por el equivalente funcional confuciano de las palabras de Jesús en la regla de oro: «Haz a los demás lo que quieres que te hagan a ti». La ética confucianista, basada en algunos principios similares a los de su homóloga protestante, es una de las principales razones del auge económico que ha conocido Tailandia (y buena parte de Asia) a partir de 1980.

Premisas económicas

	Animismo	Teísmo	Secularismo
Sistema económico	Trueque	Capitalismo	Consumismo
Realidad última	Espiritual	Personal	Física
Hombre	Espíritu	Mente	Boca
Naturaleza	Bien limitado	Suma positiva	Suma cero
Marco de tiempo	Pasado	Futuro	Presente
Historia	La vida gira en una rueda	La historia se dirige hacia un destino	El tiempo se agota
Trabajo	Sobrevivir	Glorificar a Dios	Consumir
Ética	Amoral	Absolutos morales	Inmoral
Conocimiento	La ignorancia Es una virtud	La verdad es absoluta	Relativismo

Como ha venido mostrando este libro, las implicaciones económicas del teísmo judeocristiano, el secularismo y el animismo, son muy distintas. La figura 12.2 resume las premisas clave de cada uno de ellos. Nuestro mundo moderno está repleto de culturas que prueban que el secularismo conduce inevitablemente al consumismo egoísta y al totalitarismo,[5] y cómo el animismo produce sistemáticamente abyecta pobreza. Así pues, examinemos cada componente del mandato tripartito de Wesley para entender mejor por qué Kuyper y Weber tenían razón y por qué los secularistas y los animistas están en el fondo equivocados.

Diligencia: «Trabaja lo más esforzadamente que puedas»

El trabajo —en todas sus modalidades— es sagrado. ¿Por qué? Dios trabaja. Génesis 1:1 nos recuerda que «En el principio creó Dios los cielos y la tierra». Dios trabajó y luego descansó de su labor creadora el séptimo día (Gén. 2:2-3). Aunque la Biblia no manifiesta que el Creador omnipotente estuviera cansado de su trabajo, describe lo que hizo (y sigue haciendo) como *trabajo*. El autor de Hebreos describe a Dios como Arquitecto y Constructor de la Jerusalén celestial (Heb. 11:10). La palabra griega *technites*, es traducida por «arquitecto», de donde derivan las palabras técnica y tecnología. La palabra griega *demiurgo* deriva de *demos*, «el pueblo» y *ergon*, «trabajar o laborar». Dios es un trabajador para el pueblo y un técnico maestro. Cuando decidió venir en carne, en Cristo, vino como lo que hoy llamaríamos un obrero. En efecto, ejemplificó el trabajo para todos los seres humanos, y toda vocación ética, legítima, tiene su origen en el trabajo divino, refleja el trabajo de Dios y contribuye a la venida del reino de Dios. Pero Jesús dignificó las labores manuales. Él fue carpintero; algunos eruditos interpretan su trabajo como el de un «albañil». No vino como soldado o recaudador de impuestos. No formó parte de las clases dirigentes romana o judía en Jerusalén. Vino como obrero. A veces honramos al que lleva traje y corbata y menospreciamos al que viste mono de trabajo. Pero Jesús vino a una región rural como carpintero. A diferencia de muchos reyes y políticos, Dios no se avergüenza de arremangarse.

No sorprende, pues, que los seres humanos, creados a imagen de Dios, sean llamados a trabajar (Gén. 2:15). Para dignificar aún más nuestro trabajo, somos llamados a colaborar con el Señor del universo (Gén. 1:26, 28). Hemos recibido dominio sobre la creación de Dios como vice regentes suyos. Por increíble que parezca, Dios trabaja en nosotros para llevar a cabo muchos de sus propósitos divinos. Dios creó un universo generoso; nosotros podemos aumentar esa abundancia mediante nuestra labor productiva.

De modo que ningún trabajo es despreciable cuando se hace para Dios. Incluso la injusticia y la opresión de la esclavitud puede ser redimida para la gloria de Dios. «Siervos, obedeced en todo a vuestros amos terrenales, no sirviendo al ojo, como los que quieren agradar a los hombres, sino con corazón sincero, temiendo a Dios. Y todo lo que hagáis, hacedlo de corazón, como para el Señor y no para los hombres; sabiendo que del Señor recibiréis la recompensa de la herencia, porque a Cristo el Señor servís» (Col. 3:22-24).

El trabajo es una vocación, pero debemos oír su llamado. Se cuenta la historia de tres obreros de construcción que hacían su oficio. Un reportero les preguntó: ¿Qué están haciendo? El primero le respondió, con tono de irritación y sarcasmo: «¿No ve que estoy acarreando estos bloques?». El segundo respondió con orgullo: «Bueno, estoy edificando esta magnífica estructura, que será un tributo a mi destreza y a mi generación». Pero el tercero dijo con matiz reverente: «Bueno, estoy sirviendo al Arquitecto principal, ayudando a edificar el reino de Dios».

TRABAJO

Concepción teísta

TRABAJO

Concepción secularista

TRABAJO

Concepción animista

Vivimos y trabajamos en un contexto más amplio, que a mí me gusta denominar economía divina. Nuestra labor adquiere importancia a medida que cumplimos el llamado de Dios y hacemos su obra. No hemos de trabajar primordialmente para nosotros mismos, sino para la gloria de Dios. Además de los principios fundacionales de la ética de desarrollo, también hemos recibido la gran tarea de reconciliar la creación perdida con su Hacedor y destruir las obras del enemigo. Somos soldados que reclamamos «territorio» para nuestro Rey. Somos sus heraldos, anunciamos que su reino está al alcance. De modo que el trabajo no es solamente algo que *tenemos* que hacer. La historia se dirige hacia una meta, y a nosotros *nos toca* tomarla de la mano y guiarla hasta la consumación de Dios, la Nueva Jerusalén.

Las sociedades seculares se han desviado de su ideal. Tanto en las sociedades industriales como en las post-industriales, las personas creadas a imagen de Dios, con eternidad en sus corazones, son reducidas a consumistas y productoras. Ya no se considera el trabajo actividad sagrada. Ya no seguimos nuestra vocación; ahora nos limitamos a «tener empleo». El trabajo no es más que un medio para alcanzar un fin. Como dice la vieja canción pop: «Todo el mundo trabaja para el fin de semana». O como la famosa cadena de restaurantes *TGI Fridays* proclama: «Gracias a Dios, ¡es viernes!». La noble idea de vocación ha sido calladamente sustituida por el anémico concepto de profesión. Lo que se enfocaba en Dios se enfoca ahora en el yo.

No obstante, hay otras maneras de disminuir o destruir nuestro sentido de la vocación. Aunque el secularismo exalta el individuo, el animismo trata de disolverlo. El animismo considera el trabajo un mal necesario, como parte del sufrimiento que tenemos que soportar en esta vida. Los Mangalwadi afirman:

> La idea de destino individual es extraña a la cultura hindú, que enfatiza la disolución de la propia individualidad, no su realización. En efecto, una mayoría de hablantes de hindi, mi lengua materna, ni siquiera saben que hay una palabra hindi equivalente para designar «destino» en los diccionarios...
>
> La palabra comúnmente usada, y la idea que domina la literatura hindi, es «sino o azar», justo lo contrario de lo que significa la idea cristiana de destino.[6]

En la economía divina, no hay dicotomía entre sagrado y secular, ya que todos servimos *coram Deo*. Me encantan las placas de pared que adornan algunas cocinas con la frase: «Aquí se celebran cultos de adoración tres veces al día». La cuestión no es: sagrado frente a secular; es más bien consagrado frente a no consagrado. Una persona, incluso un pastor o misionero, puede estar llevando a cabo tareas «religiosas» sin estar santificado. En cambio, un ama de casa puede estar preparando comidas para la familia como un verdadero acto de devoción a Dios. Un granjero puede ordeñar vacas como acto de adoración. El puesto de trabajo es un lugar de adoración.

Esto se refleja en la palabra hebrea *avodah*, que se traduce como adoración, servicio o trabajo. En la economía divina no hay distinción entre sagrado y secular. *Avodah* indica el acto integrado de trabajo y adoración. Por decirlo de manera ligeramente distinta, el mandato cultural nos llama a «trabajar santamente».

La ética de desarrollo requiere abundancia, generar más del mínimo imprescindible para hoy. Hemos de trabajar no solamente para cubrir las necesidades inmediatas, sino también futuras. Nuestra meta trasciende una mentalidad de supervivencia y abarca la ayuda al necesitado en nuestra comunidad, ahorrar e invertir para el futuro de nuestra familia y la comunidad más extensa —hacer planes para la sequía y la lluvia—. El sábado, ordenado en la Escritura, implica que debemos tener más de lo que necesitamos cada día para poder disfrutar de un día de descanso.

En una economía del reino, la diligencia, o industria, es una virtud. Esto contrasta con la desidia, la pereza y la ociosidad de algunas culturas animistas. El ciclo de trabajo y descanso que hallamos en el *Primer trabajador* (Gén. 2:2-3) contrasta también con la adicción al trabajo que se da en muchas sociedades materialistas.

La ruta más segura hacia la abundancia es estimular la creatividad y dar a las personas el fruto de su labor. Hemos de ver que el derecho a la propiedad no es una invención moderna. La propiedad privada, la libertad y la responsabilidad personal van juntas. El mandamiento del Decálogo contra el robo (Éxo. 20:15 «No hurtarás») asume que las personas tienen derecho a la propiedad y a conservar lo que producen.

Aparte de la abundancia, el trabajo esforzado da gloria al *Amo trabajador*, en cuyo nombre se hace, para cumplir su propósito y extender su reino. La riqueza no tiene por objeto la mera satisfacción del placer personal. La verdadera abundancia es interna, el conocimiento de Dios. El signo externo de esta abundancia interna es un estilo de vida sencillo, que fluye del contentamiento. La riqueza que emana de una vida frugal y fiel al llamado personal da como resultado el ahorro. El ahorro genera capital para invertir en nuevas empresas y dar a la «viuda necesitada» (1 Tim. 5:3, 16).

Austeridad: «Ahorre todo lo que pueda»

El trabajo esforzado y vocacional puede producir abundancia. Pero esta abundancia no refleja mérito nuestro, sino que es gracia de Dios. Aunque muchas personas —incluso cristianas— justifican hoy su estilo de vida extravagante diciendo: «Me lo he ganado», la persona que trabaja principalmente para la gloria de Dios no es, en esencia, un consumidor. Trabaja para ahorrar. Capta el sentido de la riqueza permanente: relaciones, reino de Dios, justicia. La recompensa del trabajo es moral y espiritual. La riqueza permanente tiene una relación tangencial con la riqueza física, que con frecuencia nos aparta de Dios. Pero la persona sabia guarda la riqueza física —y la pobreza— en el contexto de una riqueza eterna, permanente. Como dice la Escritura: «Desnudo salí del vientre de mi madre, y desnudo volveré allá. Jehová dio, y Jehová quitó; sea el nombre de Jehová bendito» (Job 1:21).

Sabiendo que la historia tiene sentido, las personas sabias ahorran. La cosmovisión bíblica les informa que viene un mañana, y que será distinto al presente. El tiempo no es circular, no es un ciclo interminable de cuatro estaciones. La historia se está escribiendo y las personas la conforman. El sabio aprecia la realidad del pasado, el presente y el futuro. El sabio puede ver más allá del pasado y el presente para poder planear. Como observó Salomón: «Tesoro precioso y aceite hay en la casa del sabio; mas el hombre insensato todo lo disipa» (Prov. 21:20).

El futuro exige gratificación diferida, sacrificio y abnegación. Los que sólo viven para el presente bien pudieran ser pobres mañana. El lema hedonista dice: «Comamos, bebamos y alegrémonos, porque mañana moriremos». Quizás debería rezar: «Comamos, bebamos y alegrémonos, porque mañana seremos pobres». Un excesivo gasto presente suele augurar un mañana de pobreza. Piense en los agraciados con premios de lotería y atletas profesionales que dilapidan su súbita riqueza derrochándola descontroladamente. Un país rico como Arabia Saudí podría fácilmente volver a la pobreza si no invierte sabiamente su riqueza petrolífera para el futuro.

Los ahorradores con mentalidad bíblica tienen un agudo sentido del tiempo cronológico, pero también captan algo del tiempo escatológico. Saben que la historia avanza hacia el cumplimiento del plan de Dios, y nosotros formamos parte de él. La riqueza que producimos con nuestro trabajo esforzado puede ser invertida en el reino venidero. En realidad, el multiplicar e invertir nuestra riqueza en el reino venidero es un barómetro de la entrega de nuestra vida al *telos* de Dios.

También ahorramos por causa de la maldición sobre la tierra. Vendrán días de sequía y días de cosecha. José en Egipto ahorró durante los años de abundancia para que la nación pudiera sobrevivir durante los días de necesidad. Nosotros debemos hacer otro tanto.

El ahorro es necesario porque tenemos diversas responsabilidades: Proveer para nuestras propias necesidades (2 Tes. 3:10), las de nuestra familia (1 Tim. 5:7-8), y las de nuestra comunidad, iglesia e instituciones mediadoras (Gál. 6:9-10). *Yo soy* el guardián de mi hermano. He de amar a mi prójimo como a mí mismo. Soy importante, y responsable. He de extenderme hacia los demás con la compasión que brota del corazón de Dios.

Un comentario adicional: nadie es demasiado pobre para ahorrar. El *Chalmers Center*, con sede en Lookout Mountain, Georgia, ha sido pionero del plan: pobres que generan capital mediante micro ahorros. Mi esposa cuenta una experiencia de trabajo con las mujeres de dos comunidades pobres en Honduras. Los miembros de esas comunidades alegan que son demasiado pobres para ahorrar. Un día, Marilyn impartió un taller sobre cómo aprender a ahorrar. Y les preguntó que cuántas en la clase compraban refrescos para sus familias. Todas lo hacían. Luego les preguntó cuánto costaba cada bebida. Respondieron que suponía el equivalente de un dólar. ¿Y cuántas bebidas compran en una semana? Una por día fue la respuesta más común. Marilyn las ayudó a calcular: una bebida por día, por 365 días al año, asciende a 365 dólares. Las mujeres se asombraron de estar gastando tanto dinero en bebidas. Esta ilustración creó un contexto para que ellas empezaran a ahorrar dinero para las necesidades de sus familias. ¡Incluso los pobres pueden ahorrar!

Una última palabra acerca de la frugalidad. A diferencia del consumismo secular, el teísmo bíblico impone límites morales sobre las ganancias y el uso de la riqueza. Weber sabía que la ética protestante del trabajo responsabiliza al hombre como mayordomo. «El hombre es sólo un administrador de los bienes que se le conceden por la gracia de Dios... debe... dar cuenta de cada céntimo que se le confía, y es, como mínimo, peligroso gastarlo en propósitos que no redundan en la gloria de Dios, sino el mero disfrute personal».[7]

La sobriedad y el trabajo esforzado expresan la ética protestante. Fue esta frugalidad, este ideal de «ni pobreza ni riqueza» (Prov. 30:7-9), lo que «estableció la limpia y sólida comodidad del hogar de clase media como ideal».[8] «Ni pobreza ni riqueza» significa suficiencia —en contraste con la privación, por una parte, y con la opulencia, por otra.

La frugalidad establece límites al consumo personal, pero no a la creación e impartición de riqueza. Estas son virtudes; el excesivo consumo personal es un vicio. La economía bíblica no se centra en el yo, sino en la adoración a Dios, el servicio a otros y la mayordomía de la creación. Como retó el economista y ex parlamentario holandés Dr. Bob Goudzwaard, es preciso «crear una economía de atención, una economía de suficiencia».[9]

En un sistema teísta, la riqueza surge de las virtudes del trabajo duro y la frugalidad. Hoy, sin embargo, nuestra cultura valora cada vez más la riqueza material antes que a Dios. En consecuencia, el trabajo duro y la frugalidad son cada vez más despreciados. La riqueza, actualmente secularizada, se ha convertido en un fin en sí misma. Wesley, que tanto hizo por estimular la prosperidad personal, lo vio venir. «Me temo que allá donde las riquezas han aumentado, la esencia de la religión ha disminuido en la misma proporción. Por lo tanto, no veo cómo es posible, conforme a la naturaleza de las cosas, que un avivamiento verdaderamente religioso dure mucho tiempo. Porque la religión debe producir de necesidad industria y frugalidad, y éstas no pueden menos que producir riqueza. Pero a medida que aumentan las riquezas, también lo hacen el orgullo, la ira y el amor al mundo en todos sus matices».[10]

Como cristianos, nuestra meta no debe ser el exceso material, sino la suficiencia (ni riqueza ni pobreza). Dios bendice a muchas personas con abundancia, pero nosotros deberíamos compartirla generosamente con nuestros vecinos y con la comunidad más amplia. El que esta sugerencia parezca extraña revela cuánto nos hemos alejado por la ruta secular. Como dijo Jesús, no es posible servir a Dios y al dinero.

Generosidad: «Dé todo lo que pueda»

La riqueza que producimos por medio de nuestro trabajo y ahorro debe ser invertida en emprender y hacer donativos benéficos (Hech. 20:34-35). C.S. Lewis escribió: «La beneficencia —dar a los pobres— es una parte esencial de la moral cristiana... No creo que uno pueda decidir cuánto debe dar. Me temo que la única regla segura es dar más de lo que se puede ahorrar... Si nuestros donativos no nos pellizcan ni causan dificultad, me atrevo a decir que son demasiado pequeños. Debería haber cosas que nos gustaría hacer y no podemos porque los gastos benéficos las excluyen».[11]

La Biblia nos ofrece dos razones principales para dar. La primera es el amor de Dios. Damos porque Dios nos dio a nosotros primero (1 Juan 4:10-11). Lo mismo que Dios, hemos de dar liberal, sacrificial y abundantemente. Como dijo Pablo de Cristo: «Por amor a vosotros se hizo pobre, siendo rico, para que vosotros con su pobreza fueseis enriquecidos» (2 Cor. 8:9). Dios desea que compartamos nuestra preocupación por los pobres practicando la misma clase de amor desinteresado por los demás. El libro de Proverbios está lleno de exhortaciones a la generosidad, así como de advertencias contra la tacañería (véase Prov.11:24–28; 14:31; 19:17; y 28:7).

Una segunda razón para dar generosamente es el «interés propio». Al principio parece una paradoja. ¿Cómo nos podemos ayudar ayudando a otros? Y una cuestión aún más importante: ¿Es realmente bíblico actuar en interés propio? ¿No es esto un eufemismo del egoísmo?

El hecho es que no podemos ser más espirituales que la Biblia. Citando el Antiguo Testamento, Jesús dijo: «Amarás a tu prójimo como a ti mismo» (Mar. 12:31). Esto supone cierta cantidad de interés propio, de amor propio sano. Esto no está mal, porque hemos sido creados a imagen de Dios. Nuestras vidas revisten importancia. Dios estableció nuestra valía más allá de toda duda enviando a su Hijo a morir por nosotros. El banquero inglés Brian Griffiths afirma que el interés propio es evidencia de que «somos creados [a imagen de Dios], poseedores de una voluntad y una mente, capaces de tomar decisiones y responsables de ellas». Por otra parte, Griffiths afirma: «El egoísmo es consecuencia de la caída y la distorsión del interés propio cuando el objeto principal de la vida no es el servicio a Dios sino la satisfacción de nuestro propio ego».[12]

El interés propio se asienta en el contexto comunitario. A pesar de lo que pueda decir la cultura, no somos individuos aislados a quienes se permite satisfacer todo antojo y apetito. Vivimos con otros y debemos considerar también sus necesidades. El dar redunda en nuestro interés propio. Vivimos *coram Deo*, y daremos cuenta de todo acto de codicia. Dios nos diseñó para contribuir a la comunidad más extensa. Jesús mismo articuló este principio fundamental cuando dijo: «Más bienaventurado es dar que recibir» (Hech. 20:35). En palabras ligeramente distintas, la Biblia instaura una cultura de generosidad y se opone a una cultura de avaricia.

Un ser humano que no da no se asemeja a Dios, porque Dios es el Dador supremo. Pero no debemos dar indiscriminadamente. La generosidad no basta; es necesario discernir. En los últimos años ha cambiado el lenguaje acerca de dar. Ayudar «a los pobres» sigue estando de moda, como demuestran todos los «beneficios» que se otorgan a los granjeros, refugiados y residentes en cascos urbanos. No obstante, la palabra pobre ha llegado a representar una clase de personas que carecen de recursos físicos. No dice nada acerca de cómo llegaron a esa situación. Pero para ayudar verdaderamente a alguien en necesidad, tenemos que descubrir cómo llegaron donde están. El apóstol Pablo ciertamente hizo distinciones (1 Tim. 5:3-6), y nosotros deberíamos hacer lo mismo.

A efectos de este estudio, los pobres pueden dividirse en tres categorías generales. Los pobres meritorios —viudas, huérfanos, «discapacitados» y otros— son los que trabajarían si pudieran. Estos merecen nuestras dádivas, que en este caso se pueden designar adecuadamente como «beneficencia».

Un segundo grupo son los trabajadores pobres. Como es lógico, estas personas son capaces y están dispuestas a trabajar, y de hecho *trabajan*, pero aún necesitan nuestra ayuda, que, en su caso, significa invertir en su empresa o compartir nuestra experiencia con ellas. Muchos planes de préstamo a microempresas, que se pueden levantar siguiendo los planes de micro-ahorro anteriormente mencionados, caen en esta categoría. En un plan bien gestionado, el inversor es reembolsado, o su dinero, reinvertido en préstamos rotatorios, para proveer oportunidades para otros.

Un tercer grupo —los pobres no meritorios— está formado por personas capaces, pero no dispuestas a trabajar. No merecen dádivas, sino confrontación amorosa. Como ha dicho Marvin Olasky, necesitamos tener «cabezas sólidas» y «corazones cálidos» para con tales personas y desafiarlas personalmente.[13] Dar indiscriminadamente a los pobres no meritorios no hace más que aumentar su pobreza. No desafiarles es condenarlos a ella.

Independientemente de la categoría a la que se adscriban los pobres, debemos hacer todo lo posible por restaurar y mantener su dignidad.

Cuanto más personales y relacionales seamos en nuestras dádivas, mejor. Aunque no siempre es posible, este enfoque es normalmente el más efectivo. La tabla de la Figura 12.6 describe tres niveles, que oscilan de más personal a menos.

En el nivel más personal, damos a nuestra familia inmediata y más extensa. La persona que no provee para los suyos es «peor que un incrédulo» (1 Tim. 5.8). En el segundo nivel, comunitario, proporcionamos beneficencia a través de diversas instituciones mediadoras: iglesias, sinagogas, organizaciones cívicas, etc. Como la beneficencia personal, ésta es privada, libremente ofrecida y con el respaldo de la responsabilidad personal.

El tercer nivel, el del Estado, es la forma de dar menos personal (y menos eficaz). En vez de ser privado y voluntario, este dar es público y obligatorio, financiado por los impuestos. Hay mucha menos responsabilidad por los resultados obtenidos. Esto resulta evidente si se considera el fracaso del bienintencionado estado del bienestar en Estados Unidos y la creciente pobreza y dependencia a raíz de los incontables millones repartidos en ayuda internacional. A medida que un gobierno engorda, disminuye la necesidad de compromiso personal. La beneficencia se deforma y da lugar al bienestar; la responsabilidad del individuo, al derecho de clases; y la asociación voluntaria da paso a la coerción. En este caso, el «dar» beneficia poco a los pobres.

Para ayudarles, debemos tener claro que el trabajo (aunque no siempre sea divertido, conveniente o placentero) es sagrado. Es también indispensable para el florecimiento de pueblos y comunidades. La ética protestante es clave para sacar a individuos, comunidades, y aun naciones, de la pobreza.

Preguntas para el estudio

1. ¿Qué impedimentos frenan la prosperidad (como las nociones típicas tailandesas de *sanuk*, *saduak* y *sabai*) en la comunidad en que usted trabaja?
2. En sus propias palabras, defina la «ética protestante del trabajo».
3. Repase la Figura 12.2 y marque cada premisa importante en la comunidad en que usted trabaja. ¿Qué conclusiones puede sacar?
4. El trabajo es una vocación. ¿Cómo contribuye su vocación a la edificación del reino de Dios? Si no acierta a ver la conexión, considere en oración qué puede hacer para que esta relación sea una realidad.
5. El lema «Ahorre todo lo que pueda» no era sólo para los ricos. A decir verdad, cuando se enseñaba en las iglesias y escuelas dominicales, era el lema de la gente común. Antes de la Reforma, Europa era pobre. No obstante, el ahorro de la gente posibilitó la prosperidad del norte de Europa. ¿Cómo puede usted estimular la austeridad y el ahorro en la comunidad en que trabaja?
6. Describa las tres categorías de personas pobres. ¿Por qué es importante hacer estas distinciones?
7. Repase la Figura 12.6. En su comunidad, ¿a quién recurre la gente en busca de ayuda?
8. ¿Qué pasos puede dar para animar o reforzar la responsabilidad personal y comunitaria de la beneficencia, en vez de la dependencia del Estado?
9. John Wesley articuló la ética protestante del trabajo de esta manera: «Trabaje todo lo que pueda, dé todo lo que pueda y ahorre todo lo que pueda». Escriba un lema que capte la ética de trabajo de la cultura en que usted trabaja.
10. ¿Qué preguntas, desafíos u otros ejemplos le sugieren las ideas presentadas en este capítulo?

13

HACEDORES DE HISTORIA

Obediencia a todo lo que Él ha mandado

La noción lineal, occidental, del tiempo es prácticamente extraña para la mentalidad africana.

El tiempo real… es el presente y el pasado. Se mueve hacia «atrás», no «delante», y las personas aplican sus mentes no a las cosas futuras, sino, sobre todo, a las que han tenido lugar.

Esta orientación del tiempo, regida por las dos dimensiones principales del presente y el pasado, domina la mentalidad africana sobre el individuo, la comunidad y el universo.[1]

En este libro hemos examinado el asombroso privilegio y responsabilidad del hombre: servir como vice regente de Dios en la tierra, compartir un evangelio que incluye la evangelización y el discipulado de las personas, pero que va más allá, la edificación de las naciones.

En el actual panorama geopolítico, la expresión «desarrollo nacional» ha venido a significar el intento de las potencias occidentales de instaurar la democracia en lugares como Afganistán e Iraq, mediante esfuerzos militares o diplomáticos. Pero la expresión se puede redimir si se considera como parte del proceso de discipulado de naciones, a través de la Gran Comisión que Jesús encomendó en Mat. 28:19-20. Hemos de ser constructores de naciones. Las desarrollamos a medida que servimos con amor a nuestros vecinos, cuando demolemos fortalezas de falsedad en la sociedad, y promovemos verdad, bondad y belleza.

A diferencia de las arenas movedizas del secularismo y el animismo, sólo la narrativa del teísmo bíblico proporciona un fundamento estable para construir naciones libres, justas, compasivas y prósperas. Nuestro llamado es a cumplir el *telos* de Dios,[2] su plan supremo. Solo las personas con una idea bíblica del tiempo están preparadas para responder a ese llamamiento supremo. Este último capítulo mostrará por qué.

¿Hacia dónde se dirige la historia?

Toda persona debe hacerse la pregunta: «¿Por qué estoy aquí?» Toda generación debe preguntarse: «¿Qué lugar ocupamos en la historia?». Aunque estas son cuestiones universales, generan una multitud de respuestas contrapuestas. Las cosmovisiones marcan la diferencia.

El teísmo judeocristiano, a diferencia del secularismo y el animismo, introduce una concepción radical del tiempo —lineal, con pasado, presente y futuro—. El tiempo tiene un principio que se extiende para siempre hacia el futuro (al menos hasta que sea engullido por la eternidad, y «lo mortal sea absorbido por lo inmortal»). La historia es abierta: Dios, los ángeles y las personas pueden intervenir para cambiar su curso. No es de extrañar que las culturas asentadas sobre esta cosmovisión esperen que la vida mejore y sea posible el progreso. Estas sociedades confían en el futuro y despliegan optimismo, ambición, acción y descubrimiento. *La historia se dirige hacia una meta.*

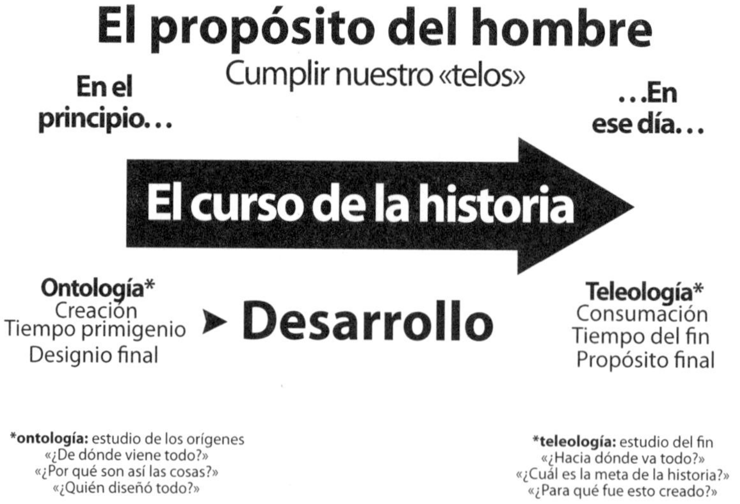

Este progreso es intrínseco al designio divino. Dios desea que los seres humanos se desarrollen en la tierra. La creación tiene un propósito (ontología) y un final (teleología) que son visibles desde el principio: «Y los bendijo Dios, y les dijo: "Fructificad y multiplicaos; llenad la tierra, y sojuzgadla, y señoread"» (Gén. 1:28, RV1960). Dios nos bendijo para ser sus mayordomos sobre la creación. El hombre es descubridor, inventor, explorador, constructor, soñador y creador.

La bendición se repite en Abraham para que él a su vez pudiese bendecir a muchas naciones (Gén. 12:1-3). La bendición prosigue en la Gran Comisión. Cristo bendijo a sus discípulos con vida eterna, presencia del Espíritu Santo, y libertad del temor a la muerte para que pudiésemos instruir a las naciones. ¿Y por qué extendemos bendición a todas las naciones? ¿Por qué instruimos a las naciones y no sólo a las personas? Porque Jesús nos envió a hacer eso «haced discípulos a todas las naciones», (Mat. 28:19). E instruimos a las naciones para que cuando el Rey retorne, los reyes de las naciones lleven su gloria a la Ciudad de Dios. «La ciudad no tiene necesidad de sol ni de luna que brillen en ella; porque la gloria de Dios la ilumina, y el Cordero es su lumbrera. Y las naciones que hubieren sido salvas andarán a la luz de ella; y los reyes de la tierra traerán su gloria y honor a ella. Sus puertas nunca serán cerradas de día, pues allí no habrá noche. Y llevarán la gloria y la honra de las naciones a ella» (Apo. 21:23-26).

La historia —con un principio, una continuidad y un fin— proporciona una senda segura para el desarrollo y el florecimiento humano. Dos cuestiones metafísicas protegen cada lado de la senda, como los setos limitan las sendas de un jardín. La primera es metafísica: «¿De dónde venimos?». La segunda es teleológica: «¿Hacia dónde vamos?». Únicamente el teísmo ofrece respuestas plenas, y nos permite seguir la senda.

La historia

Concepción animista

Como hemos visto, el animismo responde a ambas cuestiones con un rotundo «¡Hacia ninguna parte!». Para el animista, la vida es como una rueda —no una rueda que se mueve hacia el futuro, sino sobre sí misma, incesantemente—. La historia para el animista es tribal o provincial, con escaso sentido del mundo exterior. La vida es una serie de ciclos sin fin: nacimiento, matrimonio, muerte; primavera, verano, otoño, invierno. El alma humana, el individuo, transmigra de una vida a otra. El príncipe Siddhartha, fundador del budismo, dijo del dilema del hombre: «Ciertamente, este mundo está desprotegido y desamparado, gira y vuelve a girar como una rueda.[3] Por eso G.K. Chesterton observó: «Conviene representar a Buda con los ojos cerrados; no hay nada importante que ver.[4]

Concepción africana del tiempo

Análisis del concepto africano del tiempo teniendo en cuenta los tiempos verbales entre los akama y los gikuyu de Kenia

	Tiempo	*Kikamba*	*Gikuyu*	*español*	*Tiempo aproximado*
	1. Futuro lejano o remoto	**Ningauka**	**Ningoka**	**vendré**	Entre 2 y 6 meses a partir de ahora
	2. Futuro inmediato O próximo	**Ninguka**	**Ninguka**	**vendré**	Dentro de poco
	3. Futuro indefinido o futuro próx. indefinido	**Ngooka** ngauka	**Ningoka**	**vendré**	En un momento previsto Después de tal evento
Sasa	4. Presente o presente continuo	**Ninukite**	**Nindiroka**	**vengo**	En el proceso de la acción ahora
	5. Pasado inmediato o inmediato perfecto	**Ninauka** ninooka	**Nindoka**	**vine** (acabo de llegar)	Hace una hora más o menos
	6. Pasado de hoy	**Ninukie**	**Ninjukire**	**vine**	Desde primera hora del día hasta hace unas dos horas
Zamani	7. Pasado reciente o pasado de ayer	**Nininaukie** nininookie	**Nindirokire**	**vine**	Ayer
	8. Pasado lejano o pasado remoto	**Nonookie** ninaukie	**Nindokire**	**vine**	Cualquier día antes de ayer
	9. Tene no especificado (Zamani)	**Tene ninookie**	**Nindokire tene**	**vine**	Tiempo pasado no especificado

FUENTE: John S. Mbiti. African Religions & Philosophy (Heinemann, Oxford, 1969), p. 18

Por su parte, la cultura animista africana percibe la historia como retrocediendo del presente al pasado. No hay esperanza mesiánica, ni idea de progreso, ni lugar para prosperar (véase la fig. 13.3). La edad dorada, denominada Zamani, siempre es tiempo pasado, nunca futuro. Mbiti escribe: «El hombre mira retrospectivamente de dónde viene y está seguro de que nada llevará este mundo a una conclusión… Según esta concepción africana de la historia, hay numerosos mitos sobre Zamani, pero ninguno acerca del fin del mundo, ya que el tiempo no tiene fin.[5] A un amigo mío africano le gusta decir: «Los africanos retrocedemos hacia el futuro».

La historia

Concepción secularista

Por otra parte, el secularismo responde a la cuestión teleológica enfáticamente: «¡Hasta la tumba!». Su símbolo es el reloj de arena. El tiempo y los recursos se gastan, como la arena. Y aunque el secularista puede, de hecho, ver pasar el tiempo mientras que el animista no puede, carece de perspectiva histórica trascendente. Como ha escrito John W. Montgomery: «Así pues, el problema básico resulta claro: Como no hay historiador ni filósofo —y, por ende, nadie— que se siente «en una casa al lado de la carretera» y contemple cómo pasa la historia, nadie, desde un punto de vista secular, humanista, puede responder la pregunta: «¿Hacia dónde se dirige la historia?».[6]

El secularismo tampoco tiene respuesta a las cuestiones ontológicas y teológicas de la vida. El nihilismo, término que usó Nietzsche para designar la absurdidad de la vida, reina en la sociedad secular occidental. Hemos cambiado una cultura de vida por una cultura de muerte. La evidencia nos rodea por todas partes y aumenta de día en día: fascinación con el suicidio, aborto incontrolado, infanticidio, eutanasia, genocidio, violencia de género y hedonismo. Primero, se consideraban males, después cosas normales, y actualmente cosas moralmente buenas. ¿Por qué? Porque nada importa, en definitiva.

La historia

Concepción teísta

Sólo el teísmo bíblico revela optimismo, ya que el tiempo es lineal, no está atrapado en una rueda o en un reloj de arena. La historia se dirige hacia una meta: Dios está finalmente reconciliando el mundo consigo mismo a través de Cristo (Col. 1:20). Pero ¿qué ocurre con el «devenir» de la historia, en el que vivimos nuestra vida cotidiana? ¿Qué efecto práctico tiene este conocimiento ontológico y teleológico? El teólogo Wim Rietkerk escribe:

> Dios creó el mundo, inauguró la historia y vio que salió mal. Pero no se detuvo. Antes bien, fue fiel con su creación, fiel a la humanidad y dio a la historia la oportunidad plena de desarrollarse.
> ...Resultó un fluir de la historia humana en el que la creación de Dios se podía desarrollar a pesar del pecado... [Dios] concedió a los pueblos y las naciones la libertad de vivir y actuar responsablemente para con la naturaleza. Esta enseñanza bíblica resalta enormemente la validez y la importancia de la cultura.[7]

Luego la historia es objetiva. Está fuera del hombre y se puede estudiar y entender, si bien imperfectamente, debido a nuestra limitación como criaturas finitas. El hombre es un actor, no un mero espectador, en el escenario del mundo. No ha de ser pasivo ni reactivo, sino agente *activo*. La vida ha de ser *vivida*. El tiempo, representado por una flecha, es un regalo de Dios al hombre. Éste es, pues, creador de historia, no esclavo de ella.

Concepciones del tiempo

El tiempo forma de tal manera parte de nuestra vida que apenas pensamos en él. Asumimos que todo el mundo contempla el tiempo del mismo modo. Pero no es así. Cada una de las tres cosmovisiones básicas lo define de distinta manera.

Las sociedades animistas se centran en los «acontecimientos puntuales», definidos por los fenómenos naturales, los ciclos y los ritmos de las estaciones. Los años tienen escaso sentido. Algunos reporteros occidentales a veces se sorprendían de que los refugiados ruandeses ancianos, en el Zaire, no recordaran su edad. Tales personas apenas cuentan los días. Sin embargo, cuentan catástrofes como terremotos, inundaciones y enfermedades. En tanto que una persona acostumbrada a mirar el reloj puede levantarse todos los días a las 6:00 de la mañana, las gentes que viven al son de eventos aislados son probablemente más flexibles y se levantan a la salida del sol, ya sean las 5:15h o las 7:00h. El evento —la salida del sol— es para ellos más importante que el reloj.

Tres concepciones del tiempo

	Animismo	Teísmo	Secularismo
Visión de La historia	El círculo de la vida	**La historia se dirige hacia una meta**	Una maldita cosa tras otra
Símbolo	Rueda	**Curso**	Reloj de arena
	Eventos Estaciones Ciclos	**Chronos Eschatos Kairos**	Horas Minutos Segundos
Enfoque Del tiempo	Pasado	**Pasado Presente Futuro**	Presente
Valores	Estado actual	**Progreso**	Cambio
Naturaleza	Abierta	**Abierta**	Cerrada
Meta	Armonía con la naturaleza Poder sobre los demás	**Llenar la tierra con el conocimiento del Señor**	Supervivencia del más apto Placer
Resultado	Envolvimiento	**Desarrollo**	Envolvimiento

El tiempo

Concepción animista

Mbiti señala que el pueblo ankore de Uganda define la vida en relación con su ganado. Cada día está delimitado por sucesos relacionados con la existencia del ganado. En muchas culturas africanas, se observa el calendario lunar, no el numérico. Los años son inacabables, los ciclos agrícolas, inalterables, marcados por acontecimientos relevantes. En tales sociedades, la gente disfruta del momento. Consideran que el tiempo es abundante porque los ciclos nunca se acaban. Las relaciones, no las tareas, dominan la vida. Según la mentalidad occidental, el tiempo se consume, pero los animistas piensan que no tiene límites, y que, por tanto, carece de valor, de modo que no se puede gastar. Aunque buena parte de la cultura africana es digna de admiración (en particular, el honor y el valor que se concede a las relaciones), la incapacidad de apreciar el valor del tiempo puede acarrear profundas consecuencias negativas en los aspectos económicos de la vida.

Esta concepción no se limita a África. En cierta ocasión, un agricultor norteamericano charló con un granjero en Colombia. Él quería saber por qué el granjero no había plantado su campo durante la temporada de siembra de aquel año. «No se preocupe», respondió el granjero. «¡Esa temporada volverá!».

El tiempo

Concepción secularista

En la sociedad secular moderna domina el reloj —o el dispositivo electrónico manual—. No hay concepción moral o trascendente del tiempo. Éste sigue avanzando mecánicamente hasta la definitiva muerte térmica del universo. La precisión es crítica. Los secularistas se acuestan tarde concibiendo métodos para medir milenios, siglos, décadas, años, meses, semanas, días, horas, segundos, e incluso nanosegundos. Siempre estamos mirando el reloj, siempre pendientes de nuestra próxima cita. Pensamos que el tiempo se agota. El objetivo secular no es la calidad de las relaciones en un tiempo limitado, sino la prosperidad material lo antes posible. Recuerdo un slogan publicitario: «Sólo se vive una vez; aproveche todo el gusto que pueda».

Occidente no siempre consideró que el tiempo era su enemigo. La prueba evidente está en el arte y la arquitectura. El historiador del arte Erwin Panofsky muestra cómo nuestros antepasados representaban el tiempo con símbolos de movimientos fugaces y equilibrios precarios, o símbolos de poder universal y fertilidad infinita, pero no de decadencia y destrucción.[8]

El símbolo de la muerte era Saturno, dios de la agricultura romana (en griego, cronos). Montgomery escribe: «Panofsky muestra que el Renacimiento humanista fue responsable de fusionar una personificación del tiempo clásico, dinámico, con la aterradora figura de Saturno —creando así la imagen del Tiempo Destructor—. ¿Y hoy? Las ilustraciones del Padre Tiempo no retienen la fuerza visual de sus homólogos antiguos; nosotros consideramos que el tiempo es un agente debilitador —un símbolo de la decadencia a que está sujeta toda vida».[9]

El cambio acaecido en nuestra cultura, de la cosmovisión judeocristiana a la secular, nos ha llevado a la actual orientación materialista del consumidor. T.S. Eliot comentó una vez: «Hemos estado condenando a la nueva generación a una nueva forma de provincialismo: la del tiempo que encarcela a hombres y mujeres en su propio y diminuto momento presente».[10]

El teísmo nos ayuda a ver mucho más. Como la física moderna, que interpreta la luz como ondas y partículas, el teísmo contempla el tiempo desde ángulos distintos. Estos puntos de vista no son mutuamente excluyentes, sino que trabajan de consuno para ofrecernos una perspectiva completa.

La concepción bíblica del tiempo

Para los griegos, el aspecto más sencillo del tiempo era *cronos*, el tiempo cronológico, el modelo natural que observamos en las rotaciones del sol, la luna y las estrellas. Un día sigue a otro, un mes a otro, un año a otro. Esto es tiempo en medida cuantificable. Cuando Jesús dijo: «Todavía un poco de tiempo estaré con vosotros» (Juan 7:33), usó esta palabra. También aparece en las epístolas del Nuevo Testamento. Por ejemplo:

«Así también nosotros, cuando éramos niños, estábamos en esclavitud bajo los rudimentos del mundo. Pero cuando vino el cumplimiento del tiempo [*cronos*], Dios envió a su Hijo... para que redimiese...» (Gál. 4:3-5, cursiva añadida).

La palabra griega *kairós* capta otro aspecto del tiempo. Es similar a la noción animista de los eventos puntuales, pero también muchísimo más. Kairós hace referencia a la plenitud del tiempo, el momento idóneo en que ocurre un acontecimiento; pasa por alto la cantidad de tiempo y tiene en cuenta la calidad. Tal distinción resulta difícil de captar para muchos occidentales. Russell Kirk lo resume bien:

> Los modernos normalmente piensan en lo que llamamos «tiempo» de manera parecida a como pensaban los griegos: es decir, el tiempo parece «lineal», se extiende a lo largo de una especie de línea desde un punto en la antigüedad remota hasta el presente. Pero los hebreos tenían una idea «psíquica» del tiempo, esto es, relacionada con el alma, con la experiencia espiritual. Para Dios, todas las cosas son eternamente presentes: Dios no está limitado por ninguna convención humana del «tiempo». Lo que sucedió a Moisés y los profetas fue, por decirlo así, un avance en el tiempo: en ciertos momentos, o más bien en ciertas experiencias abruptas, el tiempo y lo intemporal eterno coincidieron, y los hebreos recibieron un atisbo de la eternidad de Dios.
>
> Para el hebreo. . . el objeto de la existencia no es sobrevivir físicamente como individuo. El «tiempo» del hebreo no es meramente los días y las noches de la vida personal, sino más bien la existencia de un pueblo ante Dios.[11]

En la Biblia, los «momentos kairós» son la creación; la bendición de Dios a Adán y Eva; la caída de la humanidad; el pacto con Abraham; el pacto con Moisés; el nacimiento de Cristo; su vida apasionada, su muerte expiatoria y su resurrección gloriosa; la encomienda de la Gran Comisión; y la ascensión de Cristo a la diestra del Padre. La muy esperada consumación de la historia, cuando Cristo retorne, cuando la muerte sea destruida y todas las cosas sean completamente restauradas, será otro «momento kairós». «Dándonos a conocer el misterio de su voluntad, según su beneplácito, el cual se había propuesto en sí mismo, de reunir (*oikonomia*), todas las cosas en Cristo, en la dispensación del cumplimiento de los tiempos (*kairós*), así las que están en los cielos, como las que están en la tierra» (Efe. 1:9–10, cursiva añadida).

Nuestras vidas personales como creyentes también encierran un elemento kairós. Dios dijo a Jeremías que perdonaría a Jerusalén si el profeta podía hallar un solo hombre honesto, buscador de la verdad (Jer. 5:1). Una vida rendida al Creador del universo puede transformar el mundo. Si aceptamos la plenitud de la bendición de Dios y guardamos la plenitud de sus mandamientos, seremos los «grandes cristianos» de nuestra generación. Esto es vivir *coram Deo*, a medida que nuestra vida es marcada por el kairós. Al ligar el tiempo y la eternidad, el kairós es donde adoramos al Dios Omnipotente y servimos a nuestros semejantes. «Para que la multiforme sabiduría de Dios sea *ahora* dada a conocer por medio de la iglesia a los principados y potestades en los lugares celestiales» (Efe. 3:10, énfasis añadido). Nuestras vidas tienen más potencial —para bien o para mal— de lo que podemos imaginar a este lado de la eternidad.

La tercera perspectiva griega del tiempo es *eschatos* —o tiempo trascendente—. Es el tiempo anterior al principio y posterior al fin. Aunque reconoce una orientación al pasado, la dinámica del eschatos apunta al futuro. La palabra *escatología*, estudio del fin, deriva de escathos. La conquista de Cristo sobre la muerte y su entronización como Señor de la creación ocurrieron en el tiempo cronológico, pero estuvieron ancladas en el tiempo escatológico. El autor de la epístola a los Hebreos escribió: «Dios, habiendo hablado muchas veces y de muchas maneras en otro tiempo a los padres por los profetas, en estos postreros días (*eschatos*) nos ha hablado por el Hijo, a quien constituyó heredero de todo, y por quien asimismo hizo el universo» (Heb. 1:1-2, cursiva añadida).

Esta concepción del tiempo sólo se puede lograr desde fuera de la línea temporal —así que dependemos de la revelación—. El mismo Dios ha de revelarnos su escathos. Nosotros estamos atados a un lugar de la historia cronológica, pero Él no. Dios está fuera del tiempo. «Para con el Señor un día es como mil años, y mil años como un día. El Señor no retarda su promesa, según algunos la tienen por tardanza, sino que es paciente para con nosotros, no queriendo que ninguno perezca, sino que todos procedan al arrepentimiento» (2 Ped. 3:8-9). Desde esta perspectiva única, Dios nos puede revelar su propósito final —incluido el final de los tiempos—. Por supuesto, Dios no tiene por qué mostrarnos todas las cosas. Como dice el apóstol Pablo: «Ahora vemos por espejo, oscuramente; mas entonces veremos cara a cara. Ahora conozco en parte; pero entonces conoceré como fui conocido» (1 Cor. 13:12).

Tal confianza, el confiar en Dios a pesar de nuestro entendimiento incompleto, es el beneficio de este concepto bíblico del tiempo. Incluso Jesús admitió que Él no conocía todo el escathos del Padre. Pero tenía confianza en aquellas cosas que el Padre le *había* revelado. Y lo que recibió, lo transmitió a sus discípulos (Juan 17:8) con el mandato de estar alertas y vigilantes. «Pero de aquel día y de la hora (*kairós*) nadie sabe, ni aun los ángeles que están en el cielo, ni el Hijo, sino el Padre. Mirad, velad y orad; porque no sabéis cuándo será el tiempo» (Mar. 12:32–33. Véase también Mat. 24:1 51 y Luc. 21:5 36, cursiva añadida).

Valores

Por lo tanto, solo el teísmo tiene una idea adecuada del tiempo —pasado, presente y futuro—. El secularista está esclavizado por el reloj, teme su propia extinción en cada tic tac del segundero. Le preocupa poco el pasado, para su propio perjuicio. Sólo le preocupa el «eterno presente». Vive la vida ahora, porque no hay mañana. Esto forma parte de la cultura moderna narcisista, de ensimismamiento «egoísta». Richad Weaver lo expresó bien: «Los que no tienen interés por sus antepasados, por la sencilla aplicación de la misma regla, tampoco lo tendrán por sus descendientes».[12]

Pero el animista está esclavizado al pasado, es incapaz de ver las oportunidades presentes o planear para el futuro. La mentalidad animista se centra en el pasado. Es profundamente tradicionalista; no conoce el progreso. Los que actúan de este modo dicen cosas como: «Nuestros padres lo hicieron así», o «así es como siempre lo hemos hecho». Para el pensador animista, el cambio es sacrílego. El fatalismo rige en dichos como: «¡Qué pase lo que tenga que pasar!», «está escrito», o «es la voluntad de Alá».

El hogar infantil Pakkred, en Tailandia, está lleno de muchachos con discapacidades físicas y mentales. Muchos se encuentran allí no porque sus familias *no puedan* hacerse cargo de ellos, sino porque *se niegan* a hacerlo. Las ideas budistas de la reencarnación y el karma enseñan que las personas nacen con discapacidades por causa de pecados cometidos en vidas previas. Para poder escapar a este mundo de sufrimiento, deben deshacerse de su mal karma. Desde una perspectiva familiar, lo más compasivo es, por tanto, abandonar a los niños disminuidos. Tal énfasis en el pasado paraliza todo deseo de mejorarlo o de prepararse para el futuro.

Por el contrario, el enfoque secular se centra en el presente. Es radicalmente liberal: los secularistas buscan constantemente el cambio por el cambio. Uno de los últimos presidentes de EE.UU. ganó las elecciones basándose en el lema «Esperanza y cambio». Los profesionales del marketing saben que una de las mejores maneras de vender un producto en la sociedad consumista actual es colocar la palabra *nuevo* en el envase, haya sido o no mejorado. El cambio es un sustituto hueco del progreso. Pero si usted se inclina a definir el cambio como progreso, es un progreso privado de propósito o dirección moral. C.S. Lewis dijo una vez: «El puro cambio no es crecimiento. Crecimiento es síntesis de cambio y continuidad, y donde no hay continuidad, no hay crecimiento».[13]

El tiempo no tiene sentido para el secularista, sólo es bueno para «matarlo» mediante apetitos insaciables: sexo, drogas, trabajo o cualquier otra distracción. Esta es una de las razones por las que tenemos tantos alcohólicos, adictos al trabajo, al sexo y a otras «adicciones». Russell Kirk dijo que: «La actitud a-histórica o anti-histórica es peculiar de nuestro tiempo. Corre paralela a la indiferencia generalizada a la realidad del alma y al prospecto de la vida eterna. Es perfectamente concebible que los hombres y mujeres que se desinteresan por el alma puedan perderla, y que las personas que se desinteresan por la historia puedan dejar de tenerla o dejar de ser un pueblo».[14]

En la segunda década del siglo XXI estamos siendo testigos de naciones europeas que han perdido el alma y ya no saben quiénes son. Cuando escribo estas líneas, Estados Unidos se halla en similar agonía. Estamos perdiendo nuestra alma y somos dos naciones distintas viviendo en un mismo territorio. La gran división se debe a dos cosmovisiones distintas, atea *versus* bíblica. El terreno está acotado y los bandos decididos entre:

- aborto *versus* pro-vida,
- las vidas de los negros son valiosas *versus* todas las vidas son valiosas
- «matrimonio» del mismo sexo *versus* matrimonio natural,
- muerte digna *versus* sacralidad de la vida,
- verdaderos absolutos morales *versus* relativismo moral,
- liberación de la religión *versus* libertad religiosa.

Actualmente, dos visiones nacionales ocupan el territorio estadounidense. El rabí Daniel Lapin lo ha descrito de esta manera: «Ya no somos una nación sometida a Dios. Somos dos naciones separadas con dos visiones morales distintas e incompatibles».[15]

¡Nos encontramos al borde de un suicidio cultural! ¿Qué deparará el futuro a las naciones que sólo viven para el presente?

Sin embargo, los teístas disfrutan del progreso y la tradición. La historia se dirige hacia una meta. Los teístas saben que serán «perfectos y completos», física, intelectual, moral y socialmente. Escatológicamente, todas sus esperanzas se verán cumplidas. La vida será diferente en el futuro y aun mejor. El teísta, a diferencia del secularista, tiene motivo para la esperanza. Como dijo Lewis: «Si las cosas pueden mejorar, esto significa que debe de haber alguna norma absoluta del bien por encima y fuera del proceso cósmico hacia la que éste se puede aproximar. No tiene sentido hablar de "ser mejores" si ser mejor significa simplemente "lo que estamos llegando a ser" —es como felicitarse a uno mismo por haber alcanzado su destino y definir que ese destino es "el lugar que ha alcanzado"».[16]

El amplio horizonte temporal del teísta abarca el pasado, el presente y el futuro. El teísta puede celebrar la vida *entera*. Cada periodo de tiempo es singular y valioso en la historia de Dios.

Nosotros apreciamos el pasado y aprendemos de él. Saboreamos nuestras tradiciones, cultura y sentido de arraigo. Disfrutamos del presente, ya que es el tiempo en que vivimos y actuamos, experimentando todo lo que ofrece la vida. Anticipamos el futuro: lo construimos, cumpliendo, mientras tanto, los buenos propósitos de Dios, manifestando el reino y apresurando la venida de Cristo. El equilibrio entre los tres marcos origina libertad. El recalcar uno solo nos esclaviza.

Vivir en la palestra

El tiempo es la cancha de la actividad humana. En el tiempo, ora desplegamos y revelamos el reino de Dios, ora cumplimos las crueles órdenes de Satanás. Cada uno de nosotros ha recibido una cantidad de tiempo limitada para invertir en la historia de Dios. Por tanto, hemos de optar por aprovecharlo, recurriendo a las virtudes cristianas. Prudencia significa ordenar el tiempo sabiamente. Disciplina significa eludir postergar las cosas, «el ladrón del tiempo». Perseverancia significa «insistir en seguir adelante», aun en los tiempos difíciles. La mayordomía nos obliga a obedecer el mandato del Señor de «negociad entre tanto que vengo» (Luc. 19:13).

La fe nos enseña que las personas son hacedoras de historia. Mientras que los secularistas sólo pueden reaccionar y los animistas, quedar relegados a la inactividad, los teístas son proactivos. Nuestras elecciones diarias rebosan de significado. Schaeffer dijo que originamos ondas que se extienden para siempre… y es verdad. ¡Somos creadores de ondas! Seguir a Cristo es aceptar conscientemente la tremenda responsabilidad de agitar las aguas del tiempo y de la historia. Russell Kirk dijo: «Abrazar la enseñanza cristiana sin reservas significaba que la persona renacida en Cristo debía hacer elecciones morales cada día de su vida. Ninguna elección moral podía ser revocada: para bien o para mal, duraría para siempre».[17]

La historia no está todavía escrita. En efecto, sabemos cómo concluirá todo, pero ignoramos cuál será nuestra función en el drama cósmico. Somos libres para actuar. No sólo eso, somos responsables de actuar como vice regentes de Dios, desde el más grande hasta el más pequeño. Hellen Keller lo expuso muy bien: «Anhelo llevar a cabo una tarea grande y noble, pero mi principal obligación es realizar tareas modestas como si fueran grandes y nobles. El mundo no avanza a causa de los potentes impulsos de sus héroes, sino por la suma de los pequeños impulsos de cada trabajador honesto».[18]

Kabia de Almonte, promotora de desarrollo de la República Dominicana, hizo una pequeña recriminación al mundo y salvó la vida de un niño. En la ciudad de Nizao, Kabia se encontró con una mujer que llevaba un sobrino suyo, de 15 meses, en brazos, gravemente malnutrido y deshidratado, y pesaba poco más de tres kilos. Casi muerto, apenas podía abrir los ojos o moverse. La madre, con grave discapacidad mental, no podía hacerse cargo. Kabia, que también era una madre joven, se ofreció para acercar a la mujer y al niño al hospital, a 19 kilómetros de distancia, en el vehículo de su organización. Pero cuando llegaron, la esperanza de Kabia de recibir ayuda se desvaneció. Los empleados estaban en huelga, de manera que el niño fue brevemente examinado y despachado. Kabia recuerda: «Por aquel entonces, mi niña pequeña tenía seis meses, y como yo aún le daba el pecho, decidí alimentar al niño malnutrido. Más adelante, aconsejé a esa mujer que dejara de dar el pecho a su hija de tres años y alimentara a su sobrino. Al principio, ella pensó que eso no estaba bien. Finalmente, la convencí… ya que entendió que era ella la que se tenía que encargar de cuidar a aquel niño moribundo».[19]

No obstante, la gente de la comunidad, e incluso su propio marido, advirtieron a Kabia que el niño estaba en muy malas condiciones y que seguramente moriría. Kabia les dijo que ella demostraría que podía salvar la vida del niño si era la voluntad de Dios.

Y así fue. Al día siguiente el niño abrió los ojos y empezó a moverse. Cada día se ponía un poco mejor. En solo seis meses, el pequeño estuvo completamente recuperado, e incluso alcanzó el peso normal para su edad. Y todo porque Kabia de Almonte contribuyó con una serie de pequeños esfuerzos.

El objeto del desarrollo

Solo el teísmo judeocristiano nos puede sacar de la rueda giratoria del animismo y del barco zozobrante del secularismo; solo el teísmo judeocristiano nos puede encaminar por la senda de la Ciudad de Dios, proporcionar brillante esperanza para el futuro y un nuevo paradigma. Solo el teísmo judeocristiano trae buenas nuevas para hoy y para mañana.

El Padrenuestro nos ofrece la perspectiva correcta. Cuando oramos: «Venga tu reino», reconocemos el reino venidero de Cristo. Cuando oramos: «Hágase tu voluntad en la tierra como en el cielo», reconocemos nuestra responsabilidad presente de ayudar a construir su reino hoy. Como dijo Jesús cuando inauguró su ministerio terrenal: «El tiempo se ha cumplido… y el reino de Dios se ha acercado; arrepentíos, y creed en el evangelio» (Mar. 1:15).

El aspecto presente del reino sitúa la vida en un contexto más amplio. Dios está edificando su reino *hoy*. Yo soy su colaborador y debo responder a su llamado. El progreso en el mundo material es posible. Yo he de vivir *coram Deo* a medida que contribuyo a edificar el reino, a desplegar la historia de Dios. Esta es la buena noticia: Dios, en Cristo, reconcilia el mundo consigo mismo. Todo lo demás es anémico, suprime la verdad, distorsiona el evangelio, sofoca el reino, desconecta a la iglesia y engaña al mundo.

El objetivo del desarrollo humano —nuestro *telos*— es florecer y ser plenamente humanos. Hemos de asumir nuestra función legítima en el pináculo del orden creado, para la gloria de Dios; posicionarnos de forma «perfecta y completa», sin que nos falte nada (Sant. 1:4; Col. 1:28) mental, física, espiritual o relacionalmente. «Porque el anhelo ardiente de la creación es el aguardar la manifestación de los hijos de Dios… en esperanza;

porque también la creación misma será libertada de la esclavitud de corrupción, a la libertad gloriosa de los hijos de Dios» (Rom. 8:19-21).

Nuestro telos es ayudar a acelerar la consumación de la historia, para que se cumplan todos los propósitos del Señor, se complete la transformación y se extienda plenamente la bendición de las naciones. La gloria de las naciones será revelada, y todas las relaciones humanas* —con Dios, con nosotros mismos y con la creación— serán restauradas.

El día del retorno de Cristo, la tierra será llena con el conocimiento del Señor como rebosa el mar con las aguas (Isa. 11:9). Para los que trabajamos por los pobres y los hambrientos, uno de los pasajes más hermosos de la Escritura son las canciones proféticas de Isaías.

> Señor, tú eres mi Dios;
> te exaltaré y alabaré tu nombre
> porque has hecho maravillas.
> Desde tiempos antiguos. . .
> Porque tú has sido,
> en su angustia,
> un baluarte para el desvalido,
> un refugio para el necesitado,
> un resguardo contra la tormenta,
> una sombra contra el calor. . .
> ahogas la alharaca de los tiranos.
> Sobre este monte, el *Señor* Todopoderoso
> preparará para todos los pueblos
> un banquete de manjares especiales,
> un banquete de vinos añejos,
> de manjares especiales y de selectos vinos añejos.
> Sobre este monte rasgará
> el velo que cubre a todos los pueblos,
> el manto que envuelve a todas las naciones.
> Devorará a la muerte para siempre;
> el *Señor* omnipotente enjugará las lágrimas de todo rostro,
> y quitará de toda la tierra
> el oprobio de su pueblo.
> El *Señor* mismo lo ha dicho.
> En aquel día se dirá:
> «¡Sí, este es nuestro Dios;
> en él confiamos, y él nos salvó!
> ¡Este es el *Señor*, en él hemos confiado;
> regocijémonos y alegrémonos en su salvación!» (Isa. 25:1:4-9, NVI)

Esta hermosa canción me recuerda la fiesta de bodas de Cristo y su esposa.

> Después vi «un cielo nuevo y una tierra nueva»... Vi además la ciudad santa, la nueva Jerusalén, que bajaba del cielo, procedente de Dios, preparada como una novia hermosamente vestida para su prometido. Oí una potente voz que provenía del trono y decía: «Vi un cielo nuevo y una tierra nueva; porque el primer cielo y la primera tierra pasaron, y el mar ya no existía más... Vi la santa ciudad, la nueva Jerusalén, descender del cielo, de Dios, dispuesta como una esposa ataviada para su marido. Y oí una gran voz del cielo que decía: "He aquí el tabernáculo de Dios con los hombres, y él morará con ellos; y ellos serán su pueblo, y Dios mismo estará con ellos como su Dios. Enjugará Dios toda lágrima de los ojos de ellos; y ya no habrá muerte, ni habrá más llanto, ni clamor, ni dolor; porque las primeras cosas pasaron"».
> Y el que estaba sentado en el trono dijo: «He aquí, yo hago nuevas todas las cosas». Y me dijo: «Escribe; porque estas palabras son fieles y verdaderas» (Apo. 21:1-5).

En aquel día, una vez completado el discipulado de las naciones, los reyes de la tierra llevarán la gloria de las naciones al Cordero —a nuestro Rey Jesucristo (Apo. 21:24-26)—. Hasta ese último día, tenemos trabajo que hacer.

Acabemos, pues, gozosamente la tarea.

Preguntas para el estudio

1. ¿Cómo respondería la gente con quien usted trabaja, en su esfera cultural, a estas preguntas? ¿Hacia dónde se dirige la historia? ¿Cuál es nuestro propósito final?
2. ¿En qué contexto temporal se produce el desarrollo?
3. ¿Qué clase de impedimentos para el desarrollo surgen conforme a la concepción animista de la historia, incluidas las concepciones hinduista y budista de la vida en la rueda (Samsara) y la concepción africana/swahili de la historia que se mueve hacia atrás: Zamani?
4. Las personas son actores de la historia, agentes proactivos: «La vida es algo que hay que vivir». Algunas personas son pasivas o fatalistas, dejan que sucedan los acontecimientos: «La vida es

algo que acontece». Otras ven la vida desde una óptica que oscila entre la pro-actividad y la pasividad. Son reactivas, responden a los acontecimientos. Describa a los individuos de su comunidad. ¿Cómo favorecen u obstaculizan estas actitudes el desarrollo?

5. Cada cosmovisión tiene una noción distinta del tiempo, que influye en cómo la gente y las comunidades se acercan o se alejan del desarrollo. El animismo ve el pasado: La «¡tradición!». El secularismo ve el presente: «¡Comamos, bebamos y alegrémonos, porque mañana moriremos!». El teísmo ve el pasado, el presente, el futuro. «¡Celebremos la vida!». ¿Cómo favorece o impide cada perspectiva el proceso de desarrollo?
6. Según el teísmo bíblico, ¿cuál es el objeto del desarrollo para el individuo? ¿Para la historia de la humanidad —*telos*?
7. ¿Qué visión de futuro tienen por lo general los miembros de su comunidad?
8. ¿Cómo puede usted comunicar la visión de Dios para su comunidad?
9. ¿Cómo puede usted contribuir a edificar la nación, a redimir su cultura para el Rey que viene? Sea específico.
10. ¿Qué preguntas o desafíos se le ocurren a usted para responder a las ideas presentadas en este capítulo?
11. ¿Cómo puede usted empezar a aplicar el mensaje de este libro?

GLOSARIO

animismo. Serie de supuestos metafísicos que ven el mundo como una realidad fundamentalmente espiritual, en la que el mundo físico está animado por espíritus o dioses. En algunos casos, el mundo físico puede ser considerado una ilusión. El máximo bien y el objetivo supremo del hombre es volver a la unidad espiritual; se menosprecia lo físico. Religiones populares como el budismo y el hinduismo son ejemplos de sistemas sumamente animistas, pero las creencias animistas pueden contaminar cualquier cosmovisión.

abundancia. Riqueza o prosperidad en todas las esferas de la vida: física, espiritual, social e intelectual. Esta idea antigua está estrechamente relacionada con el término hebreo *shalom*. La abundancia resulta de vivir en conformidad con la ética de desarrollo.

boca. Símbolo que representa la concepción secularista del hombre. El hombre ocupa el máximo rango entre los animales. Es un consumidor de recursos limitados. El hombre es controlado por la naturaleza (genes, instintos y medio ambiente).

budismo. Rama del hinduismo; el budismo fue fundado en torno al año 525 a.C. Para el budista, la vida es desdicha, sufrimiento inútil. La única manera de escapar al propio karma y de conseguir el nirvana (vacío existencial) es dejar de desear.

capitalismo. Deriva del latín *caput* (cabeza); sistema económico originalmente basado en los principios que constituyen la ética de desarrollo. El hombre puede crear «capital» con esfuerzo y ahorro, y emplearlo para edificar su nación invirtiendo y dando generosamente. Esta concepción histórica difiere drásticamente de la definición moderna, más adecuadamente catalogada como «consumismo». La máxima expresión del capital es la creatividad humana.

ciencia. Pensar los pensamientos de Dios. Una evaluación racional de la evidencia empírica, combinada con la disposición a seguir dicha evidencia dondequiera que conduzca.

colectivismo. Visión cultural que ignora lo individual. Cada miembro se ha de centrar solamente en el grupo. Este pensamiento está estrechamente relacionado con el igualitarismo, del que a veces es precursor.

coram Deo. Expresión latina que significa «ante el rostro de Dios», «bajo la autoridad de Dios», o «para la gloria de Dios».Vivir cada momento «ante el rostro de Dios» fue uno de los retos que propugnaron los líderes de la Reforma protestante. *Coram Deo* fue uno de sus gritos de guerra.

cosmovisión. Conjunto de supuestos, sostenidos consciente o inconscientemente, acerca de la constitución básica del mundo y cómo funciona. La palabra «relato» se usa en este libro como sinónimo de cosmovisión.

cultura. La manifestación del *ethos*, credo, o sistema de creencias sagrado de un pueblo. Las culturas pueden cambiar rápida, lentamente, o no cambiar en absoluto, dependiendo de la dinámica interna de cada cultura y los cambios de cosmovisión. Las ideas se propagan hacia abajo, influyen en cómo vive la gente y en las instituciones que edifican.

Darwin, Charles (1809–1882): Naturalista británico cuyo libro *El origen de las especies* proporcionó al naturalismo una alternativa intelectualmente viable de un Creador; mutación al azar guiada por la selección natural —a la que se suele aludir con la amorfa etiqueta de «evolución».

depravación. La absoluta pecaminosidad del hombre. El hombre es inmoral, corrupto y malvado. El pecado contamina todas las áreas de la vida humana. Nadie es bueno con arreglo a la norma de Dios (véase Job 14:1–4; 15:14–16; Sal. 53; Luc. 13:1–9; Rom. 3:23, 6:23, 7:14–25; y Gál. 6:7–10). El cristianismo ortodoxo sostiene esta doctrina en consonancia con el principio del valor del hombre porque ha sido creado a imagen de Dios.

desarrollo. Proceso autosuficiente por el que un pueblo, grupo, o sociedad avanza económica, social, moral e intelectualmente; se diferencia de la ayuda humanitaria en que el desarrollo se proyecta a largo plazo, mientras que la ayuda humanitaria es a corto plazo. Véase **prosperidad.**

ecología. Estudio de «la casa» (el medio), filosofía moral derivada de las palabras griegas *oikos* (οικος) y *logia* (λογια).

economía. Mayordomía de «la casa» de Dios; deriva de la palabra griega *oikonomía.*

epistemología. Del griego *episteme* (conocimiento). El estudio o teoría de los fundamentos del conocimiento y la verdad, especialmente en relación a sus límites y validez. Algunas cuestiones epistemológicas serían: «¿cómo se puede conocer?», «¿qué se puede conocer con certeza?»,«¿hay algo que sea siempre verdadero?».

ethos. Palabra griega que pasó al latín y las lenguas europeas, y ha dejado no hace mucho de formar parte del vocabulario común. *Ethos* significa carácter distintivo, sentimiento, naturaleza moral o creencias que guían a una persona o pueblo, como en la palabra *ética*. Su pariente léxica, *etnos,* significa nación, raza, etnia o grupo étnico, y equivale a la palabra étnico. Tanto *ethos* como *ethnos* derivan de la misma raíz *etho*, que significa hábito o costumbre. Es importante distinguir que las etnias o grupos étnicos se caracterizaban originalmente (por los griegos antiguos) no por su música, lengua, o color de la piel, sino por su *ethos*, es decir, su naturaleza moral. La relación entre *ethos* y *ethnos* presenta ramificaciones inexploradas para la misión cristiana y la actual definición de etnia o grupo étnico. Si todavía usáramos hoy el término *ethos*, probablemente no sería necesario el término *cosmovisión*.

ética de desarrollo. Cuerpo de leyes no físicas establecidas por Dios que, si se observan, conducen a la abundancia y la prosperidad, y si se ignoran, conducen a la pobreza. La ética de desarrollo es una extensión de la ética protestante del trabajo.

ética protestante del trabajo. Los valores —incluidos el esfuerzo, el ahorro y las dádivas— basados en la creencia en Dios y en una manera reformada, específica, de ver el mundo. La ética protestante del trabajo fomentó la prosperidad en el norte de Europa. Max Weber creía que la ausencia de estos valores, o sus equivalentes funcionales, era la causa de la pobreza de la gente.

fe. La palabra bíblica *pistis* (convicción moral) procede de *pitheo*, término legal que significaba «convencerse por el razonamiento» o «rendirse a la evidencia». Esta clase de fe mueve a uno a arriesgar la vida, la propiedad y la reputación, a sufrir pérdidas o daños. Se puede aceptar el riesgo porque la evidencia es acuciante. Actualmente, la palabra *fe* se suele usar para significar «defensa de una posición a pesar de la falta de evidencia» o «creer a pesar de la evidencia contraria». La fe es un concepto precioso que ha sufrido desnaturalización y deterioro en nuestro idioma.

gnosticismo. La dicotomía griega entre el ámbito espiritual, considerado sagrado, y el ámbito físico, considerado profano. El gnosticismo enfatiza el conocimiento secreto y presenta variaciones antiguas y modernas. El apóstol Juan combatió en el primer siglo la herejía de la secta gnóstica, liderada por Cerinto, en la ciudad de Éfeso. Los gnósticos produjeron posteriormente obras como *El evangelio según Santo Tomás*, que sigue siendo popular para grupos como el *Jesus Seminar*. Una buena porción de la iglesia abrazó esta herejía en las postrimerías del primer siglo, en reacción al debate con la ciencia secular. Los cristianos que consideran las actividades «religiosas» o «espirituales» superiores a las «seculares» o «mundanas» suelen operar desde una cosmovisión gnóstica.

gracia común. El amor paciente, longánimo y generoso de Dios —extendido a toda la humanidad (Mat. 5:43–48). La Biblia distingue entre gracia común y gracia que salva (2 Ped. 3:9–15).

hinduismo. Religión animista originada en el subcontinente indio en torno al 1500 a.C. El hinduismo sostiene que el universo es fundamentalmente espiritual. Todo lo que existe en el mundo físico es considerado manifestación del Uno Divino; todos los aspectos de la realidad son manifestaciones del Uno. El hinduismo presenta muchas formas, pero es normalmente politeísta y se aferra a la creencia en el karma y la reencarnación —ciclo interminable de nacimiento y muerte.

igualitarismo. Enfoque en lo plural; resultados numéricos iguales; distribución igualitaria de recursos.

Ilustración, la. La edad de la razón. Periodo posterior a la Edad Media en el que los intelectuales trataron de separar al hombre de la autoridad de Dios, establecer dogmas y liberar al hombre para adquirir su propia autonomía. Una manifestación de este cambio fue el advenimiento del deísmo, el cual consideró a Dios trascendente, pero no inmanente.

individualismo. Enfoque exclusivo en el yo, la realización personal y la gratificación.

instituciones mediadoras. Organizaciones voluntarias privadas (iglesias, sinagogas, clubes cívicos, consejos escolares y partidos políticos) que interactúan entre las familias y el gobierno.

intelectualismo. Estudio y reflexión sin acción o aplicación (Hech. 17:21; Sant. 1:22, 2:14–26).

islam. Fundado en 622 por Mahoma. Esta religión monoteísta sostiene que Dios es completamente extraño e incognoscible. La función del hombre es someterse a la voluntad revelada de Alá (en árabe, en el

Corán, por el profeta Mahoma). Los musulmanes rechazan la doctrina cristiana de la Trinidad, pues creen que Dios es absolutamente Uno. El islam, como el catolicismo, suele darse mezclado con creencias animistas locales —sincretismo conocido como islam del pueblo.

Kant, Immanuel (1724–1804). Filósofo alemán que acuñó el término *Weltanschauung*, o visión del mundo.

karma. Doctrina del hinduismo y el budismo que afirma que la vida es un ciclo inagotable de nacimientos y renacimientos, que las personas se reencarnan en formas superiores o inferiores conforme a sus obras.

Kuyper, Abraham (1837–1920). Teólogo y primer ministro holandés; fundó La Universidad Libre de Amsterdam.

ley natural. La ley de Dios escrita en los corazones de los hombres. La idea de que lo que «debe ser» procede por observación del designio intrínseco (teleología) de lo que es.

leyes físicas. Las leyes que Dios ha incorporado en la creación para regir la naturaleza.

logos. Hace referencia a la Palabra viva de Dios, Jesucristo, segunda Persona de la Trinidad.

Malthus, Thomas (1766–1834). Autor inglés y economista político que se preocupó de la sobrepoblación y la hambruna generalizada porque creía que la población sobrepasaría a la producción de alimentos.

mal natural. La maldición; la realidad del trabajo, el sufrimiento, hambre, enfermedad, muerte física y desastres naturales que resultan de la rebelión del hombre contra Dios y sus leyes.

mandato de la creación. Mandato divino a la humanidad de ejercer dominio sobre la creación (Gén. 1:26–28) y cuidar de ella (Gén. 2:15).

Marx, Karl (1818–1883). Filósofo darwinista alemán, economista político-social, que diseñó los fundamentos teóricos del comunismo; materialista rematado que creía que la «materia es lo único que importa».

mayordomía. Cuidado y desarrollo de la casa de Dios para su gloria. El hombre es mayordomo de Dios o vice regente de la creación y responsable ante Él.

mente. Símbolo que representa la concepción del hombre del teísmo bíblico. El hombre, creado a imagen de Dios, es racional, moral, espiritual y creativo. El hombre puede intervenir en la creación.

metafísica. La rama de la filosofía que se ocupa de la naturaleza fundamental de la realidad y del ser.

monoteísmo. La creencia en un Creador soberano. El judaísmo, el islam y el cristianismo son religiones monoteístas.

moral. Lo relacionado con la costumbre, formas o conducta de los hombres como seres sociales, y con lo justo y lo injusto, el bien y el mal.

multiculturalismo. Enfoque en la diversidad a expensas de la unidad. Supeditado al relativismo subjetivo.

nación. No solo el concepto moderno de los estados nacionales, sino también la tribu, etnia o grupo étnico. En el Antiguo Testamento, *mishpachah,* y en el Nuevo Testamento, *ethnos.*

nacionalismo. Enfoque en la unidad y la conformidad a expensas de la diversidad y la discrepancia.

nacionalismo moral. La forma positiva de nacionalismo —cuando celebra una cultura singular establecida sobre un orden moral que valora la unidad y la diversidad del pueblo.

neopaganismo. Paganismo antiguo resurgido en el posmodernismo resultante de la adoración de los dioses de la naturaleza y el sexo. El sexo concierne a las preferencias del individuo. La sexualidad es fluida y elástica, exenta de trascendencia, caracterizada por una conducta sexual sin restricciones e identidad de género sin límites (LGBTQIAP). También se manifiesta en la androginia, fin de las diferencias sexuales.

Nietzsche, Friedrich (1844–1900). Filósofo alemán y nihilista que previó la «muerte de Dios» en la cultura, llegando a esta conclusión lógica: si Dios ha muerto, también ha muerto el hombre. Nietzsche se apoyó fuertemente en la obra, hoy desacreditada, de Edward B. Taylor, quien aplicó la teoría de Darwin al desarrollo de la religión y la cultura.

Nihilismo. Fatalismo desesperado, airado, que considera que la vida no tiene sentido. Especialmente frecuente en EE.UU. en la década de 1960. El nihilismo niega todas las cosas —el conocimiento, la ética, la belleza, la realidad.[1]

Nueva Era. Avivamiento de una religión oriental y animista enmascarada con vocabulario occidental. La Nueva Era se ha dado en llamar «hinduismo en atuendo formal».

ontología. Del griego *ontos.* El estudio del ser, la existencia y los orígenes. La ontología se plantea cuestiones como «¿quién soy yo?», «¿qué es la vida?», «¿de dónde proceden las cosas?», «¿por qué hay algo en vez de no haber nada?».

pauperismo. Pobreza de mente o mentalidad de pobreza.

politeísmo. Creencia en muchos dioses personales (que en última instancia son impotentes).

presuposición. El supuesto de que una idea o cosa es verdadera.

progreso. La palabra *progreso* (en contraste con el moderno mantra del «cambio») implica avance hacia la meta o cumplimiento del propósito de Dios. Si alguien toma el camino equivocado, retrocede, se aparta más del objetivo. Para ser alguien que desea el progreso, debe de arrepentirse, corregir la dirección equivocada y dirigirse hacia la meta de las buenas intenciones de Dios. De este modo, el progreso de un individuo, comunidad, o nación es avanzar hacia el propósito de Dios. Un sinónimo de progreso sería *madurez*.

prosperidad. Condición —en la vida de un individuo, comunidad o nación— caracterizada por todas las intenciones de Dios; desarrollo y abundancia en todas las dimensiones de la vida. Véase **abundancia**.

psicología. El estudio de la psique del hombre (alma, espíritu, yo interior).

razón. Orden en la mente. Huella dactilar de Dios que revela su naturaleza en el hombre.

Reforma protestante. Era que comenzó en el siglo XVI, desencadenada por Martin Lutero y otros que reaccionaron contra la corrupción y el error teológico en la Iglesia Católica. Entre sus principios rectores están el sacerdocio de todos los creyentes y la *sola Escritura*, la creencia de que solo la Biblia es la norma infalible de Dios para la vida. Una creencia clave de la Reforma es que no hay separación entre lo sagrado y lo secular; la vida entera ha de ser vivida *coram Deo*, ante la presencia de Dios.

relaciones humanas. Principal (externa y vertical), con Dios (teología); y secundaria (interna y horizontal), consigo mismo (psicología), con otros (sociología), y con el mundo físico (ecología y economía).

relato. Paradigma o conjunto de supuestos (verdaderos o falsos) según los cuales un pueblo ve el mundo. Se usa como sinónimo de cosmovisión.

revelación especial. El mensaje divino revelado en las Escrituras y a través de otra comunicación extraordinaria de Dios con el hombre.

revelación general. El mensaje de Dios revelado en la creación y en la conciencia del hombre.

sabiduría. Aplicación moral de la verdad.

Sanger, Margaret (1883–1966). Fundadora de la Liga Estadounidense para el Control de la Natalidad (actualmente Planned Parenthood) y abogada del control poblacional, particularmente de los pobres.

secularismo. Sistema que considera que el mundo es fundamentalmente físico y limitado, controlado por las operaciones ciegas de las leyes impersonales de la naturaleza, el tiempo y el azar. El secularismo renuncia a la realidad espiritual o trascendente. «El hombre es resultado de un proceso natural sin propósito que no le tuvo en cuenta» (George Gaylord Simpson). «La especie humana no tuvo designio, no tiene propósito y es producto de meros mecanismos automáticos» (Douglas Futuyma). También conocido por humanismo secular, o naturalismo, esta es la cosmovisión cada vez más común en el mundo occidental.

sobrepoblación, teoría de la. Articulada por primera vez en el *Principio de la población* (1798), por Thomas Malthus. Esta perspectiva evolutiva teme una catástrofe ecológica debido a que, aparentemente, la producción de alimentos aumenta aritméticamente, mientras que la población aumenta exponencialmente. La teoría expone que no hay suficientes recursos para todos. Los acontecimientos del siglo XX han desacreditado la teoría, que sigue teniendo muchos partidarios.

sociología. El estudio de las relaciones humanas.

tecnología. La aplicación moral de la ciencia con objeto de luchar contra el mal natural.

teísmo. La creencia o sistema de creencias en un Dios; considera el universo fundamentalmente personal.

teísmo judeocristiano. La cosmovisión histórica del cristianismo (Occidente); el teísmo asume la existencia de un Dios trascendente, infinito y personal que creó el universo animado y el inanimado, espiritual y físico, separado, pero no independiente de Él. Dios es trascendente (está fuera de su creación) e inmanente (presente en ella). Él está presente en todas partes y se involucra. El universo está abierto al propósito y la intervención de Dios. Él se ha revelado a través de una revelación especial, primero a través de la Palabra escrita, la Biblia, y luego a través de la Palabra viva, Jesucristo. Al mismo tiempo, el hombre puede hacer uso de la razón que Dios le ha dado para descubrir la verdad acerca de Dios y del universo porque Él se ha revelado a todos los hombres (revelación general) en la creación y al crear al hombre a su imagen.

teleología. Deriva de la palabra griega *telos.* El estudio de los objetivos y propósitos finales. La teleología se plantea preguntas como: «¿por qué estoy aquí?», «¿hacia dónde se dirige la historia?», «¿qué propósito tiene mi vida?», «¿para qué fueron diseñadas las cosas?».

teología. El estudio de Dios.

Tocqueville, Alexis de (1805–1859). Historiador francés que hizo una gira por los Estados Unidos en la década de 1830 y reclamó atención sobre sus asociaciones morales e intelectuales.

trabajador sabio. Trabajador o agente (de desarrollo) compasivo que aplica la verdad de Dios. El rol del agente compasivo es ayudar a la gente a ver a Dios y el universo como Él lo creó estimulando nuevos pensamientos: pensamiento analítico, resolución de problemas, y la imaginación y creación de nuevos mundos.

trinitario. Relativo a la creencia en la Trinidad: un Dios, tres Personas de la Deidad: Padre, Hijo y Espíritu Santo.

unitarismo. Creencia en un Dios, una Persona de la deidad; por ejemplo, el islam y Unidad.

verdad. El principio de que hay verdad absoluta que puede ser conocida y aplicada; el fundamento moral de la libertad y la asunción que sustenta el conocimiento. Todo lo que reclama ser verdadero se puede someter a cuatro pruebas: ¿Es razonable? ¿Se corresponde con la realidad? ¿Explica la totalidad de la vida? ¿Se puede poner en práctica?

vocación. Llamado personal. El trabajo es un llamamiento de Dios a la vida del individuo. Es la esfera a través de la cual, no sólo en la cual, el cristiano sirve a Cristo y su reino. Es la ocupación —el principal negocio de su vida— a través del cual uno ocupa territorio o una esfera de influencia (Luc. 19:13) *por* Jesucristo.

Weber, Max (1864–1920). Sociólogo alemán que usó el término *cosmovisión* (visión del mundo) como instrumento en su análisis de la relación entre el sistema de creencias de un pueblo y su desarrollo económico. Weber aportó la expresión *ética protestante del trabajo.*

Wesley, John (1703–1791). Avivador inglés y reformador social que acuñó la sentencia: «Trabaja todo lo que puedas; ahorra todo lo que puedas; da todo lo que puedas». El avivamiento Wesleyano transformó todos los aspectos de la cultura británica. Ofrece un excelente ejemplo para estudiar lo que significa discipular una nación.

RECURSOS

Amos, Gary T. *Defending the Declaration: How the Bible and Christianity Influenced the Writing of the Declaration of Independence.* Brentwood, Tennessee: Wolgemuth & Hyatt, Publishers, Inc. 1989.

Berger, Peter L. *La revolución capitalista: Cincuenta proposiciones sobre la prosperidad, la igualdad y la libertad.* Barcelona: Ediciones Península, 1991.

Blamires, Harry. *The Christian Mind: How Should a Christian Think?* Ann Arbor, MI: Servant Books, 1978.

Cope, Landa. *El modelo de transformación social del Antiguo Testamento.* Tyler, Texas: Editorial JUCUM, 2010.

Corbett, Steve & Fikkert, Brian. *Cuando Ayudar Hace Daño.* Nashville, Tennessee: B&H, 2017

de Soto, Hernando. *El otro sendero: La revolución informal.* Lima, Perú: Instituto libertad y Democracia, 1990.

Eidsmoe, John. *Christianity and the Constitution: The Faith of our Founding Fathers.* Grand Rapids, Michigan: Baker Book House, 1987.

Ferrell, John S. *Fruits of Creation.* Shakopee, MN: Macalester Park Publishing Company, 1995.

Grant, George. *The Micah Mandate: Balancing the Christian Life.* Nashville, TN: Cumberland House, 1999.

Grudem, Wayne & Asmus, Barry. *The Poverty of Nations: A Sustainable Solution.* Wheaton, Illinois: Crossway, 2013.

Guinness, Os. *A Free People's Suicide: Sustainable Freedom and the American Future.* Downers Grove, Illinois: Intervarsity Press, 2012.

Harrison, Lawrence E. and Samuel P. Huntington, eds. *Culture Matters: How Values Shape Human Progress.* New York: Basic Books, 2000.

Harrison, Lawrence E. *Underdevelopment is a State of Mind: The Latin American Case.* Lanham, MD: University Press of America, Inc., 1985.

Heslam, Peter S. *Creating a Christian Worldview: Abraham Kuyper's Lectures on Calvinism.* Grand Rapids, MI: Wm. B. Eerdmans Publishing Company, 1998.

Hill, Octavia. *The Befriending Leader: Social Assistance Without Dependency*. Sandpoint, ID: Lytton Publishing Company, 1997.

Kirk, Russell. *The Roots of American Order*. Washington, D.C.: Regnery Gateway, 1991.

Landes, David S. *La riqueza y la pobreza de las naciones: ¿Por qué algunas son tan ricas y otras son tan pobres?* Crítica: Barcelona, España, 1999.

Mangalwadi, Ruth y Vishal. *Un modelo de transformación cultural: El legado de William Carey en la India*. Buenos Aires, Argentina. Editorial Peniel, 2011.

Mangalwadi, Vishal. *El libro que dio forma al mundo occidental: Cómo la Biblia creó el alma de la civilización occidental*. Nashville, Tennessee: Grupo Nelson, 2011.

Mangalwadi, Vishal y Ruth. *Un modelo de transformación cultural: El legado de William Carey en la India*. Buenos Aires, Argentina. Editorial Peniel, 2011.

Mangalwadi, Vishal. *Verdad y transformación: Un manifiesto para naciones enfermas*. Tyler, Texas. Editorial JUCUM, 2010.

Mangalwadi, Vishal. *Truth and Social Reform*. Landour, Musoorie, India: Nivedit Good Books, 1996.

Mansfield, Peter. *The Search for God and Guinness: A Biography of the Beer than changed the World*. Nashville, Tennessee: Thomas Nelson, 2009

McDowell, Stephen K. *Building Godly Nations: Lessons from the Bible and America's Christian History*. Charlottesville, Virginia: Providence Foundation, 2003.

Moffitt, Bob. *Si Jesús fuse alcalde: Cómo transformar tu comunidad*. Tempe, AZ: Harvest, 2015

Moffitt, Bob. *Leadership Development Training Program, levels I and II*. Tempe, AZ: Harvest, 1994.

Moffitt, Bob. *BASICS: Wholistic Discipleship for New Believers*. Tempe, AZ: Harvest, 1993.

Moyo, Dambisa. *Dead Aid: Why Aid Is Not Working and How There Is a Better Way for Africa*. New York: Farrar, Straus, and Giroux, 2009.

Noll, Mark A. *The Scandal of the Evangelical Mind*. Grand Rapids, MI: William B. Eerdmans Publishing Company, 1994.

Novak, Michael. *El espíritu del capitalismo democrático*. Touchstone (Simon & Schuster), 1991.

Novak, Michael. *On Two Wings: Humble Faith and Common Sense at the American Founding.* San Francisco, California: Encounter Books, 2002.

Olasky, Marvin. *The Tragedy of American Compassion.* Washington, D.C.: Regnery Publishing, Inc., 1992. Co.Springs, Colorado: David C. Cook, 2015.

Peacocke, Dennis. *Haciendo Negocios a la Manera de Dios.* Almighty & Sons: Santa Rosa, California: REBUILD, 1995.

Pearcey, Nancy. *El hallazgo de la verdad. Cinco principios para desenmascarar el ateísmo, el laicismo y otros sustitutos de Dios.* Tyler, Texas: Editorial JUCUM, 2017.

Pearcey, Nancy. *Verdad total: Libera el cristianismo de su cautiverio cultural.* Tyler, Texas: Editorial JUCUM, 2014.

Rietkerk, Wim. *The Future Great Planet Earth.* Landour, Musoorie, India: Nivedit Good Books, 1989.

Schaeffer, Francis A. *Polución y la muerte del hombre.* El paso, Texas: Casa Bautista de Publicaciones, 1973.

Sire, James W. *El universo de al lado.* Grand Rapids, Michigan: Desafío, 2006.

Snyder, K. Alan. *If the Foundations are Destroyed: Biblical Principles and Civil Government.* Marion, Indiana: Principle Press, 1994.

Stark, Rodney. *La expansión del cristianismo: Un estudio sociológico.* Madrid, España: Editorial Trotta, 2009

Stier, Jim, Richlyn Poor and Lisa Orvis. *His Kingdom Come: An Integrated Approach to Discipling the Nations and Fulfilling the Great Commission.* Seattle, Washington: YWAM Publishing, 2008.

Van Klompenburg, Carol. *On Mended Wings: Transforming Lives and Communities in Nicaragua.* Pella, Iowa: The Write Place, 2011.

Van Rheenen, Gailyn. *Communicating Christ in Animistic Contexts.* Grand Rapids, Michigan: Baker Book House, 1991.

Vogt, Dwight and Karen Jacobsen. *Footings for Children: Imparting a Biblical Worldview So They Can Thrive.* Disciple Nations Alliance, 2012.

Weaver, Richard M. *Las Ideas tienen consecuencias.* Madrid, España: Ciudadela Libros, 2008

Wells, David F. *No Place for Truth Or Whatever Happened to Evangelical Theology?* Grand Rapids, Michigan: William B. Eerdmans Publishing Company, 1993.

Whitehead, John W. *The End of Man.* Westchester, Illinois: Crossway Books, 1986.

Willard, Dallas. *La divina conspiración: Nuestro escondite en Dios.* Buenos Aires, Argentina: Editorial Peniel , 2010.

Youmans, Elizabeth L., Jill C. Thrift, and Scott D. Allen. *La familia, base de una nación: Principios y costumbres para edificar familias sanas.* Tyler, Texas: Editorial JUCUM, 2013.

NOTAS

El número de página que aparece pertenece a la versión inglesa; en la edición española puede oscilar ligeramente, es posible que algunos libros antiguos en español estén descatalogados o agotados.

Introducción

[1] Zero Hunger, World Food Programme, visitada el 13 de noviembre de 2017, http://www1.wfp.org/zero-hunger.

[2] «Quick Facts: What You Need to Know about Global Hunger», visitada el 13 de noviembre de 2017, https://www.mercycorps.org/articles/quick-facts-what-you-need-know-about-global-hunger.

[3] Para ser exactos, la pobreza en Occidente difiere en nivel, cualidad y carácter de la pobreza en Calcuta, el suburbio Kibera de Nairobi o el sur de Sudán desgarrado por la guerra. En Occidente, los pobres tienen normalmente acceso a la asistencia sanitaria básica; la escolarización infantil; una casa con electricidad, agua, refrigerador, cocina y televisión; auto, teléfono celular, etc.

[4] El mal estructural escapa al control de la mayor parte de los individuos, aunque es la comunidad la que promueve y mantiene el mal estructural.

[5] Lesslie Newbigin, *Foolishness to the Greeks: The Gospel and Western Culture* (Grand Rapids: Eerdmans, and Geneva, Switzerland: World Council of Churches, 1986), p.132.

[6] James K.A. Smith, *Letters to a Young Calvinist: An Invitation to the Reformed Tradition* (Grand Rapids: Brazos Press, 2010), p.109

[7] Bernard T. Adeney, *Strange Virtues: Ethics in a Multicultural World* (Downers Grove, Il.: InterVarsity Press, 1995), p. 65

[8] Nancy Pearcey, *Verdad total: Libera el cristianismo de su cautiverio cultural.* (Tyler: Texas, Editorial JUCUM, 2014), p. 23

[9] Christian Overman, «The Missing Curriculum: Part 3», *Worldview Matters* (blog), May 21, 2010, http://biblicalworldviewmatters.blogspot.com/2010/05/missing-curriculum-part-3.html.

[10] Dallas Willard, *Knowing Christ Today: Why We Can Trust Spiritual Knowledge* (New York: Harper-Collins, 2009), pp. 43-44.

[11] «The Inmmorality of the Welfare State», entrevista con E. Calvin Beisner, Christian Perspectives (Liberty University, Winter 1990), p. 6.

[12] E. Stanley Jones, *Vida victoriosa.* (Madrid, España: Editorial El Sembrador, 1943).

[13]H. Jackson Brown Jr., *Pequeño Libro de Instrucciones, para la Vida,* (Buenos Aires-Argentina, México: Vergara y Riba Editores, 2009).

Cápitulo 1 Todos tienen un relato

[1] Oí este relato de Josie, en abril de 1994, durante una sesión de capacitación en Juventud Con Una Misión, Tyler, Texas.

[2] Citado por Lee Strobel, *El caso del Creador.* (Nashville, Tennessee: Editorial Vida/Zondervan, 2005).

[3] Para simplificar, usaremos la palabra *teísmo* como abreviación de *teísmo bíblico*, término que consideramos sinónimo de teísmo judeocristiano. Por supuesto, reconozco que hay otros modelos monoteístas, como el islam. Pero la evidencia me guía al convencimiento de que las nociones de Dios expresadas en la Biblia son verdaderas.

[4] Este libro usa el término *animismo* en un sentido amplio para hacer referencia a filosofías orientales, por ejemplo, el hinduismo y el budismo, así como a las religiones populares más tradicionales del mundo.

[5] La palabra *arrepentimiento* es una de las víctimas del cambio de lenguaje que está teniendo lugar en Occidente. En el Nuevo Testamento se usa el verbo griego *metanoeo*, que significa literalmente «pensar de manera distinta». Deriva de dos palabras griegas: *meta* (cambio) y *nous* (mente, intelecto). La idea original del arrepentimiento era mucho más que sentirse mal por el pecado. Significaba cambiar lo que piensa uno acerca de Dios, la naturaleza de la realidad, quién es el hombre, el propósito de Dios en la historia, someterse a la perspectiva divina y, en consonancia, cambiar de vida.

[6] Paul A. Marshall, *Stained Glass: Worldviews and Social Science* (Lanham, Md.: University Press of America, 1989), p. 8.

[7] Max Weber, *La ética protestante y el espíritu del capitalismo.* (Madrid, España: Alianza editorial, 2012).

[8] Alvin Toffler (citado por George Grant en *Legacy Communications*, 2, Nº 7-8, July/August 1992): 2: Thomas Sowell, *A Conflict of Visions* (New York: William Morrow, 1987), 14, 16.) Ronald H. Nash, *Worldviews in Conflict* (Grand Rapids: Zondervan, 1992), 16. Niels Mulder, *Inside Thai Society* (Bangkok: Editions Duang Kamol, 1990), xi.

[9] Es similar a la definición de James W. Sire en *El universo de al lado.* (Grand Rapids, Michigan: Libros Desafío, 2006). Sire señala en posteriores ediciones: «Una cosmovisión es un compromiso, una orientación fundamental del corazón, que se puede expresar como relato o conjunto de presuposiciones (supuestos que pueden ser verdaderos, verdaderos en parte o completamente falsos) que sostenemos (consciente o inconscientemente) acerca de la constitución básica de la realidad, y que nos proporciona el fundamento para vivir, movernos y ser».

[10] El capítulo 2 del libro de Phillip Johnson, *Reason in the Balance* (Downers Grove, IL: InterVarsity Press, 1995) ofrece un argumento claro de esta concepción.

[11] Concebido por W. E. Hill en 1915 y titulado originalmente «My Wife and My Mother-in-Law».

[12] Estoy en deuda con mi amigo John Stonestreet y su libro, escrito en colaboración con Sean McDowell, *Same-Sex Marriage: A Thoughtful Approach to God's Design for Marriage* (Grand Rapids: Baker, 2014).

[13] Margaret Sanger, *The Pivot of Civilization in Historical Perspective: The Birth Control Classic* (Seattle: Inkling Books, 2001), 406.

[14] McDowell and Stonestreet, *Same-Sex Marriage*, 71.

[15] McDowell and Stonestreet, *Same-Sex Marriage*, 71.

[16] McDowell and Stonestreet, *Same-Sex Marriage*, 72.

[17] Andrée Seu Peterson, «Repeated Exposure», *World*, June 14, 2014, http://www.worldmag.com/2014/05/repeated_exposure. Peterson explica la Ventana Overton de esta manera: «Hace dos décadas Joe Overton, del *Mackinac Center for Public Policy* observó que sobre cualquier cuestión los políticos consideran solamente una "ventana" relativamente estrecha de políticas que les merezcan correr un riesgo personal».

[18] Mary Steichen Calderone, MD, *The Family Book About Sexuality* (New York: Harper & Row, 1981). Citado por Stonestreet, *Same-Sex Marriage*, 72.

[19] E.F. Schumacher, *Lo pequeño es hermoso*. (Madrid, España: Editorial Akal, 2011).

[20] Friedrich Nietzsche, *The Portable Nietzsche* (New York: Viking, 1954), 125. Para una excelente crítica de Nietzsche lea el Apéndice B, Sección 1, del libro de Ravi Zacharias, *¿Puede el hombre vivir sin Dios?* (Nashville,Tennesse: Grupo Nelson, 1995).

[21] Scott D. Allen, *Entre lo sagrado y lo secular: Un estudio bíblico del estilo de vida del Reino*. (Tyler,Texas: Editorial JUCUM, 2013), p. 115

[22] Francis Fukuyama, «The End of History?» (The National Interest, Summer 1989), Summer 1989, https://www.embl.de/aboutus/science_society/discussion/discussion_2006/ref1-22june06.pdf.

[23] George Grant, «Religion Externalized», Grantian *Floriegium* (November 20, 2007): http://grantian.blogspot.com/2007/11/religion-externalized.html.

Capítulo 2 Historias sobre la pobreza

[1] El título real del trabajo es *Un ensayo sobre el principio de la población tal como afecta a la futura mejora de la sociedad*. Hay una copia de la versión de 1798 editada por Phillip Appleman (New York: W.W. North, 1976). Malthus revisó y amplió posteriormente su teoría. El libro de Appleman también incluye la versión de 1803 titulada *Un ensayo sobre el principio de la población, o una visión de sus efectos pasados y presentes sobre la felicidad humana; con una investigación acerca de nuestras perspectivas respecto de la futura remoción o mitigación de los males que ocasiona*. John Whitehead, abogado constitucional, ofreció un breve resumen de Malthus y su influencia en el capítulo 10 de su libro, *The End of Man* (Westchester, Il: Crossway Books, 1986).

[2] Conocido como El teorema deprimente de Malthus, la tabla adjunta ilustra su esencia. Los datos proceden de la página 23 en inglés de la colección de Appleman (véase la nota anterior).

[3] Garrett Hardin, de una entrevista en la NBC Nightly News con Tom Brokaw, October 26, 1987.

[4] Planned Parenthood no lo expondría tan claramente. Para una historia excelente y bien documentada de Margaret Sanger y la eugenesia en los EE.UU., léase el libro de George Grant, *Grand Illusions: The Legacy of Planned Parenthood* (Franklin, TN: Adroit Press, 1992).

[5] Discurso citado en «Birth Control: What It Is, How It Works, What It Will Do». Actas de la Primera Conferencia Estadounidense de Control de Natalidad, celebrada en el Hotel Plaza, Nueva York, noviembre 11-12, 1921. Publicada por la *Birth Control Review*, Gothic Press, pp. 172, 174 (https://en.wikiquote.org/wiki/Margaret_Sanger).

[6] Varios trabajadores de Fundación Contra el Hambre, organización en la que he servido muchos años, han oído el proverbio africano: «Todos los caminos conducen al mar». Se usa para excusar la pobreza. Alude a las potencias imperialistas que llegaron, construyeron carreteras, saquearon los recursos, y se los llevaron por barco hacia el norte.

[7]Worldwatch Institute, «The States of Consumption Today» visitada el 11 de mayo, 2015, http://www.worldwatch.org/node/810.

[8] La analogía del Big Mac es debida a Jeffrey Hollander, *How to Make the World a Better Place* (New York: William Morrow, 1990), p. 124. Para ver un ejemplo del cristiano que rebate el concepto de injusticia en un universo cerrado consúltese el libro de Ron Sider, *Cristianos ricos en la era del hambre*. (Barcelona, España: Andamio, 2015), especialmente el capítulo 2, «La minoría acomodada».

[9]World Centric, «Social & Economic Injustice» visitada el 9/21/2015, http://worldcentric.org/conscious-living/social-and-economic-injustice.

[10] Población de Taiwan (2017) y superficie terrestre de la «World Population Review», visitada el 21 de sept., 2015. http://worldpopulationreview.com/countries/taiwan-population/. Todas las demás estadísticas de población son de 2016, del Banco Mundial, visitada el 6 de dic., 2017, http://data.worldbank.org/country.

Capítulo 3 La historia transformadora

[1] Consúltese Patrick Johnstone, *Operación Mundo*, William Carey Library, 2011.

[2] Dr. Ted Yamamori, ex presidente de Fundación Contra el Hambre Internacional, escribió un libro excelente para explicar la relación entre los pobres y los no evangelizados. También proporciona formas prácticas de ser uno de los nuevos enviados de Dios. Tetsunao Yamamori, *Penetrating Missions' Final Frontier* (Downers Grove: Il: InterVarsity Press, 1993).

[3]The Joshua Project, «What Is the 10/40 Window?», visitada el 11 de nov., 2015. http://joshuaproject.net/resources/articles/10_40_window.

[4] El idioma español no posee una sola palabra que contenga las mismas connotaciones, pero sopese estas definiciones de *stoicheion* y verá hacia dónde apuntaba Pablo:

1. Cualquier primera cosa, de la cual surgen otras que pertenecen a alguna serie o compuesto; un elemento, primer principio

a) los sonidos verbalizados de un alfabeto, los elementos más sencillos del habla

b) los elementos de los cuales proceden todas las cosas, los componentes materiales del universo

c) los elementos, rudimentos, principios básicos y fundamentos de un arte, ciencia, o disciplina (p. ej., de matemáticas, geometría de Euclides)

Note cuán elementales son los *stoicheion*. Este es el vocabulario de Pablo para designar el concepto de cosmovisión. Esta idea influye directamente en cómo vivimos (al menos eso pretendía). La palabra *stoicheion* deriva de *stoicheo*, que significa «andar ordenadamente»:

1. ir en fila como en un desfile de soldados, ir en orden; metafóricamente, continuar prosperando, resultar bien

2. andar, dirigir la propia vida, vivir

[5] Véase Gailyn Van Rheenen, *Communicating Christ in Animistic Contexts* (Grand Rapids: Baker Book House, 1991), p. 101. Para los que han sido educados en una visión del mundo con una perspectiva materialista occidental, este libro es una herramienta excelente para examinar nuestros prejuicios y remover nuestras anteojeras. Lo recomiendo encarecidamente a todo el que viva (o piense vivir) entre un pueblo animista.

[6] Joanne Shetler, *And The Word Came With Power* (Portland, Ore.: Multnomah Press, 1992), 54.

[7] Cahill, Thomas, *El Legado de los judíos: El modo en que una tribu de nómadas del desierto cambió el modo de pensar y sentir de Occidente.*(Barcelona, España: Debate, 2000).

[8] Christian *Smith, et.* al., *American Evangelicalism: Embattled and Thriving* (Chicago: University of Chicago Press, 1998), 201, 198.

[9] Adaptado de la cita original, «… el Reino de Dios es una respuesta completa a la necesidad total del hombre», por E. Stanley Jones en *The Unshakable Kingdom and the Unchanging Person* (Nashville, Tenn.: Abingdon Press, 1972), p. 53.

[10] Ken Myers, «What is the Church's interest in culture?» podcast at Mars Hill Audio, visitada el 6/4/2015.https://marshillaudio.org/catalog/church-interest-in-culture.

Capítulo 4 Dios es una persona

[1] Daphne Muller, «Why Don't We Hear From Aliens? They May Encrypt All Their Data», *Big Think*, visitada el 28/9/2015, http://bigthink.com/ideafeed/alien-encryption-may-be-our-only-contact-with-aliens. Tyson sugiere que si consideramos «que no tenemos ego», nos puede fascinar el lugar que ocupamos en el cosmos interconectado.

[2] Daniel Boorstin, *Los creadores: Una historia de los héroes de la imaginación*. (Barcelona, España: Crítica 1994).

[3] Frank Houghton, «*Thou Who Wast Rich Beyond All Splendor*» in *Christian Praises* (London: InterVarsity Press, 1973), p. 43.

[4] Los teólogos designan a éstos «atributos incomunicables» de Dios, es decir, no son «comunicados» sustancialmente al hombre.

[5] Estos son llamados a veces «atributos comunicables», compartidos con los humanos.

[6] Francis Schaeffer, *The God Who Is There* (London: Hodder and Stoughton, 1968), pp.94-95.

[7] Job es probablemente el libro más antiguo de la Biblia; un texto muy antiguo con una valoración muy clara del origen de la vida humana.

[8] El más popular puede ser el de Stephen Hawking en libros como *Breve historia del tiempo*. Los lectores perspicaces notarán que él no presenta ninguna teoría científica refutable, sino ofrece posibilidades metafísicas que los naturalistas acérrimos prefieren aceptar. Hawking ni siquiera considera la evidencia del designio inteligente.

[9] Citado por David Hill Scott, «A Vision of *Veritas*: What Christian Scholarship Can Learn from the Puritan's 'Technology' of Integrating Truth,» visitada el 14/9/2016,http://www.leaderu.com/aip/docs/scott.html.

[10] Véase Christian Overman, «The Road to Dis-Integration», *WorldviewMatters* (blog), October 26, 2012, http://biblicalworldviewmatters.blogspot.com/2012/10/the-road-to-dis-integration.html

[11] Y Jehová descendió en la nube, y estuvo allí con él, proclamando el nombre de Jehová. Y pasando Jehová por delante de él, proclamó: ¡Jehová! ¡Jehová! *fuerte, misericordioso y piadoso*; tardo para la ira, y *grande en misericordia y verdad*; que guarda *misericordia* a millares, que *perdona* la iniquidad, la rebelión y el pecado, y que *de ningún modo tendrá por inocente al malvado*... (Éxo. 34:5-7, RV1960, énfasis añadido).

[12] *Eleos* «misericordia»: amabilidad o buena voluntad para con los infelices y los afligidos, con el deseo de ayudarles.

d) de unos hombres para con otros: ejercitar la virtud de la compasión, mostrarse misericordioso.

e) de Dios para con los hombres: en general, providencia; la misericordia y la clemencia de Dios en proveer y ofrecer a los hombres salvación por Cristo.

f) la misericordia de Cristo, por la que, cuando venga a juzgar, bendecirá a los verdaderos cristianos con vida eterna.

[13] Conversación personal con Bruce Lawson.

[14] Citado por Stephen Neill, *A History of Christian Missions* (Baltimore: Penguin Books, 1964), p. 42.

[15] C.S. Lewis, *Los milagros*. (Madrid, España: Encuentro, 2009. (Nashville, Tennessee: Harpercollins español, 2007).

[16] Dallas Willard, *Renueva tu corazón*. Colección Teológica Contemporánea, (Barcelona, España: Clie, 2008).

[17] El triángulo de parentesco es préstamo de los materiales de John Steward. John ha trabajado para World Vision (Visión Mundial) Australia.

[18] *Oikonomía*: gestión de una casa o de sus asuntos, específicamente la gestión, supervisión, y administración de la propiedad de otros; un plan, tarea o responsabilidad divina; mayordomía. La palabra deriva de *oikia, oikios* (casa, hogar, propiedad, familia, lar, templo, santuario, nación, pueblo) y *oikeo* (vivir, morar, vivir en). Es fácil perder de vista la riqueza de este concepto. Considere estos dos pasajes:

Nos dio a conocer el misterio de su voluntad (oikonomia), según el beneplácito que se propuso en El, con miras a una buena administración en el a cumplimiento de los tiempos, es decir, de reunir todas las cosas en Cristo, tanto las que están en los cielos, como las que están en la tierra. En El (Efe. 1:9-10, LBLA, énfasis agregado).

...que te quedaras en Efeso para que instruyeras a algunos que no enseñaran doctrinas extrañas, ni prestaran atención a[a] mitos y genealogías interminables, lo que da lugar a discusiones inútiles en vez de *hacer avanzar* el plan (Oikonomía) de Dios que es por fe, *así te encargo ahora.* (1 Tim. 1: 3 – 4, LBLA, énfasis agregado).

Cuando se piensa que la economía es solamente «negociar con el dinero» en vez de edificar naciones, cuando se piensa que la ecología es preocuparse de los animales y las plantas (no de las personas), se separan cosas que están realmente interrelacionadas. Se comete mayor pecado separando lo espiritual de lo público y de las disciplinas económicas. Se pierde el mandato divino *verdadero*: histórico, lingüístico. Él nos llama a administrar su casa: edificar, mejorar, cuidar el jardín y su creación —y el agente inestimable es el hombre, imagen de Dios—, dar gloria a nuestro Rey cuidando de su casa.

Capítulo 5 Dios es racional

[1] Ruth Mangalwadi and Vishal Mangalwadi, *Un modelo de transformación cultural: El legado de William Carey en la India*. (Buenos Aires, Argentina: Editorial Peniel, 2011).

[2] *Complete Works of Friedrich Nietzsche* (Hastings, UK: Delphi, 2015), no. 540

[3] «Rotherham child abuse scandal: 1,400 children exploited, report finds», August 26, 2014, http://www.bbc.com/news/uk-england-south-yorkshire-28939089.

[4] William Wordsworth, *El preludio*. (Barcelona, España: DVD Ediciones, 2003), Libro XIV, línea 70.

[5] Jacques Monod, *El azar y la necesidad*. (Barcelona, España: Seix Barral , 1970).

[6] Francis Schaeffer, *How Shall We Then Live? The Rise and Decline of Western Thought and Culture* (*¿Cómo viviremos entonces? Auge y declive del pensamiento y la cultura occidental*, PDF, Iglesia Reformada) (Old Tappan, New Jersey: Fleming H. Revell Company, 1976), p. 180.

[7] Joanne Shetler, *And The Word Came With Power* (Portland, OR: Multnomah Press, 1992), p.47.

[8] C. S. Lewis, *Mero cristianismo*, libro 2. (Madrid, España: RIALP Ediciones, 1995).

[9] George Gilder, *Microcosmos.* (Ciudad de México, México: Consejo Nacional de Ciencia y Tecnología (CONACYT), 1994).

[10] C. S. Lewis, *Reflexiones sobre los Salmos.* (Barcelona, España: Planeta, 2010).

[11] «Caitlyn Jenner», Wikipedia, visitada el 14/9/2016, https://en.wikipedia.org/wiki/Caitlyn_Jenner.

[12] Greg Botelho, «Ex-NAACP leader Rachel Dolezal: "I identify as black"», CNN, June 17, 2015 http://www.cnn.com/2015/06/16/us/washington-rachel-dolezal-naacp/.

[13] Tyler O'Neil, «Transgender Man Has Ears and Nose Removed to Become Dragon Lady», PJ Media, April 6, 2016, https://pjmedia.com/faith/2016/04/06/transgender-man-has-ears-nose-removed-to-become-dragon-lady/.

[14] Leslie Newbigin, *Una verdad que hay que decir.* (Santander, España: Sal Terrae, 1994).

[15] Henry van Til, *El Concepto Calvinista de la Cultura.* (Burlington, North Carolina: Faro de Gracia Ediciones, 2016).

[16] George Grant, *The Micah Mandate* (Chicago: Moody Press, 1995), pp.218–219.

[17] Paulo Freire usa el término «praxis», *La Pedagogía del Oprimido* (Buenos Aires, Argentina: Editorial Siglo XXI, 2012). Yo creo que el significado original de la palabra bíblica *sabiduría* denota la misma idea, de modo que he decidido usarla también.

[18] C. S. Lewis, *La abolición del hombre.* (España: Ediciones Encuentro, 2007).

[19] John W. Whitehead, *The End of Man* (Westchester, Ill.: Crossway Books, 1986), p. 57.

[20] Mangalwadi and Mangalwadi, *William Carey..*

[21] Fred Hereen, *Show Me God* (Wheeling, Ill.: Searchlight Publishing, 1995).

[22] C. F. Von Weizsacker, *La Importancia de la Ciencia* (Colección Labor, 1966).

[23] Nancy R. Pearcey and Charles B. Thaxton, *The Soul of Science: Christian Faith and Natural Philosophy* (Wheaton, Il: Crossway Books, 1994), 33.

[24] Paul Davies, «Physics and the Mind of God: The Templeton Prize Address», May 3, 1995. https://www.firstthings.com/article/1995/08/003-physics-and-the-mind-of-god-the-templeton-prize-address-24.

[25] Daniel J. Boorstin, *Los descubridores.* (Barcelona, España: Crítica, 2008).

[26] Pearcey y Thaxton, *Soul of Science*, p. 30.

[27] Pearcey y Thaxton, *Soul of Science*, p. 35.

[28] Pearcey y Thaxton, p. 35.

[29] George Gilder, *Riqueza y pobreza.* (Madrid, España: Instituto de Estudios Económicos, 1985).

[30] Jeffrey Bartholet, «Souls At War», *Newsweek*, 20 de noviembre, 1995, p. 59.

[31] Warren T. Brookes, «Mind, Not Money, Drives the Economy» *Imprimis*, April1984.https://imprimis.hillsdale.edu/high-technology-and-judeochristian-values-mind-not-money-drives-the-economy/.

[32] Mangalwadi and Mangalwadi, *William Carey*.

[33] John Milton, *Tractate on Education*, The Harvard Classics (New York: P. F. Collier & Son, 1937), p.236.

[34] Christopher Ampadu, «An Investigation of the Influence of African Traditional Religion Belief Systems and Worldviews on the Development of Ghanaian»" (PhD diss., William Carey Univeristy, 2016), p. 138.

[35] Ampadu, «Investigation», p. 138.

[36] Mangalwadi and Mangalwadi, *William Carey*.

[37] Francis Fukuyama, *Trust: The Social Virtues and the Creation of Prosperity* (New York: The Free Press, 1995).

[38] Winston Churchill en la Cámara de los Comunes, 11 de noviembre, 1947.

Capítulo 6 Dios es bueno

[1] Deborah Sontag, «Physicians Say 'Partial Birth' Is Just One Way» *The New York Times*, March 21, 1997.

[2] C. S. Lewis, *Mero cristianismo*, (Madrid, España: RIALP Ediciones, 1995).

[3] Katharine Q. Seelye, «House Votes by Large Margin to Ban Late Abortions», *The New York Times*, March 21, 1997.

[4] James R. White and Jeffrey D. Niell, «The Unthinkable Has Become Thinkable», *Issues, Etc.*, visitada el 21 de dic., 2015, http://www.mtio.com/articles/bissar97.htm.

[5] *Noah Webster's First Edition of an American Dictionary of the English Language* (San Francisco: Foundation for American Christian Education, 1828).

[6] Ética: «un sistema de principios morales; sistema de normas para regular la conducta y costumbres de los hombres en sociedad». *Noah Webster's First Edition of an American Dictionary of the English Language* (San Francisco. Foundation for American Christian Education, 1828).

Nuestras palabras modernas *étnico/a* y *ética* comparten la misma raíz griega *ethos*. Estudie estas tres palabras y descubrirá que (históricamente) las importantes diferencias características entre los pueblos no son la lengua, el color de la piel, la música, o la alimentación, sino su *ethos*, su manera de ver la realidad, su cosmovisión.

[7] Russell Kirk, *The Roots of American Order* (Washington, D.C.: Regnery Gateway, 1991), p 27.

[8] Adelle M. Banks, «With High Premarital Sex and Abortions Rates, Evangelicals Say It's Time to Talk about Sex», *Huffington Post*, April 23, 2012, http://www.huffingtonpost.com/2012/04/23/evangelicals-sex-frank-talk_n_1443062.htm

[9] Dennis Prager, «Judaism's Sexual Revolution: Why Judaism (and then Christianity) Rejected Homosexuality». OrthodoxyToday.org, visitada el 14 de sept., 2016, http://www.orthodoxytoday.org/articles2/PragerHomosexuality.php.

[10] Jefferson Thomas: «Cuando en el curso de los acontecimientos humanos es necesario que un pueblo disuelva los lazos políticos que lo han vinculado a otro y

adopte entre los poderes de la tierra la posición igual y separada a la que las *leyes de la naturaleza,* y de la naturaleza divina le dan derecho, un respeto apropiado por la opinión de la humanidad exige que dicho pueblo declare los motivos que lo impulsan a la separación» (énfasis añadido).

[11] C. S. Lewis, *La abolición del hombre.* (España: Ediciones Encuentro, 2007).

[12] Dallas Willard, *Renueva tu corazón.* Colección Teológica Contemporánea, (Barcelona, España: Clie, 2008).

[13] C. S. Lewis, *Mero cristianismo.* (Madrid, España: RIALP Ediciones, 1995).

[14] David Aikman, «Cambodia: An Experiment in Genocide», *Time,* July 31, 1978, pp.39–40.

[15] David F. Wells, *No Place for Truth* (Grand Rapids: Eerdmans, 1993), p. 300.

[16] Kirk, *The Roots of American Order,* p. 24.

[17] De una exposición en un museo en la India.

[18] Larry Lea, «Garifunas Fret AIDS May Wipe Them Out», Honduras This Week, January 6, 1996, p. 1.

[19] Maggie Gallagher, *Enemies of Eros* (Chicago: Bonus Books, 1989), p. 16.

[20] Bob Moffitt. Esta cita pertenece al documento de referencia «La respuesta cristiana a la necesidad humana» titulado «Las intenciones de Dios. El mínimo irreducible», 3. El artículo está incluido en el Programa de Entrenamiento para el Desarrollo del Liderazgo» p.26.

[21]Mangalwadi and Mangalwadi, *William Carey.*

[22] J.D. Richardson, Ed., *Compilation of Messages and Papers of Presidents,* Vol. 1 (New York: Bureau of National Literature and Art, 1907), 213.

[23] Kirk, *The Roots of American Order,* p. 26.

Capítulo 7 La creación es un sistema abierto

[1]Adaptado de W. Merrill Long, «Introducing Social Change Through Community Health», *Evangelical Missions Quarterly,* July 1997, 321.

[2] Citado en *The Forestin the Seed,* por Scott D. Allen y Darrow L. Miller (Phoenix: Alianza para el Discipulado de las Naciones, 2006).

[3] Para más acerca de esto consúltese el librito *The Forest in the Seed* por Scott D. Allen and Darrow L. Miller.

[4] Michael Novak, *El espíritu del capitalismo democrático.* (Touchstone, Simon & Schuster, 1991).

[5] Juan Pablo II, Cruzando el umbral de la esperanza. (Barcelona, España: Plaza y Janés, 1995).

[6] Paul Johnson, *Tiempos Modernos: La historia del siglo XX desde 1917 hasta nuestros días.* (Madrid, España: Vergara, 2000). Para un excelente resumen y crítica de Nietzsche y otros pensadores decisivos de la modernidad, léase el libro de Ravi Zacharias, *¿Puede el hombre vivir sin Dios?* (Nashville, Tennessee: Grupo Nelson, 1995), o el de Luis Palau, *Dios es relevante.* (Nasville, Tennessee: Vida/ Zondervan, 1999).

[7] Alexander Cockburn, «Malthus and the Modern World», *The Nation,* April 11, 1994, p. 476.

[8]Steven Mosher and Anne Roback Morse, «The New York Times Finally Throws in the Towel on the 'Overpopulation' Myth», *LifeNews.com*, June 3, 2015, http://www.lifenews.com/2015/06/03/the-new-york-times-finally-throws-in-the-towel-on-the-myth-of-overpopulation/.

[9] George Grant, *Grand Illusions: The Legacy of Planned Parenthood* (Brentwood, TN: Wolgemuth and Hyatt, 1988), p. 91.

[10] Margaret Sanger, *Woman and the New Race* (New York: Brentano's, 1920), 63.Citado por Francis J. Beckwith, *Politically Correct Death* (Grand Rapids: Baker Book House, 1994), 174.

[11] Margaret Sanger, *The Pivot of Civilization* (Elmsford, N.Y.: Maxwell Reprint, 1950), p. 136.

[12] Sanger, *The Pivot of Civilization* p. 176.

[13] *Wikipedia*, «International Planned Parenthood Federation», visitada el 23 de dic., 2015,https://en.wikipedia.org/wiki/International_Planned_Parenthood_Federation.

[14]Simon Rabinovitch, «Data Reveal Scale of China Abortions», *Financial Times*, March 15, 2013,http://www.ft.com/cms/s/2/6724580a-8d64-11e2-82d2-00144feabdc0.html#axzz2O675Qbmz.

[15] Peter L. Berger, «The Other Face of Gaia», *First Things*, August/September 1994, p. 16.

[16]Gaia Theory, «Overview», visitada el 14 de sept., 2016, http://www.gaiatheory.org/overview/.

[17] Berger, Other Face of Gaia, 17.

[18] Elizabeth Kolbert, «The Case against Kids», *New Yorker*, April 9, 2012, http://www.newyorker.com/magazine/2012/04/09/the-case-against-kids.

[19] Lisa Hymas, «I Decided Not to Have Children for Environmental Reasons», *Guardian*, September 27, 2011, http://www.theguardian.com/environment/2011/sep/27/not-have-children-environmental-reasons.

[20] Daniel J. Boorstin, *Los descubridores*, (Barcelona, España: Crítica, 2008).

[21] Julian L. Simon, *El último recurso* (Madrid, España: Cie Dossat, 2016).

[22] Anti-entropía: orden creciente, lo opuesto al desorden creciente de la entropía.

[23] Warren T. Brookes, *Imprimis*, Hillsdale College, April 1984.

[24] Dennis Peacocke, «Understanding the Critical Difference Between Justice and Equality». *Crosswinds*, Vol. II, no. 2. Fall/Winter 1994–95, p. 47.

[25] Erle C. Ellis, «Overpopulation Is Not the Problem», *New York Times*, 13/9/2013. http://www.nytimes.com/2013/09/14/opinion/overpopulation-is-not-the-problem.html?_r=0: Patricia S. Muir, «A. Carrying Capacity (K)», actualizada el 14 de nov., 2013.http://people.oregonstate.edu/~muirp/carcapac.htm.

[26] Organización Mundial de la Salud, «World Health Statistics 2014», 14 de mayo, 2014. http://www.who.int/mediacentre/news/releases/2014/world-health-statistics-2014/en/.

[27] FAO, IFAD, and WFP, *The State of Food Security in the World 2015; Meeting the 2015 International Hunger Targets: Taking Stock of Uneven Progress; Rome, FAO*, http://www.fao.org/3/a-i4646e.pdf.

[28] FAO, «Global Agriculture Towards 2050», Rome, October 12–13, 2009, http://www.fao.org/fileadmin/templates/wsfs/docs/Issues_papers/HLEF2050_Global_Agriculture.pdf.

[29] John Tierney, «Betting the Planet», *New York Times Magazine*, December 2, 1990, 52–53, 74–81.

Capítulo 8 Las leyes de la creación

[1] Para una evidencia bien documentada que demuestra que esta suposición es errónea, consúltese el libro de Robert Edgerton, *Sick Societies: Challenging the Myth of Primitive Harmony* (New York: The Free Press, 1992). El libro ejemplifica también de qué manera los supuestos naturalistas han saturado el campo de la antropología.

[2] Michael Novak, *El espíritu del capitalismo democrático.* (Touchstone, Simon & Schuster, 1991).

[3] Jacques Monod, *El azar y la necesidad.* (Barcelona, España Seix Barral editores, 1970).

[4] Daniel J. Boorstin, *Los descubridores.* Crítica, 2008.

[5] Cecil B.DeMille, «Commencement Address 1957», https://speeches.byu.edu/talks/cecil-b-demille_commencement-address-1957/.

[6] John Stonestreet, «Radical Islam, Secularism and Christianity», *Christian Post*, January 15, 2015, http://www.christianpost.com/news/radical-islam-secularism-and-christianity-132616/#IpbkLxvClZ6wHOjV.99.

Capítulo 9 Siervos rebeldes

[1] Francis Schaeffer, *Huyendo de la razón.* (Barcelona, España: CLIE, 2007).

[2] Citado por Ruth Mangalwadi y Vishal Mangalwadi, *William Carey: A Tribute by an Indian Woman* (New Delhi: Nivedit Good Books, 1993), p. 73.

[3] Mangalwadi and Mangalwadi, *William Carey.*

[4] Angela Franks, *Margaret Sanger's Eugenic Legacy: The Control of Female Fertility* (Jefferson, NC: MacFarland and Company, Inc., 2005), p. 15.

[5] Lauren Enriquez, «10-Eye-Opening Quotes From Planned Parenthood Founder Margaret Sanger», *LifeNews.com*, March 11, 2013,http://www.lifenews.com/2013/03/11/10-eye-opening-quotes-from-planned-parenthood-founder-margaret-sanger/.

[6] Winston Ross, «Dying Dutch: Euthanasia Spreads across Europe», *Newsweek*, February 12, 2015, http://www.newsweek.com/2015/02/20/choosing-die-netherlands-euthanasia-debate-306223.html.

[7] Valerie Richardson, «Aborted Fetus Cells Used in Beauty Creams», *Washington Times*, November 3, 2009, http://www.washingtontimes.com/news/2009/nov/3/aborted-fetus-cells-used-in-anti-aging-products/?page=all.

[8] John Stott, *Problemas que los cristianos enfrentan hoy* (Nashville, Tennessee: Vida/Zondervan, 2008).

[9] Citado por Charles Colson, «When History Is Up for Grabs», *The New York Times*, December 28, 1995, A17.

[10] Herbert Schlossberg, *Idols for Destruction* (Washington, DC: Regnery Gateway, 1990), p. 82.

[11] Michael Novak, «The Lesson of Lent», *Crisis*, April 1993, p. 7.

Capítulo 10 El uno y la pluralidad

[1] Jack Grove, «Cheating Is Rife in Russia, Finds Student Survey», *Times Higher Education*, March 26, 2015, https://www.timeshighereducation.com/news/cheating-is-rife-in-russia-finds-student-survey/2019241.article.

[2] Patricia Kranz, «Under Brezhnev, It Was Better», *Business Week*, June 24, 1996, p. 15.

[3] Véase Millard J. Erickson, *Teología sistemática*. (Barcelona, España: CLIE, 2009); John Piper, *Los deleites de Dios*, (Nashville, Tennessee: Vida/Zondervan, 2006).

[4] Brian Griffiths, *The Creation of Wealth* (Downers Grove, Ill: InterVarsity Press, 1984), p. 55.

[5] Griffiths, *The Creation of Wealth*, p. 55.

[6] Robert Letham, *The Holy Trinity: In Scripture, History, Theology, and Worship* (Phillipsburg, NF: P&R, 2004), 444-446, citado por Nancy Pearcey en *El hallazgo de la verdad: Cinco principios para desenmascarar el ateísmo, el laicismo y otros sustitutos de Dios*. (Tyler, Texas: Editorial JUCUM, 2017), p. 132.

[7] Citado sin mención expresa por Nancy Pearcey en *El hallazgo de la verdad: Cinco principios para desenmascarar el ateísmo, el laicismo y otros sustitutos de Dios*. (Tyler, Texas: Editorial JUCUM, 2017), p. 132.

[8] Arthur Schlesinger, *The Disuniting of America: Reflections on a Multicultural Society* (New York and London: W.W. Norton, 1992).

[9] Arthur Koestler, *La máquina del tiempo* (Madrid, España: Ediciones Anaya, 2002).

[10] Charles Hodge, citado en *Table Talk*, el 14 de junio, 1996, p. 31.

[11] C. S. Lewis, «El gran milagro» (1945), en *Dios en el banquillo: Ensayos sobre teología y ética*. Madrid, España: RIALP).

[12] Para más acerca de esto, consúltese mi libro *Opresión de la mujer, pobreza y desarrollo: Vindicación de la dignidad de la mujer para construir naciones sanas*. (Tyler, Texas: Editorial JUCUM, 2012).

[13] Irving Kristol, «Of Decadence and Tennis Flannels» *The Wall Street Journal*, September 21, 1976, Section I, 24.

[14] Paul Johnson, *La historia del cristianismo*. (España: ZETA bolsillo, 2010).

[15]Michael Novak, «What is Liberty?» The Atlantic, November 2007 issue,http://www.theatlantic.com/magazine/archive/2007/11/what-is-liberty/306320/.

[16] A. James Reichly, *Religion in American Public Life* (Washington, D.C.: The Brookings Institution, 1985), p. 105.

[17] Alexis de Tocqueville, citado por Robert Putman en «Bowling Alone, Revisited», Responsive Community, 5, no. 2 (Spring 1995): p. 18.

[18] Robert Putman, p. 20.

[19] George Grant, *The Micah Mandate* (Chicago: Moody Press, 1995), pp. 218–219.

[20] Grant, *The Micah Mandate*, pp. 218–219.

Capítulo 11 Mayordomía

[1]Daniel J. Boorstin, *Los creadores: Una historia de los héroes de la imaginación.* (Barcelona, España: Planeta/Crítica, 1994).

[2] Boorstin, p. 26.

[3]«Teaser of the upcoming documentary film "Landfill Harmonic"», YouTube video, published by Landfill Harmonic on November 17, 2012, https://www.youtube.com/watch?v=fXynrsrTKbI.

[4] Abraham Kuyper, *Christianity and the Class Struggle* (Grand Rapids: Piet Heirr Publishers, 1950), p. 19.

[5] E. Calvin Beisner, «Is There an Invisible Hand to Help the Poor?» *Crosswinds: The Reformation Digest*, Fall/Winter 1994–95, p. 51.

[6] Ruth y Vishal Mangalwadi, *William Carey: A Tribute by an Indian Woman* (New Delhi: Nivedit Good Books, 1993), p. 68.

[7] Warren T. Brookes, «The Real Wealth of Mankind Is Spiritual», *Conservative Chronicle*, November 29, 1989, p. 10.

[8] J.R.R. Tolkien, *Árbol y hoja* (Barcelona, España: Planeta/Minotauro, 2002).

[9]Pew Research Center, «Cell Phones in Africa: Communication Lifeline», April 15, 2015,http://www.pewglobal.org/2015/04/15/cell-phones-in-africa-communication-lifeline/.

[10] Udo Middelmann, «World Hunger and World Views», conferencia pronunciada en junio, 1983, en las oficinas de Fundación contra el Hambre, en Arizona.

11 Como tal, la palabra desarrollo se deriva del verbo «desarrollar», que se compone del prefijo «des-», que denota negación o inversión de la acción, y «arrollar», del latín *rotulre*, derivado de *rotlus*, que se traduce por «rodillo». En este sentido, desarrollar es una derivación de desenrollar, y puede significar desenvolver, extender o ampliar.

[12] Después que Jesús mandara a sus discípulos *matheteuo,* «hacer discípulos»: (*matheeusate* es la forma del primer aoristo activo, imperativo plural, de este verbo, que significa «hacer un discípulo»), les mostró cómo debían hacerlo: primero, bautizarles, después enseñarles *tereo* todo lo que Él les había enseñado; *tereo* significa «atender con esmero, cuidar de, guardar; observar; reservar»; es un verbo que deriva de *teros* (labor de vigilancia). *Tereo* expresa vigilancia cuidadosa y sugiere posesión presente. Como el dragón Smaug de Tolkien, que guarda su oro, o una madre que cuida de sus hijos, esta idea denota protección total de una posesión preciosa. Los mandamientos, todos ellos, son nuestro tesoro precioso. *Tereo* se suele traducir por «guardar», «reservar», «observar», «vigilar», «preservar» y «sostener». Este no es sino un ejemplo más de cómo en algunas lenguas se pierde el rico matiz de la idea original.

[13] Peter L. Berger, *La revolución capitalista: Cincuenta proposiciones sobre la prosperidad, la igualdad y la libertad.* (Barcelona, España: Planeta/Península, 1991).

[14] David C. McClelland, «The Achievement Motive in Economic Growth» in *Industrialization and Society*, Bert Hoselitz and Wilbert E. Moore, (Geneva: Moutouni UNESCO, 1970), p. 74.

[15] Robert Fulghum, *Las cosas importantes que aprendí en el parvulario* (Madrid, España: Temas de hoy, 2004).

[16] Maurice Fulton, ed., *Roosevelt's Writings* (New York: Macmillan, 1922), p. 168.

[17] Thomas H. Russell, *Life and Work of Theodore Roosevelt* (New York: L.H. Walter, 1919), p. 257.

Capítulo 12 Vocación

[1] World Bank, «Thailand: Overview», updated September 2017 http://www.worldbank.org/en/country/thailand/overview.

[2] Abraham Kuyper, *Exposiciones sobre el calvinismo* (Hijos del Altísimo – http://www.altisimo.net). *Lectures on Calvinism* (Grand Rapids: Eerdmans, 1983), p. 16.

[3] Consúltese el sermón 50 de John Wesley (1872) sobre «El uso del dinero». http://www.evangelioeterno.com/publicaciones.htm.http://www.umcmission.org/Find-Resources/John-Wesley-Sermons/Sermon-50-The-Use-of-Money.

[4] He usado la expresión economía bíblica por carecer de una mejor etiqueta. La Biblia revela algunos principios económicos, pero no respalda ningún sistema específico. El capitalismo depredador (consumismo) está lejos del fundamento en que se basa una economía bíblica y la formación de capital. Al otro extremo del espectro, el socialismo y el extinto sistema comunista no tienen en cuenta los puntos fuertes de la economía bíblica. Cada sistema aplica algunos principios bíblicos y es hostil a otros. Cuantos más principios bíblicos contiene el sistema, más honra da a Dios, más saca a la gente de la pobreza y más cuida de la creación.

[5] Brian C. Robertson se refiere a esta idea como «capitalismo depredador» en su libro *There's No Place Like Work* (Dallas, TX: Spence, 2000), p. 177.

[6] Ruth y Vishal Mangalwadi, *William Carey: A Tribute by an Indian Woman* (New Delhi: Nivedit Good Books, 1993), p. 77.

[7] Max Weber, *La ética protestante y el espíritu del capitalismo.* (Madrid, España: Alianza editorial, 2012).

[8] Weber, *La ética protestante.*

[9] Bob Goudzwaard, *Idols of Our Time* (Sioux Center, IA: Dordt College Press, 1984), 107. Véase también el trabajo del Dr. Bob Moffitt titulado «Jesus y el concepto de suficiencia» disponible en the Harvest Foundation (Fundación Cosecha).

[10] Citado por William J. Danker, *Profit for the Lord* (Grand Rapids: Eerdmans, 1971), p. 30.

[11] C. S. Lewis, *Mero cristianismo.* (Madrid, España: RIALP Ediciones, 1995).

[12] Brian Griffiths, *The Creation of Wealth* (Downers Grove, Il: InterVarsity Press, 1984), p. 69.

[13] Marvin Olasky, *The Tragedy of American Compassion* (Wheaton, Il: Crossway Books, 1992).

Capítulo 13 Hacedores de historia

[1] John S. Mbiti, *African Religions and Philosophy* (Garden City, NY: Anchor Books, 1970), pp. 21, 23.

[2] Las palabras que he usado: *teleo, telos* y *teleios* derivan de la misma raíz *tello*, «partir hacia un punto o meta definida». Esta familia de palabras tiene que ver con objetivos o resultados. Es importante tener en cuenta que estas palabras denotan aspectos humanos e históricos. Humanamente hacen referencia a nuestra plenitud y perfección en Cristo —ser lo que Dios quería que fuésemos—. Históricamente, hacen referencia a cuestiones escatológicas —los últimos tiempos, el propósito de la historia—. En este libro he usado las palabras:

telos, telous (nombre): fin, conclusión, resultado, meta, objetivo.

teleo (verbo): acabar, completar, finalizar, cumplir, llevar a cabo, realizar, volcarse.

teleio (verbo): perfeccionar, completar, acabar, lograr, acabar la tarea, alcanzar la meta, madurar, convertirse en realidad, hacer efectivo.

teleios, teleia, teleion (adjetivo): crecido, maduro, completo, perfecto, entero.

[3] Citado por Daniel J. Boorstin, *Los creadores: Una historia de los héroes de la imaginación*. Crítica 1994, p. 25.

[4] Citado por Herbert Schlossberg, *Idols for Destruction* (Washington, DC: Regnery Gateway, 1990), p. 13.

[5] John Mbiti, *African Religions and Philosophy*, 2d ed. (Oxford: Heinemann International, 1989), p.23.

[6] John W. Montgomery, *Where Is History Going?*(Grand Rapids: Zondervan, 1969), p.31.

[7] Wim Rietkerk, *The Future Great Planet Earth* (Landour, India: Nivedit Good Books, 1989), pp. 36–37.

[8] Erwin Panofsky, *Estudios sobre iconología*. (Madrid, España: Alianza editorial, 2005)

[9] Montgomery, *Where Is History Going?*, p. 28.

[10] Citado por Russell Kirk, (Washington, DC: Regnery Gateway, 1991), xviii.

[11] Kirk, *The Roots of American Order*, pp .41–42.

[12] Citado por George Grant, *The Micah Mandate*, (Chicago: Moody Press, 1995), p. 199.

[13] C. S. Lewis, "Hamlet: The Prince or the Poem" in *Selected Literary Essays*, (Cambridge: Cambridge University Press, 1969), p.105.

[14] Kirk, *The Roots of American Order*, xix.

[15] Rabbi Daniel Lapin, «Culture War» (1999), Catholic Education Resource Center, visitada el 17 de nov., 2017, https://www.catholiceducation.org/en/culture/catholic-contributions/culture-war.html.

[16] C. S. Lewis, *Dios en el banquillo: Ensayos sobre teología y ética*. (Madrid, España: RIALP, 1996).

[17] Kirk, *The Roots of American Order*, p. 153.

[18] Citado por George Grant, *The Micah Mandate* (Chicago: Moody Press, 1995), p. 220.

[19] Kabia me contó su experiencia mientras visitábamos proyectos de Fundación contra el Hambre en la República Dominicana.

Glosario

[1] James Sire, El Universo de al lado. (Gran Rapids, Michigan: Libros Desafío, 2010)

ACERCA DE LA ALIANZA PARA EL DISCIPULADO DE LAS NACIONES

Preparando a la iglesia para transformar el mundo

La *Disciple Nations Alliance* (DNA), o Alianza para el Discipulado de las Naciones (ADN), forma parte de una red internacional de individuos, iglesias y organizaciones que comparten una misma visión: que la Iglesia universal alcance su máxima capacidad como instrumento de Dios para la sanidad, bendición y transformación de las naciones.

La ADN fue fundada en 1997, al asociarse Fundación contra el Hambre (www.fh.org) y *Harvest Foundation* (www.harvestfoundation.org). Nuestra misión consiste en ofrecer un paradigma y modelo práctico a todas las iglesias locales, ayudarlas a reconocer y abandonar falsas creencias, a abrazar una cosmovisión bíblica robusta que instaure verdad, justicia y belleza en todas las esferas de la sociedad, demuestre el amor de Cristo de forma práctica y responda a la desolación de sus comunidades y naciones con sus propios recursos.

Si desea recibir más información acerca de la Alianza para el Discipulado de las Naciones u obtener acceso a una serie de recursos, programas, libros, materiales de estudio y herramientas de aplicación, visite nuestra página web:

www.disciplenations.org

E-mail: info@disciplenations.org

ACERCA DEL AUTOR

Darrow L. Miller es autor, conferenciante y cofundador de la Alianza para el Discipulado de las Naciones. Darrow prestó veintisiete años de servicio a la Fundación Contra el Hambre Internacional (FHI) organización de ayuda y desarrollo, de motivación cristiana, que procura responder al hambre física y espiritual de las personas en países en vías de desarrollo, en cuatro continentes. Darrow ha sido durante 35 años reconocido orador en conferencias y seminarios sobre temas que tratan de cosmovisión y desarrollo, cultura y pobreza, la dignidad de la mujer, la gran comisión, trabajo y vocación, justicia social, ministerio holístico y el papel de la iglesia en el desarrollo.

Dos experiencias memorables configuraron significativamente la búsqueda vocacional de Darrow. La primera ocurrió durante un viaje a México a los 19 años, donde conoció la pobreza. La segunda ocurrió mientras estudiaba bajo la batuta de Francis Schaeffer en la Comunidad L'Abri, en Suiza, donde aprendió que el cristianismo es verdad objetiva; es realidad, aunque nadie creyese en ella. El efecto combinado de estas dos experiencias motivó a Darrow para dedicar su vida a servir a los pobres y los que pasan hambre desde una óptica plenamente cristiana.

Antes de comprometerse en la lucha contra el hambre y la pobreza en 1981, Darrow formó parte tres años del personal de la Comunidad L'Abri, otros tres años como pastor y estudiante en la Northern Arizona University y dos años como pastor de una iglesia urbana de Denver, Colorado. Además de obtener una licenciatura en educación superior para adultos en la Universidad del Estado de Arizona, Darrow ha cursado estudios de posgrado en filosofía, teología, apologética cristiana, estudios bíblicos y misiones en EE.UU., Israel y Suiza.

Darrow ha viajado, estudiado y trabajado en más de 100 países. Sus libros y artículos han sido traducidos, en parte o en su totalidad, a catorce lenguas. Darrow bloguea en: Darrow Miller y amigos: http://darrowmillerandfriends.com/. Se le puede encontrar en Facebook en: https://www.facebook.com/DarrowMiller.

Darrow y su esposa Marilyn residen en Phoenix, Arizona. Tienen cuatro hijos y catorce nietos.